감정 치유 기도
From Emotional Prayer to Affective Prayer

감정 치유 기도

지은이　　이경용
초판 1쇄 발행　2011. 9. 26.
8쇄 발행 | 2022. 1. 25
발행처　　사단법인 두란노서원 두란노아카데미
등록번호　　제302-2007-00008호
주소　　　서울시 용산구 서빙고로 65길 38 두란노빌딩
전화　　　편집부 02-2078-3478　영업부 02-2078-3333　FAX 080-749-3705

※ 책값은 뒤표지에 있습니다.
ISBN　978-89-6491-049-8　03230

※ 독자의 의견을 기다립니다.
academy@duranno.com
http://www.duranno.com

감정 치유 기도

이경용 지음

두란노

추천의 글 1

"**기분 나쁘면** 천국도 안 가겠다."

이 말은 30년 이상 목회를 한 목사가 터득한 것으로, 한국 교회 성도들의 감정과 정서를 잘 표현한 말이다.

우리는 희로애락이라는 인간의 감정을 어떻게 바르게 표현하며, 또 그것을 누리며 살 수 있을까? 사람은 감정에 너무 쉽게 몰입하고 때로는 스스로도 가눌 수 없는 감정이입에 빠져들기도 한다. 분명한 사실은 감정에 휘둘리며 살아가면 삶이 고양되기보다는 천박해질 위험성이 크다는 것이다. 이런 일은 기독교 신앙에 있어서도 예외가 아니다.

이경용 목사는 영성신학에 오랫동안 관심을 기울여 왔다. 저자는 이 책에서 영성 형성의 핵심인 인간의 감정을 어떻게 하나님의 선물로 바르게 다스릴 수 있는가를 흥미롭게 제안하고 있다. 감정만큼 인간의 삶에 결정적으로 영향을 주는 것도 없기 때문이다. 그 방법으로 저자는 상한 감정(emotion)을 기도와 말씀으로 승화시키기 위해 정감(affection) 기도로 성숙해야 한다고 권면한다. 그래야 신앙이 내면으로부터 나오는 즐거움과 기쁨의 고백이 될 수 있다고 말한다.

저자는 성경의 인물 중에 특히 감성적으로 예민한 사람들을 예로 들고 있다. 그들이 어떻게 감정의 문제에 대처했는지, 또 신앙과 기도로 부정적인 감정에 매몰되지 않고, 긍정적인 정서 함양으로 성숙되어 갔는지를 보여 준다. 상한 감정의 치유를 위해 처음엔 감정 기도로 첫걸음을 내딛지만, 결국 정감 기도로 나아가야 됨을 제안한다.

우리는 이 책에서 상한 감정을 사람이 아니라 하나님께 토로하므로 그것을 극복하고 하나님과의 친밀감을 회복한 믿음의 사람들의 이야기를 듣는다. 이제 우리 모두 감정 기도에서 정감 기도로 나아감으로 자기의 감정을 다스리는 성숙한 믿음의 사람들이 되기를 기도한다.

김지철
소망교회 담임 목사

추천의 글 2

이 책은 성도들이 교회 생활을 하면서 흔히 직면하는 문제가 무엇이며, 그 문제를 어떻게 다루어야 할지를 매우 구체적이고 실제적으로 다룬 유용한 책이다. 교회에서 빈번히 일어나는 문제의 핵심에는 '감정 처리를 어떻게 하느냐'는 내용이 있다. 감정은 인간에게 부여된 하나님의 특별한 선물인 동시에 그것을 잘못 사용하면 엄청난 고통을 주는 이중적 속성이 있다. 우리는 감정으로 인해 친근감을 느끼기도 하지만, 때로는 상처를 주기도 하고 받기도 한다. 또한 감정 문제로 오랫동안 쌓아 왔던 신뢰와 인격적인 모습이 순식간에 붕괴되기도 한다.

교회 현장에 오랫동안 머물러 있는 저자는 많은 문제의 근저에 감정의 문제가 있음을 현실적으로 인식하고 있다. 그래서 이러한 문제를 현장감 있게 다루며, 동시에 다양한 성경적 근거를 통하여 감정에 관한 내용을 설득력 있게 풀어 간다. 이런 의미에서 이 책은 현장성과 성경신학적 측면이 잘 조화를 이루고 있다.

또 저자는 감정 처리 문제를 하나의 상담·심리학적 측면에서만 다루지 않고 보다 근원적인 해결책을 제시한다. 그것은 하나님과의 관계 차원에서 감정 문제를 승화시켜야 한다는 것으로, 이는 매우 돋보이는 관점이다. 누구나 맺힌 감정을 정상적으로 풀어내지 못하면 그것이 상처가 되거나 한으로 남게 마련이다. 또한 자기 안에서 일어나는 온갖 감정을 여과 없이 발산하거나 또 상대의 입장을 고려하지 않고 뿜어 낸다면, 본인은 마음이 시원하겠지만 상대방은 또 상처를 받게 될 것이다.

이 책은 그러한 복잡한 감정의 문제를 기도와 연결시켜 해소하고 승화시키는 법을 제시한다. 저자는 성경의 다양한 인물들이 경험하는 감정의 문제를 예의주시하면서 그들이 감정을 기도로 어떻게 풀어 가는지 세밀하게 추적해 간다. 상한 감정이 다 나쁜 것은 아니다. 오히려 하나님과의 관계를 솔직하게 정립하고 더 높은 차원으로 승화시킬 수 있는 예를 보여 준다. 그래서 어떤 경우라도 감정은 결코 저주가 될 수 없고, 성숙을 향한 하나님의 선물로 승화시킬 수 있다는 희망을 제시해 준다.

교회도 사람 사는 동네인지라 그 안에서 감정과 감정이 부딪치기 마련이다. 이 책은 그러한 일로 상처를 받았거나 그러한 갈등 속에 있는 사람들에게 해결의 실마리를 제시해 주는 매우 유용한 책이다. 특히 교회 안에서 직분을 맡아 적극적으로 활동하는 성도들이 감정에 휘둘리지 않고 균형 잡힌 신앙생활을 할 수 있도록 돕는 데 유용한 길잡이가 될 것이라 기대한다.

유해룡
장로회신학대학교 영성신학 교수

추천의 글 3

다일영성생활수련을 인도하면서 가장 안타까운 일이
치유되지 않은 감정의 쓴뿌리를 만나는 것입니다.
어린아이 때부터 가졌던 수많은 마음의 상처가 치유되지 못한 채
마음 구석구석 자리 잡고 앉아, 자신은 물론 사랑하는 가족과
함께하는 동료와 교우에게 원치 않는 상처를 주는 모습을 자주 보게 됩니다.

매일매일 감정을 다스리지 못해 일어나는 수많은 후회의 경험은
정도의 차이가 있을 뿐 누구에게나 다 있지요.
그런 면에서 제 친구 이경용 목사님이 안내하는 정감 기도는
성경 속의 인물을 통해 실제적인 감정 치유 기도의 예를
아주 실감나게 잘 보여 주고 있습니다.

생활 속에서 감정의 나타남과 다스림을 구체적으로 깨닫게 하며
기도의 지경을 솔직하고도 넓게 해 주며
또한 깊은 기도의 경지로 인도하는 너무도 귀한 책입니다.

신, 불신을 막론하고 마음고생이 심한 현대인들이 이 책을 통해
하나님의 선물인 감정이 사람들에게 상처를 주는 무기가 아닌
서로에게 아름다운 흔적이 될 수 있는 길을 발견하고는 크게 기뻐할 것
입니다.
또한 '감정'(感情)에서 '정감'(情感)으로 가는 참으로 지혜로운 길을
감동 있게 안내하는 이 책을 주위의 많은 분들에
적극 추천하게 될 것입니다.

최일도
목사, 시인, 다일공동체 대표

Contents

차 례

추천의 글 ...4
들어가는 글 ...14

I. 감정과 기도

1. 인간에게 감정은 필요한 것인가?
1) 이퀼리브리엄–감정이 제거된 사람들 ...20
2) 다이애나 왕세자빈의 죽음과 눈물 효과 ...23
3) 배추는 일곱 번 죽는다는데 ...27

2. 감정에서 정감으로
1) 상한 감정 기도의 응답–그런 너는? ...31
2) 감정은 하나님의 선물 ...35
3) 감정에서 정감으로 ...39

II. 감정 기도에 머문 사람들

1. 가인의 감정 기도
1) 에덴의 동쪽에서 생긴 일 ...47

From Emotional Prayer to Affective Prayer

2) 제물보다는 마음을 ...49
3) 얼굴은 영혼의 캔버스 ...52
4) 감정에 휘둘리는 사람, 감정을 다스리는 사람 ...55
5) 팀쉘! ...60

2. 삼손의 감정 기도

1) 네 시작은 창대하였으나 ...68
2) 욱하는 성질 때문에 ...70
3) 정욕에 눈이 먼 사나이 삼손 ...75
4) 삼손과 데릴라 ...79
5) 삼손의 감정 기도 ...83

3. 압살롬의 감정 기도

1) 부전자전-그 아버지에 그 아들 ...89
2) 만약에-If 심리학 ...94
3) 사탄은 감정의 틈을 타고 ...98
4) 압살롬의 모반 ...103
5) 내 아들 압살롬아! 압살롬아! ...107

4. 사울의 감정 기도

1) 작은 성공에 걸려 넘어진 사울 ...113
2) 운명을 바꾼 한 마디 노래 ...117

3) 시기심은 미움의 불길로 타오르고 ...121

　4) 사탄에게 영혼을 내줄지라도 ...126

　5) 길보아산에서 꺼진 증오의 불꽃 ...130

III. 감정을 넘어 정감 기도로

1. 하갈의 정감 기도

　1) 한 지붕 두 가족 ...137

　2) 하갈의 1차 가출 ...141

　3) 하갈의 2차 가출 ...146

　4) 하갈의 방성대곡(放聲大哭) ...149

　5) 브엘라헤로이-나를 보시는 살아 계신 분의 우물 ...155

2. 야베스의 정감 기도

　1) 야베스, 그 비극적인 이름 ...161

　2) 상한 감정이 정감 기도로 ...165

　3) 지경을 넓혀 주소서 ...171

　4) 환난을 벗어나 근심이 없게 하옵소서 ...176

3. 한나의 정감 기도

　1) 내 이름은 한나 ...183

　2) 괴로움은 기도의 출입문 ...186

　3) 한나의 서원 기도 ...192

　4) 정감 기도-하나님 앞에서 심정을 통(通)한 것 ...196

　5) 얼굴에서 근심 빛이 사라지다 ...200

IV. 시편에 나타난 정감 기도

1. 목마른 사슴의 노래
　　1) 낙타 신앙인과 사슴 신앙인 ...209
　　2) 낙심과 불안에 떠는 영혼 ...213
　　3) 사슴이 목마른 이유 ...217
　　4) 기도는 기억을 타고 흐른다 ...221
　　5) 하나님의 얼굴을 구하다 ...225

2. 정직한 영을 새롭게 하소서
　　1) 세상에서 가장 맛있는 사과 ...231
　　2) 악은 악을 부르고 ...235
　　3) 펠릭스 쿨파 ...239
　　4) 우슬초로 나를 씻으소서 ...243
　　5) 정직한 영을 새롭게 하소서 ...247

3. 다윗의 저주 기도와 정감 기도
　　1) SOS-하나님 잠잠하지 마세요 ...253
　　2) 다윗의 저주 기도 ...256
　　3) 누구를 향한 저주인가? ...261
　　4) 나는 석양 그림자같고 메뚜기 같습니다 ...265
　　5) 하나님의 손으로 하신 일을 보이소서 ...268

　부록: 감정 치유 기도의 실제 ...275
　참고 도서 ...284
　주(註) ...286

들어가는 글

　모나리자는 얼마나 행복할까요? 100%? 아닙니다. 에드 디너(Diener)는 「모나리자 미소의 법칙」에서 모나리자가 83%만 행복하다고 말합니다. 나머지 17%는 슬픔, 외로움, 우울이 있다고 합니다. 모나리자의 미소가 가장 아름다운 미소로 꼽히는 것은 100% 행복으로 충만하기 때문이 아니라 17%의 슬픔이 담겨 있기 때문입니다. 이런 슬픔과 외로움 같은 부정적인 감정은 현실감을 잃지 않게 해 줍니다. 모나리자도 17%의 슬픔, 우울, 외로움이 있다는 것은 참 재미있는 해석입니다.

　그러나 눈을 현실로 돌려 보면, 모나리자의 미소가 남의 일이 아닙니다. 우리 대부분은 모자란 17% 때문에 가슴앓이를 하며 눈물을 쏟고 땅을 치며 살아갑니다. 그래서 그윽하고 신비로운 모나리자의 미소를 짓기보다는 얼굴이 일그러질 때가 많습니다. 미소보다는 한숨이 많습니다. 사람은 누구나 행복을 원하고 평안하길 원하나 현실은 그리 만만치 않습니다. 행복이나 기쁨보다는 고통, 눈물, 우울, 분노가 더 많이 느껴집니다. 그러한 느낌 한가운데 바로 '감정'이 도사리고 있습니다.

　감정은 참 묘한 것이어서 우리를 하늘 높이 날게도 하지만, 때로는 지옥 문턱까지 끌고 가기도 합니다. 감정은 무지개처럼 아름답고 신비롭기도 하지만, 때로는 썩은 생선처럼 냄새를 내기도 합니다. 우리는 감정이 있기에 기쁨과 행복을 만끽하지만, 동시에 감정 때문에 속상하여 눈물짓기도 합니다. 그래서 때로는 차라리 감정이 없으면 속편하겠다는 생각을 해 보곤 합니다.

예로부터 감정 문제를 해결하기 위해 인간은 부단히 노력해 왔습니다. 그 방법은 감정을 제거하는 것, 감정을 무디게 하거나 억누르기, 약물로 뇌 기능이나 호르몬을 조절하기, 고도의 정신 훈련으로 감정을 조절하기, 감정을 뛰어넘는 초연과 초탈 훈련 등 다양합니다.

이러한 방법은 부분적으로 유익하지만 근본적인 해결책은 아닙니다. 인간에게서 감정을 완전히 제거할 수도 없고, 만일 제거한다 하더라도 감정 없는 인간은 이미 인간이 아닙니다. 고도의 정신 훈련이나 인격 도야를 했더라도 한번 감정이 터지면, 주변의 모든 것을 날려 버릴 때가 있습니다. 감정 문제에 있어서 "나는 감정을 잘 통제해", "나는 감정을 마스터했어", "나는 감정에 초연해"라고 자신 있게 말할 수 있는 사람은 없을 것입니다. 우리는 살아 있는 동안 늘 감정 문제로 씨름하며 엄청난 에너지를 소모합니다.

감정을 대하는 가장 현실적이고 신앙적인 자세는 자기 감정의 한계를 인정하고 신앙 안에서 한 단계 성숙시키는 방법일 것입니다. 그 방법으로 저는 '감정 기도'(emotional prayer)에서 '정감 기도'(affective prayer)로 나아가기를 제안합니다. 감정(emotion)이 있는 그대로의 날것이라면 정감(affection)은 성숙해진 감정입니다. 예를 든다면 땡감이 침담그면 단감으로 변하는 것과 비슷합니다. 지금도 가을이 되면, 어릴 때 할머니가 침담가 주시던 감을 잊지 못합니다. 노랗게 익었지만 아직도 떫은맛이 가득한 땡감을 따서 소금물에 하룻밤 담가 놓으면 신기하게도 단감이 됩니다. 밤 사이에 타닌이 사라진 것입니다.

본디 감정은 선하고 아름다운 것이지만, 타락한 인간의 감정은 죄악으로 얼룩져 있습니다. 인간에게서 감정을 제거할 수 없다면, 감정을 성숙시키는 길밖에 없습니다. 성경 인물을 보면, 감정에 매몰된 사람도 있고 감정을 극복한 사람도 있습니다. 가인, 삼손, 사울, 압살롬은 감정의 늪에 빠지고 말았습니다. 반면 하갈, 한나, 야베스, 다윗은 깊은 감정의 수렁을 헤치고 나왔습니다. 전자가 감정 기도에 머물렀다면, 후자는 감정 기도에서 정감 기도로 나아간 사람들입니다. 가슴 속에서 들끓어 오르는 감정을 끌어안고 혼자 끙끙거린 것이 아니라, 하나님 앞에 다 토해 낸 것이지요. 공적 기도는 교양 있게 해야 합니다. 그러나 개인 기도는 있는 그대로 감정을 토하는 것이 좋습니다. 하나님께 감정을 다 털어놓지 못한다면, 도대체 누구에게 썩고 문드러진 속마음을 다 토해 낼 수 있겠습니까?

분노, 좌절, 우울, 언짢음, 서러움 같은 감정을 다 쏟아 내고 나면 그 감정의 끝자락에서 분명히 하나님을 만날 수 있습니다. 성령의 부드러운 터치를 경험할 수 있습니다. 저는 간혹 그런 것을 경험합니다. 그 체험은 깨달음, 부드러운 터치, 위로의 말씀, 정화 등 다양합니다. 종종 하나님은 제 상한 감정의 끝자락에서 '참 못났다', '너 그것밖에 안 되니', '아직 한참 멀었구나' 탓하지 않으시고, 있는 그 모습 그대로 저를 안아 주십니다. 아직도 성숙을 향해 가야 할 길이 한참 멀지만, 그런 주님이

감정 치유 기도

계시기에 감정을 뛰어넘어 정감으로 한 걸음씩 나아갑니다.

졸저를 출간하면서 독자를 향한 소망이 있습니다. 먼저 자기의 감정을 있는 그대로 깊이 바라보시면 좋겠습니다. 그러면 뭔가 보이는 게 있을 것입니다. 나아가 감정 기도에서 정감 기도로 기도가 변하는 것을 경험하시길 원합니다. 그 연장선상에서 내 자신과 이웃과 하나님과 감정적으로 화해하는 은혜가 있기를 소망합니다.

부족하지만 늘 은혜를 베풀어 주시는 하나님 아버지께 마음을 다하여 감사드립니다. 지금 여기까지 인도해 주신 에벤에셀의 하나님께서 내일 저기까지 여호와 이레로 인도해 주실 것을 믿고 기다립니다. 늘 귀한 목회의 조언과 도움을 주시고 추천사를 써 주신 김지철 목사님께 감사드립니다. 영성이란 주제로 대화 나누며 도움을 주시는 유해룡 교수님과 영성 목회의 한 모델을 보여 주며 귀하게 사역하는 친우 최일도 목사님께도 감사드립니다.

새벽마다 잊지 않고 기도해 주시는 아버지 이병목 장로님과 어머니 최현일 권사님, 강창희 권사님께 깊이 감사드립니다. 많은 시간 기다리고 격려해 준 한선희, 재훈, 하은, 하나에게도 고마운 마음을 전합니다. 또한 함께 소망교회를 섬기며 동역하는 목회자들과 성도들 그리고 '마중물', '영성나무', '582' 친우들에게도 감사한 마음을 전합니다. 무엇보다도 이 책의 출판을 기꺼이 허락해 주신 두란노아카데미의 최원준 목사님과 아름다운 책을 만들어 주신 편집부 여러분에게 고마운 마음을 전합니다. 본고의 일부는 '목회와 신학'(2011. 4-7, 9-10)과 '그 말씀'(2011. 5, 7)에 연재되었음을 알려 드립니다. 감사합니다.

From Emotional Prayer to Affective Prayer

I. 감정과 기도

1. 인간에게 감정은 필요한 것인가?
2. 감정에서 정감으로

From Emotional Prayer to Affective Prayer

1.

인간에게 감정은 필요한 것인가?

1) 이퀄리브리엄-감정이 제거된 사람들

〈이퀄리브리엄〉(Equilibrium)이란 영화가 있다. 이퀄리브리엄은 '균형, 마음의 평정'이란 뜻이다. 이 영화는 〈매트릭스〉와 자주 비교된다. 그 이유는 미래 사회를 배경으로 했다는 점과 주인공이 무술에 능하다는 점 그리고 검은 제복을 입었다는 점이다. 또한 내용을 보면 〈매트릭스〉는 가상 현실이 진실인가를 묻는 반면, 〈이퀄리브리엄〉은 진실 속의 거짓과 거짓 속의 진실을 '감정 억압'이라는 관점에서 풀어 간다.

감정 치유 기도

이 영화는 21세기 핵 전쟁으로 초토화된 땅에 재건된 국가 리브리아로부터 시작한다. 리브리아의 지배 계급 그라마톤 성직자들이 뽑은 총사령관은 국민의 감정을 통제하고 반정부 세력을 숙청하기 위해 특수 부대 클레릭을 운영한다. 통치자들은 인간의 변덕스러운 감정이 전쟁을 유발했다고 생각하여, 인간의 고질적인 폭력성을 제거하기 위해 '프로자임'이란 약물을 개발한다. 이 약물은 프로잭에서 파생된 우울증 치료제[1]로, 복용하는 사람이 어떤 감정도 느끼지 못하게 한다. 일종의 감정 거세인 셈이다. 이 같은 가공할 통치 방법을 고안해 낸 정부는 리브리아 시민들에게 프로자임을 매일 복용하도록 강요한다. 만일 이를 어기면 처벌받는다. 이뿐만 아니라 시민들의 감정이 살아나는 것을 막기 위해 책, 그림, 음악도 접하지 못하게 한다.

시민들은 모나리자 복사판을 소지했다는 이유로 체포당하고, 애완견을 길렀다고 화형에 처해진다. 그러다 보니 시민들의 생활은 무미건조하고 삭막해진다. 남의 행동을 예측하고 감시하는 인지 능력만 향상된다. 따라서 가족 간의 사랑도 없어지고 대화도 없다. 시간이 지나면서 독재 정부에 반기를 든 시민 조직이 생겨나기 시작한다. 그들은 감정이 없는 인간 생활은 재깍거리는 시계에 불과하다며 정부를 타도하기 위해 분연히 일어선다.

어느 날 특수 부대의 일급 요원 존 프레스톤은 세수를 하고 프로자임을 투약하려다 약병을 깨뜨리고 만다. 이런 경우에는 즉각 본부에 보고하고 프로자임을 배급받아 복용해야만 한다. 그러나 프레스톤은 이를 이행하지 않았다. 그 결과 그는 점차 감정을 느끼게 된다.

반정부 조직을 소탕하는 가운데 개를 발견하지만 개가 측은하고 귀여워 죽이지 않고 집에 데려온다. 절친한 동료가 자살하고 부인마저 숙청당하는 고난 속에서 그의 독재 정부에 대한 적개심은 점점 불타오르고, 우연히 접하게 된 반정부 조직과 밀착한다.

프레스톤은 새로운 반정부 조직을 발견했다고 총사령관에게 보고하여 그의 신임을 얻는다. 두터운 신임을 기회로 그는 아무도 만나 본 적이 없는 총사령관에게 접근할 수 있게 된다. 프레스톤은 그 기회를 이용하여 총사령관을 암살하고 특수 부대 조직을 파괴한다. 프로자임 공장을 폭파하고 총사령관의 피살을 시민들에게 알리고 시민들과 함께 독재 정부를 전복시킨다. 리브리아 시민들은 드디어 감정을 느낄 수 있는 자유를 되찾는다. 진정한 인간이 된 것이다.

이 영화는 통쾌한 SF 액션으로 쾌감도 주지만, 감정을 느끼고 싶어 하는 진정한 인간 본능을 잘 그려 냈다. 감정을 거세당한 비인간화된 인간의 모습은 연민의 정을 느끼게 한다. 주인공 존 프레스톤이 생애 처음 베토벤의 음악을 들으면서 눈물을 흘리는 장면, 건물의 계단을 올라가면서 사람들의 손길이 닿았던 난간의 감촉을 느껴 보는 장면, 사랑하는 여인의 죽음을 보고 복받치는 감정을 억제하지 못해 쓰러져 흐느끼는 장면, 도살시키는 가축들을 보며 측은한 감정을 느끼지만 그 감정조차 숨죽이는 장면, 텅 빈 침대에 누워 죽은 아내를 그리워하며 고독 속에 괴로워하는 장면, 이런 감성적인 장면들은 보는 이들에게 진한 감동을 준다.

인간에게 감정이 살아 있다는 것은 희로애락을 느낀다는 것이다. 우리 인간이 즐거움과 기쁨만 느낀다면 좋지만, 사실 괴로움과 슬픔을 느끼는 경우가 더 많다. 불안과 괴로움을 감당하면서까지 '감정'을 지니는 일이 과연 가치가 있는가. 아니면 감정을 거세당하고 느낌 없이 고요히 사는 것이 더 인간다운가. 이 영화는 인간에게 감정의 의미는 무엇이며, 진정한 인간다움이란 무엇인가를 묻는다.

만일 인간이 감정을 느끼지 못한다면, 우리의 삶은 리브리아 시민들처럼 사막같이 삭막해질 것이다. 인생이 무미건조해지고 살맛이 나지 않을 것이다. 사람들의 두뇌 회전은 빨라지겠지만 감정 없는 로봇과 같을 것이다. 감정과 정서 그리고 느낌은 사실 인간에게 때로 거추장스러운 것이다. 상처받은 감정이 주는 무게가 얼마나 무거우며, 그 통증은 얼마나 아픈가. 그러나 우리가 일상생활에서 느끼고 맛보는 사랑, 연민, 희열, 쾌락, 감동, 황홀함, 그리고 슬픔, 고통, 괴로움, 쓰거움은 인간을 진정한 인간으로 만드는 요소이다. 기본적으로 감정을 거세당한 인간이란 존재할 수 없다. 인간이 인간인 것은 감정이 있기 때문이다.

2) 다이애나 왕세자빈의 죽음과 눈물 효과

1997년 8월 31일 밤, 영국 왕세자빈 다이애나(당시 36세)와 애인 도디 파예드(당시 42세)를 태운 메르세데스가 신호등을 무시한 채 파리 시내를 질주했다. 그 뒤로는 파파라치들이 다이애나가 타고 있는 차를 놓치지 않으려고 따라붙고 있었다. 얼마 후 메르세데스는 굉음을 내며 파리 시내 알마 지하 차도의 벽을 들이박았다. 운전 기사 폴과 다이애나와 파예드가 사망하고 말았다.

지금도 끊이지 않는 다이애나의 죽음을 둘러싼 의혹이 있다. 그 중 일반적인 견해는 운전 기사의 음주 운전과 파파라치의 무모한 추격전을 꼽는다. 그러나 영국 왕실과 정보 기관이 다이애나를 살해했다는 왕실 '사주론'도 있다. 다이애나가 무슬림인 파예드의 아이를 낳지 못하게 하려는 시도였다는 것이다. 요즘 나오는 새로운 문제 제기는 이스라엘 정보 기관 모사드의 개입설이다.

「기드온의 스파이」에 의하면 다이애나 사망에 모사드가 관련되어 있다. 애초 모사드의 타깃은 다이애나가 아니었다. 모사드는 유럽 무기상과 중동 무기 브로커의 접촉 장소로 활용되는 파리 리츠칼튼 호텔에 첩자를 심는다는 계획을 세웠다. 마침내 모사드는 호텔 부지배인이며 경비 책임자인 앙리 폴을 포섭 대상으로 지목했다. 폴에 대한 포섭이 거의 성공한 상태에서 모사드는 '우연히' 다이애나가 호텔을 방문한다는 사실을 알게 되었다.

리츠칼튼의 소유주는 파예드의 아버지 모하메드였다. 사실 폴의 포섭과 다이애나의 호텔 방문은 전혀 별개의 사안이다. 그런데 모하메드는 아들 커플의 운전을 자신의 심복인 폴에게 맡긴다. 이렇게 해서 두 사안은 묘하게 하나로 엮이게 되었다. 모사드의 포섭 공작에 번민을 계속하던 폴은 과음과 약물 복용 등으로 신경 쇠약에 걸린 상태에서 운전을 했고, 뭔가에 의해 혼란이 일어나는 순간 다이애나 일행이 탄 차는 지하 도로 서쪽 콘크리트 기둥을 들이박았다. 이 사고로 다이애나 커플과 폴은 사망하고 말았다.[2)]

물론 이것을 100% 사실이라 말할 수는 없겠지만 가능한 스토리이기도 하다. 그 원인이 무엇이든 당시 다이애나의 죽음은 전 세계인의 관심사였다. 영국 전체가 큰 슬픔에 빠졌다. 그녀의 장례식이 거행되는 날 영국 전체가 흐느꼈다.

그런데 그 사건 이후 기이한 현상이 벌어졌다. 영국에서 심리 상담소를 찾던 많은 이들의 발길이 뚝 끊어진 것이다. 상담을 받기 위해 찾아오는 사람이 절반으로 줄었다고 한다. 심리적으로 충격이 큰 사건이었으니, 우울증이나 상실감이 더 심해져 상담소와 정신과를 찾는 사람이 많아야 마땅한데, 정반대의 현상이 일어난 것이다. 왜일까?

다이애나의 죽음으로 인해 흘린 눈물이 그 답이다. 영국인들은 이 사건을 슬퍼하면서 평소보다 많이 울었다. 그들의 눈물에는 깊은 감정 이입이 있었고, 그로 인해 정서적으로 크게 안정될 수 있었다. 이것을 심리학자들은 '다이애나 이펙트'(Diana Effect), '다이애나 베니핏'(Diana Benefit), '다이애나 신드롬'(Diana Syndrome)이라고 불렀다. 눈물 흘리며 우는 것은 감정 순화와 정서 안정에 큰 도움이 된다.

양파를 썰 때 흘리는 싱거운 눈물과 감정이 가입된 눈물은 매우 다르다. 감정에 복받쳐 흘리는 눈물은 단순한 눈물과 성분이 다르다. 눈물은 99%가 물이고 나머지는 나트륨, 칼륨, 알부민, 글로불린 같은 단백질이다. 그런데 감정이 들어간 정서적인 눈물에는 보통 눈물보다 단백질이 많다고 한다. 또한 눈물을 흘리고 난 뒤에 아드레날린이나 코르티졸 같은 스트레스 호르몬이 줄어들어 면역력이 증가한다고 한다. 이것이 바로 눈물 치료의 효과이다. 눈물은 단순히 안구 건강에 도움이 될 뿐만 아니라 정신 건강에도 큰 도움을 준다.

웃음 치료와 울음 치료가 모두 건강에 좋다는 것은 알려진 사실이다. 웃음을 통해 생기와 힘을 얻는다면, 울음을 통해서는 카타르시스를 경험한다. 웃음과 울음 모두 인간의 감정을 해방시키는데, 웃음이 파도라면 울음은 해일과 같다. 감정이 이입된 눈물은 해일처럼 마음 깊은 곳을 뒤집어 놓음으로써 마음과 감정을 크게 흔들어 놓는다. 따라서 웃음 치료보다 울음 치료가 더 효과적이다. 한번 실컷 울기만 해도 마음에 쌓인 독소가 정화되고 순화된다.

영국인들은 비운의 여인 다이애나를 가리켜 '영국의 장미, 마음의 여왕'이라고 불렀다. 다이애나 장례식 때, 팝 가수 엘튼 존은 "바람 속의 촛불"(Candle in the Wind)이란 추모곡을 불렀다. 그는 "영국의 장미여 안녕(Goodbye England's rose), … 하지만 당신은 우리 마음속에 영원히 피어날 겁니다"라고 노래했다. 이 곡은 순식간에 3,300만 장이 팔려 나가 단일 앨범 사상 최고의 판매 기록을 세우기도 했다.

다이애나가 거주했던 켄싱턴 궁 벽에는 지금도 많은 추모 인파가 몰려든다. 다이애나가 남긴 이야깃거리가 많지만, 특히 감정과 눈물, 눈물과 감정 치유라는 함수 관계를 묘하게 보여 준 사례이다.

그렇다. 눈물엔 신비한 힘이 있다. 눈물은 사람의 감정을 정화시

감정 치유 기도

키는 묘약이다. 눈물은 안구 건강과 정신 건강뿐 아니라 영적 건강에도 유익하다. 예수님께서도 "우는 자는 복이 있다"(누가복음 6:21)고 말씀하셨다. 눈물을 흘리는 자는 눈물 너머로 무지개를 볼 수 있기 때문이다.

3) 배추는 일곱 번 죽는다는데

가을이 깊어 가면 대부분 교회의 여전도회는 무척 바쁘다. 추수감사주일, 바자회, 수험생을 위한 특별 기도회, 문화의 밤 등의 행사 준비로 손길이 분주하기만 하다. 그러나 무엇보다도 가장 큰 가을 행사는 김장이다.

김장을 하려면 며칠간 준비를 해야 한다. 배추를 고르고, 좋은 천일염과 젓갈류를 준비하고, 김치속을 만들고, 김장독을 닦고, 고무장갑과 앞치마를 준비하고, 일하는 동안 먹을 간식과 음식을 만들고… 사실 1년 중 가장 큰 여전도회 행사라 할 만큼 많은 사람이 동원되고 준비할 일도 많다. 김장을 하고 나면 한 해 겨울을 날 수 있다는 기대로 수고하기를 마다하지 않는다.

어느 햇살 좋은 가을날 드디어 어느 교회 여전도회 회원 모두가 모여 김장을 시작했다. 씩씩하고 노련한 여전도회 회장이 앞장서 일하며 각자 맡은 일을 척척 해 나갔다. 한쪽에서는 절인 배추를 깨끗이 헹구고, 물기를 적당히 뺀 배추에 준비한 속을 집어넣고, 버무린 배추를 단지에 차곡차곡 넣었다. 마치 자동 시스템이 돌아가듯이 손발이 척척 맞아 일이 진행되고 있었다. 옛날 어머니들이 우물가에서 빨래하며 이야기꽃을 피우듯이 여전도회 회원들은 김장을 담그며 이야기꽃을 피웠다.

신나게 김장을 담그다가 조그만 일이 벌어졌다. 김장 맛을 보던 회장이 간이 조금 싱겁다면서 속에 소금을 더 넣으라고 말했다. 그러자 옆에 있던 총무 집사가 맛을 보더니 이 정도면 적당하다고 대꾸하였다. 회장은 자기 말에 동의하지 않고 반론을 펴는 총무의 말이 고깝게 들렸고, 언뜻 자기가 무시당한 느낌을 받았다. 회장은 조금 언성을 높여 "그래도 소금을 더 넣어야 봄에 쉬지도 않고 간이 맞는다"고 주장했다. 눈치 빠른 총무라면 "그럽시다"라고 넘어가면 그만인 것을 그래도 자기 입맛이 맞는다고 벅벅 우기기 시작했다.

자존심이 상한 회장은 나이 많은 한 권사에게 동의를 구하려고 의견을 물었다. 그 권사가 회장의 입맛을 편들자, 평소 총무 집사와 친하던 다른 권사가 "에이, 뭐. 총무 집사 입맛도 괜찮네"라고 했다. 일이 커지려고 그랬는지, 회원들은 각자 자기의 입맛을 따라, 혹은 평상시 친소(親疎) 관계에 따라 "회장 입맛이 맞네", "총무 입맛이 맞네" 말하기 시작했다. 순식간에 여전도회 회원들의 의견이 이편저편으로 갈라지고 말았다. 회장과 총무 사이에 "왜 내 말을 무시하느냐", "왜 입이 있는데 말도 못하느냐" 하는 고성이 오갔다. 분을 참지 못한 두 사람은 급기야 배추를 내던지고 팔뚝을 걷어붙이며 삿대질을 하기 시작했다. 주변 사람들이 서로 밀치고 쓸리면서 순식간에 아수라장이 되고 말았다.

문제는 거기서 끝나지 않았다. 보다 큰 문제는 회장 남편이 장로고, 총무 남편은 안수집사회 유력한 임원이었다. 두 여인의 감정 싸움은 남선교회로 넘어가고 말았다. 남선교회의 갈등은 결국 전체 교회 분위기를 싸늘하게 만들고 말았다. 김장 사건으로 교인들은 김장 배추처럼 회장 편, 총무 편으로 쫙 갈라서고 말았다. 사소한 의견 불일치가 감정이 개입되면서 돌아올 수 없는 강을 건너 일이 커졌다. 교회 일한다고 모여서 결국 감정 싸움으로 막을 내리고 말았다. 감정은 휘발성이 강한 것이라 한번 불이 붙으면 누구도 막을 수가 없다. 믿거나 말거나 어느 교회에서 있었던 일이다.

배추는 일곱 번 죽는다고 한다. 일곱 번 죽어야 맛깔스런 김치가 된다. 배추는 땅에서 뽑히며 처음 죽는다. 두꺼운 칼로 쪼개지고 갈라지며 두 번째 죽는다. 짜디짠 소금물에 절여지며 세 번째 죽는다. 매운 고춧가루와 새우젓 같은 지독한 양념에 버무려지며 네 번째 죽는다. 어두운 단지 속에 묻히며 다섯 번째 죽는다. 오랜만에 바깥세상으로 나오는가 싶더니, 또다시 칼로 조각조각 썰려 여섯 번째 죽는다. 그리고 사람의 입속에서 자근자근 씹히며 그 생의 마지막 죽음을 맞는다. 이처럼 배추는 자기를 낮추고 또 낮추기에 입맛을 사로잡는 김치가 된다.

그런데 정작 김장을 하던 여전도회 회원들은 혈기가 죽지 않았다. 소금에 절인 배추가 기가 팍 죽듯이 혈기가 죽어야 되는데, 오히려 혈기가 왕성하였다. 자기를 부인하기보다는 자기 주장과 체면이 더 중요했다. 김치같이 발효되어 부드러워진 것이 아니라, 겉절이같이 기가 살아 고개가 빳빳했다. "누구든지 나를 따라오려거든 자기를 부인하고 자기 십자가를 지고 나를 따를 것이니라"(마태복음 16:24)는 말씀은 너무나 먼 곳에 있었다.

From Emotional Prayer
to Affective Prayer

2

감정에서
정감으로

1) 상한 감정 기도의 응답-그럼 너는?

사람이 살다 보면 순한 음식을 먹을 때가 있고 매운 음식을 먹을 때가 있는 것처럼, 순한 말을 할 때도 있고 독한 말을 할 때도 있다. 기도도 마찬가지다. 때로는 순한 기도를 하지만, 때로는 독한 기도를 한다. 독한 기도란 내 마음이 상해서 속에서 독기가 올라오는 것을 느끼며 하는 기도이다. 마음에서 독기가 올라오면 기도가 뻑뻑해진다. 마음이 편치 않고 답답해진다. 잔뜩 감정이 상해 있고 영혼이 억눌린 것을 느낀다.

인간은 지·정·의를 가진 인격적 존재이기에 신앙생활에도 지·정·의가 나름대로 역할을 한다. 특히 영성 생활의 핵심인 기도에도 지·정·의는 매우 중요하게 작용한다. 예컨대 지성은 기도의 방향과 내용을 생각하게 한다. 의지는 기도를 지속적으로 할 수 있도록 밀어준다. 강한 의지적 결단 없이 새벽 기도를 꾸준히 하기란 쉽지 않다. 감정은 마음을 뜨겁게 함으로 기도에 힘을 불어넣어 준다.

사람마다 기도하는 스타일이 다르다.

어떤 이는 지성 주도적으로 기도한다. 곰곰이 생각하며 논리적으로 기도한다. 이것은 아주 좋은 것이다. 아벨라 테레사는 누구에게 비는지, 무엇을 구하는지 생각하지 않고, 그저 입술만 많이 놀리는 것을 기도라 할 수 없다고 말한다.[3] 우리는 생각하며 기도하고, 기도하며 생각해야 한다.

어떤 이는 의지 주도적으로 기도한다. 특별한 기도 제목이 있거나 없거나 상관없이 꾸준히 기도한다. 비가 오나 눈이 오나 한결같이 약속된 시간에 꾸준히 기도드리는 사람이 있다. 몸에 밴 습관과 강한 의지의 소산이다. 이것은 참으로 귀한 기도이다.

그러나 혹자는 감정 주도적으로 기도하기도 한다. 격정적인 사람이나 가슴이 뜨거운 사람, 혹은 한나처럼 마음이 상한 사람이다. 마음의 상처가 크면 클수록 감정적인 기도가 뜨겁게 올라온다.

언젠가 한번은 마음이 크게 상하여 하나님께 탄식하며 기도한 적이 있다. 마음이 상한 이유는 복합적이었다. 일이 제대로 풀리지도 않고, 컨디션도 좋지 않고, 신경을 엄청나게 거스르는 사람도 있었다. 마음이 상할 때는 표면적인 이유도 있지만, 사실은 그 밑에 깔려 있는 다양한 일들이 내재해 있기 마련이다. 마치 잔잔할 때 깨끗해 보이는 구정물이라 할지라도 막대기로 한번 휘저으면 온갖 찌꺼기가 떠오르듯이, 우리네 마음도 평상시는 잔잔한 것 같지만, 누군가 한번 휘저어 놓으면 온갖 감정들이 들끓어 오른다. 몇 날 며칠이고 상한 마음을 끌어안고 탄식하며 끙끙거리며 기도하였다. 한번 마음이 상하고 감정이 일그러지면 그것을 가라앉히기가 매우 힘들다.

> 분을 내어도 죄를 짓지 말며 해가 지도록 분을 품지 말고
> 마귀에게 틈을 주지 말라 (에베소서 4:26-27)

에베소서의 말씀을 모르는 바가 아니지만, 어디 내 마음이 내 마음대로 되는가. 솔직히 내 감정이 내 마음대로 되지 않음을 우리는 늘 느끼며 살아가지 않는가. 무고히 분한 일을 당하고 감정이 상해도 원한을 품거나 죄를 짓지 않도록 해야 됨을 안다. 또 해가 지기 전에 다 잊어버리고 상한 감정이 냉정을 되찾아야 함도 안다. 그러나 이론과 실제는 늘 다르다.

상한 감정으로 오랫동안 기도하면서 몸도 무겁고 마음도 한없이 무거웠다. 상한 마음이 쉬 가라앉지 않았다. 그러던 어느 날 아침 면도를 하려고 거울 앞에 섰다. 거울에 비친 내 얼굴을 보니 내 얼굴이 아니었다. 며칠 사이 까칠해졌고 얼굴에 생기도 사라졌다. 무엇보다

내 눈동자를 보니 내가 보기에도 딱했다. 눈동자가 멍하게 풀려 있었다. 상심한 얼굴을 바라보고 있노라니, 어느새 또 상한 감정에서 쓴 물이 올라오고 있었다. 그 누군가를 생각하고 원망하며 속으로 '아이고, 아이고' 소리를 지르고 있었다. 바로 그때! 하나님께서 내 아픈 감정 기도에 응답해 주셨다. 아주 선명한 음성이 들려왔다.

"그런 너는?"

기도 응답은 다양하게 나타난다. 어떤 때는 하나님께서 "알았다"고 말씀하신다. 혹은 "내가 네 원한을 풀어 주리라"(누가복음 18:7-8)고 하신다. 혹은 "내가 네 기도를 들었고 네 눈물을 보았다"(이사야 38:5)고 하신다. 혹은 마음에 평안을 주기도 하신다.

그러나 그날 하나님이 내게 주신 응답은 전혀 새로운 것이었다. 한동안 마음속으로 탄식하며 원망하며 드리던 기도에 대한 응답으로 마음 깊은 곳에서 또렷이 들려온 "그런 너는?" 그 한 마디로 기도는 종료되었다. 하나님은 원망하며 탄식하며 식식거리는 나에게 한 마디를 툭 건네신 것이다. "그러는 너는 별다른 게 있냐? 그러는 너는 그 사람과 다른 게 있냐고? 네가 그 사람보다 더 의로우냐? 네가 그 사람보다 더 열심이 있냐? 네가 그 사람보다 더 나은 게 있느냐? 그놈이나 네놈이나 다 똑같지 않냐? 그런데 뭘 그리 식식거리고 있니?"

그 순간 마음에 짙게 드리웠던 안개가 사라져 버렸다. 상한 마음이 가라앉기 시작했다. 상처 나서 피가 뚝뚝 떨어지던 감정이 부드러워지기 시작했다. 주님의 위로의 말씀, 질책의 말씀이 임하자 상한 감정이 질적으로 변화하였다. '감정'(emotion)이 '정감'(affection)으로 변화되는 것을 경험하였다. 마치 벗겨진 피부에 소금을 치듯 쓰라리던 마음에 새살이 돋아 부드러워진 듯하였다. 물론 새살도 누르면 통증을 느끼지만 그전과 전혀 다른 아픔이었다. 지금도 가끔 식식거릴 일이 있지만, 그때마다 당시 들려 주셨던 한 말씀을 기억한다.

"그런 너는?"

2) 감정은 하나님의 선물

이 세상에서 가장 아름답고도 쓰라린 것이 있다면 사랑이리라. 사랑이 좋게 불타오를 때 세상에 그보다 달콤한 것은 없다. 그러나 사랑이 배신을 때릴 때면 그보다 쓰고도 아픈 것은 없다. 가장 좋은 것은 가장 나쁠 수도 있다는 양면성이 사랑의 속성이기도 하다.

　인간에게 감정이란 존재도 이와 비슷하다. 사람이 행복을 느끼고 즐거울 때면 감정이 있다는 게 그리 고마울 수가 없다. 감정이 없다면 그 행복함과 달콤함을 어찌 느끼고 누릴 수 있겠는가. 그러나 감정이란 동전의 양면 같아서 우리에게 늘 감미로움만 주는 것이 아니다. 감정이 있기에 느끼는 불행, 불안, 고통, 괴로움, 쓰라림, 우울…. 어쩌면 감정이 우리에게 주는 긍정적이고 밝은 느낌보다는 부정적이고 어두운 느낌이 더 많은 것 같다. 아마도 부정적인 감정이 주는 느낌이 더 강렬하기 때문인지도 모른다.

그러기에 인간은 가끔 감정이란 존재에 대해 회의감을 갖는다. 감정 때문에 이렇게 아픔을 느낀다면, 감정 때문에 이토록 마음고생을 한다면, 차라리 감정이 없었으면 좋겠다는 생각을 한다. 그런 의미를 담은 영화가 〈이퀼리브리엄〉이다. 인간의 감정 때문에 전쟁이 나고 갈등이 심화되고 그로 인해 불행해진다면, 차라리 모든 감정을 제거해 버리자는 것이다. 감정 때문에 고통당하지 말고 이성적으로 '쿨'하게 살자는 것이다. 인간이란 감정 없이 이성만으로도 살아갈 수 있기 때문이다. 과연 그러할까.

이 책을 읽고 있는 당신의 지금 감정은 어떠한가. 기분이 괜찮은가 아니면 뭔가 꿀꿀하고 무거운가. 기분이 괜찮은 사람은 감정이란 꼭 필요한 것으로 인간다움의 필수 조건이라고 생각할 것이다. 그러나 어둡고 부정적인 감정에 짓눌려 사는 사람은 차라리 감정이 없으면 좋겠다고 생각할 것이다. 그래야 속이 편하고 고통을 느끼지 않기 때문이다. 그래서 때로는 감정과 호르몬을 조절하는 약을 먹기도 한다.

인간에게 감정은 저주인가, 축복인가. 그 답은 사람마다 다르고, 그때그때 형편 따라 달라질 수 있다. 말 그대로 '그때그때 달라요'이다. 당신은 어떻게 생각하는가. 감정은 하나님이 인간에게 주신 축복인가, 저주인가? 은총인가, 징벌인가?

감정은 하나님이 인간에게 주신 선물임에 틀림없다. 즉 축복이나 저주를 떠나서 선물이라는 것이다. 선물은 받은 사람이 어떻게 사용하느냐가 중요하다. 축복이나 저주는 이미 그 가치가 결정되어 버린 것이다. 우리가 어떻게 손을 쓸 수가 없다. 그러나 감정이 선물이라면 우리가 사용하기 따라서 좋을 수도 있고 나쁠 수도 있다.

인간은 하나님의 형상대로 지음을 받았다. 하나님의 형상이란 일반적으로 인격성, 도덕성, 거룩함을 추구하는 영적인 성향, 사랑의 힘, 자유 의지 등이다. 한 가지 더 추가한다면 바로 감정과 정서를 말할 수 있다. 성경은 감정이 무엇인지 어떻게 나오게 되었는지 직접 말해 주지 않는다. 그러나 우리는 감정과 정서가 하나님의 성품과 본질에서 기인한 것임을 안다. 하나님은 자신을 분노하시는 하나님, 질투하시는 하나님, 즐거워하시는 하나님 등으로 묘사하신다. 그러나 하나님께 근심, 걱정, 염려, 죄의식 같은 것은 없다.[4] 인간에게 있는 불안, 고통, 죄책감 같은 어두운 감정은 범죄와 타락으로 인해 발생한 왜곡된 정서이다.

하나님은 분명 인간을 '감정 없는 피조물'로 만드실 수도 있었다. 마치 고도의 지능을 가진 로봇처럼, 혹은 감정 없는 목석처럼 만드실 수 있었다. 그러나 하나님은 인간을 그렇게 만들지 않으셨다. 하나님은 인간을 지성적인 존재일 뿐만 아니라 감정적인 존재로 만드셨다. 인간에게 감정이 있기에 때로 웃기도 하고 때론 울기도 한다. 희로애락을 느끼며 살아간다. 만일 감정이 없는 존재였다면, 슬프거나 고통 때문에 괴로워하는 일도 없을 것이다. 뿐만 아니라 기뻐할 일도 없고, 깔깔거리며 웃을 일도 없을 것이다. 그저 그날이 그날인 단조로운 흑백 사진처럼 살아갈 것이다.

그러나 다행스럽게도 하나님은 인간을 감정을 가진 존재로 만드셨다. 그리고 그것을 선물로 주셨다. 선물이란 받은 사람이 어떻게 사용하느냐에 따라 그 결과가 달라진다. 예컨대 주어진 쌀로 어떤 이는 고슬고슬한 밥을 지을 수도 있고, 어떤 이는 죽을 쑤기도 하고, 어떤 이는 삼층밥이나 설익은 밥을 짓기도 한다. 똑같은 쌀로 어떤 밥을 짓느냐는 각자의 역량이며 실력이다.

감정도 비슷하다. 하나님은 감정을 모든 인간에게 허락하셨다. 그 감정을 다루는 것은 각자의 몫이다. 똑똑하고 부자라고 다 감정을 잘 다루는 것은 아니다. 가난하거나 학문이 짧다고 다 감정이 엉망인 것도 아니다. 세계적으로 유명한 사람도 감정 처리를 잘못해 인생을 망치는 이들이 적지 않다. 그러나 농부일지라도 자기 감정을 잘 다스리고 조절해서 누구보다도 행복하게 사는 이들도 많다.

인간이 감정적으로 어두운지 밝은지, 행복한지 불행한지의 문제는 하나님이 하늘에서 결정해서 뚝 떨어뜨리는 것이 아니다. 기본 재료는 각자에게 주어졌고, 그 모양과 색깔과 맛은 각자의 역량대로 만들어 가는 것이다. 그러므로 "나는 본래 이래, 내 팔자는 이렇대"라는 운명론이나 결정론에 귀 기울일 필요가 없다. 보다 중요한 것은 자기 감정의 특징을 이해하고 적절한 영적 훈련을 통해 감정을 다스리고, 격려하여 건강한 감정으로 만들어 가는 것이다. 그 핵심적인 영적 훈련이 바로 감정을 정감으로 바꾸어 가는 것이다.

3) 감정에서 정감으로

구원받은 그리스도인들도 나름대로 고민이 있다. 그것은 성숙을 향한 고민이다. 좀 더 예수님 닮고 싶은데, 진정한 그리스도인이 되고 싶은데, 그것이 마음대로 쉽게 되지 않는다. 성숙의 징표는 무엇일까? 교회에서 직분이 높아지는 것인가? 사회적 신분이 상승하는 것인가? 일을 유능하게 처리하는 능력인가? 아마도 성숙은 그런 것과는 다른 문제이다. 성숙은 기능이나 직분의 문제라기보다는 인격의 문제이다. 지식이 많고 지위가 높고 능력이 출중해도 성격이 괴팍하거나 '지랄 같은' 이들이 있다. 아마 능력이 뛰어난 사람일수록 괴팍하거나 '지랄 같을' 가능성이 높다. 우리는 그런 이들을 성숙하다고 말하지 않는다. 유능과 성숙은 다른 것이다.

유능이 실력과 능력의 문제라면 성숙은 인격과 성품의 문제이다. 많은 그리스도인들과 한국 교회가 이 두 가지 사이에서 고민한다. 한국 교회가 사회 일각에서 '개독교'로 불리는 이유는 무엇일까? 무능하고 실력이 없어서인가? 아니다. 오히려 너무 유능하고 잘나서, 그러나 성숙하지 못해서 받는 비판 아니겠는가. 따라서 한국 교회가 이 시점에서 고민해야 할 것은 얼마나 더 유능해지느냐보다는, 얼마나 더 성숙해지느냐의 문제일 것이다.

신앙 성숙의 핵심에 감정 문제가 자리 잡고 있다. 성숙은 직분이나 신앙 연조와는 별 상관이 없다. 직분이 높거나 유능해도 여전히 괴팍하거나 '개성 강한 성격' 때문에 사람들에게 상처를 주는 이들이 적지 않다. 일한 것보다 상처 주는 것이 더 크다. 그래서 본인도 행복하지 못하고 남도 불행하게 한다. 나아가 사회에서 '개독교'란 지탄을 받는 이유가 된다. 성숙의 핵심에는 감정이 자리 잡고 있다. 지식의 문제도 아니고 의지의 문제도 아니다. 바로 감정의 문제이다.

　감정이 성화된 사람은 성숙한 사람이다. 그러나 감정이 성화되지 못한 사람은 여전히 미숙한 사람이다. 이것은 지식의 유무와 크게 상관이 없다. 이렇게 생각해 보자. 아무리 감이 커도 떫은 감은 떫은 것이다. 그러나 감이 작아도 단감은 단 것이다. 떫음과 단맛은 크기와 관계가 없다. 외적인 문제가 아니라 내적인 문제이다.

　타닌 때문에 떫은 감을 단감으로 만드는 방법에는 건시(곶감) 방법과 침시(沈諟) 방법이 있다. 이것을 탈삽(脫澁) 혹은 침담근다고도 하는데, 약 45℃의 따스한 물에 소금을 조금 넣고 감나무 잎과 감을 넣어 하룻밤을 재우면 떫은맛이 사라지고 단맛이 살아난다. 온탕 탈삽법이다. 따스한 소금물에서 떫은 타닌이 사라지면서 맛이 바뀐 어린 시절 맛본 감미로운 단감의 맛을 나는 지금도 기억한다.

　감정과 정감도 이와 비슷하다. 감정은 생것이고 날것으로 덜 익은 것이다. 그래서 감정대로 살고 감정 표출을 다 하면 부딪치는 것이 많고 상처도 많다. 따라서 감정을 농익은 상태로 변화시켜야 한다. 마치 떫은 감에서 타닌을 제거하면 단맛이 살아나듯이 감정에서 독기를 빼어 버려야 한다. 감정에서 분노, 슬픔, 시기, 질투, 교만 같은 떫은 것을 빼내고 성령의 성품을 덧입어야 한다. 그 가장 좋은 방법이 감정 기도이다.

감정 치유 기도

감정 기도란 느끼는 그대로 있는 그대로 감정에 충실하게 기도하는 것이다. 이때는 자기 감정에 솔직해야 하며 체면이나 눈치를 볼 것이 없다. 사람에게 불평불만하는 것이 아니라 은밀히 보시는 하나님께 있는 그대로 감정을 털어놓으면 된다. 미우면 미운 대로, 죽이고 싶도록 증오한다면 그 증오심을 솔직히 하나님께 다 쏟아 놓으라는 것이다. 감정을 따라 솔직하게 기도하다 보면, 감정에 어린 독기가 빠져나가는 것을 느낄 것이다. 그리고 가장 깊은 감정의 밑바닥에서 하나님을 만날 수 있다. 분명히 그곳, 감정의 밑바닥에서 하나님을 만나게 된다. 마치 땅 끝자락에서 바다를 만나는 것처럼, 인간은 감정의 끝자락에서 긍휼하신 하나님을 만난다.

바로 이때 감정이 정감으로 바뀌게 된다. 감정이 정감으로 바뀌는 것은 신비이다. 그것을 세밀하게 설명하기는 어렵지만, 분명히 하나님을 만나는 그 순간, 하나님의 터치가 일어나는 순간 '감정'은 '정감'으로 변화한다. 마치 떫은 감이 단감으로 변하듯이, 단순한 탄소 덩어리가 고온, 고열, 고압에 의해 다이아몬드로 바뀌듯이 감정이 정감으로 바뀐다.

이때 정화수 역할을 하는 것이 눈물이다. 눈물은 타락과 죄악으로 인해 감정에 스며 있던 독기를 뽑아 주는 신령한 물이다. 마치 소금물이 감에서 떫은맛을 제거하듯이, 눈물은 감정에서 독소를 제거해 준다. 바로 눈물의 영성이다. 감정에서 독기가 빠져나간 그 자리를 하나님께서 성령의 성품으로 채워 주신다. 분명히 이 과정은 신비이며 성령의 거룩한 사역이다.

감정이 정감으로 바뀌는 경험을 한 사람들의 성품은 달라진다. 성질대로 살지 않고 성령의 성품을 덧입어 살아간다. 감정적인 사람은 감정에 휘둘려 산다. 그러나 정감적인 사람은 감정을 다스리며 산다. 감정이 있기는 매한가지나 감정을 느끼고 이해하고 다루는 것이 다르다. 성질과 성격이 천성 그대로의 날것이라면 성품은 후천적인 것이다. 성숙하다는 것은 천성 그대로 살기보다는 후천적으로 훈련이나 연단을 통해서 무언가 변화했다는 것이다. 그러기에 감정이 정감으로 바뀌는 데는 영적 훈련과 때로 고난이 필요하다.

그 영적 훈련은 다양하다. 예컨대 인생의 마지막 죽음을 생각해 본다면, 무슨 감정에 그리 얽매이겠는가. 또 아무것도 없던 빈털터리 시절을 생각해 본다면 무에 그리 마음이 상하겠는가. 가진 게 너무 많고 이름이 높아지니, 누가 아니꼬운 말 한 마디만 해도 파르르 떠는 것 아닌가. 그 영적 훈련의 한 방법으로 천국을 깊이 묵상해 보는 것이다. 천국 묵상은 칼뱅 영성의 한 핵심적인 내용이다. 혹은 하나님 심판대 앞에 선 내 모습을 묵상해 보아도 좋다. 정말 그분 앞에서 부끄러움 없는 모습으로 설 수 있는지를 진지하게 묵상해 보면, 자잘한 감정 문제는 어느 정도 해결될 것이다. 혹은 초연함을 훈련해 보아도 좋다.

하나님 앞에서 감정에 솔직하게 기도하는 것이 가장 일반적인 방법이라고 할 수 있다. 미우면 미운 대로, 욕이 나오면 욕이 나오는 대로, 증오하면 증오심을 폭발시키며, 쥐어박고 싶은 충동이 일어나면 마구 쥐어박으며, 저주가 나오면 저주를 다 쏟아 부으며 감정에 솔직하게 기도해 보라.

 이때 한 가지 꼭 기억할 것은 감정 그대로 기도하고 털어놓는다고 하나님이 벌주지 않으신다는 사실이다. 사람에게 감정을 다 쏟아 놓으면 후폭풍이 크겠지만, 하나님 앞에서는 괜찮다. 하나님은 오히려 우리를 긍휼히 여기신다. 이 말에 의심이 든다면, 지금 바로 시편 109편을 펴서 다윗의 감정 기도, 아니 저주 기도를 읽고 묵상해 보기 바란다. 아마도 위로가 되고 용기가 날 것이다.

 물론 이런 감정 기도와 영성 훈련이 나만의 노력으로 되는 것이 아니다. 결국은 하나님이 고쳐 주고 만져 주셔야 된다. 하나님의 은혜 없이 무엇이 고쳐지고 변화되겠는가. 그러나 몸부림치고 울부짖는 것은 우리의 몫이다. 우리가 구원받는 것은 전적으로 하나님의 은혜이지만, 신앙이 성숙해지는 것은 많은 부분 훈련에 기인한다. 따라서 영성 훈련은 바로 우리의 몫이다. 각자의 몫이다. 혹시 감정 문제로 고민이 많은가. 생것 같은 감정이 더 농익은 정감으로 바뀌기를 기대하는가. 그렇다면 다음에 나타난 성경 인물들의 다양한 기도를 눈여겨보기 바란다.

From Emotional Prayer to Affective Prayer

II. 감정 기도에 머문 사람들

1. 가인의 감정 기도
2. 삼손의 감정 기도
3. 압살롬의 감정 기도
4. 사울의 감정 기도

From Emotional Prayer
to Affective Prayer

1.

가인의 감정 기도

(창세기 4:1-15)

> "
> 가인이 몹시 분하여 안색이 변하니…
> 죄가 너를 원하나 너는 죄를 다스릴지니라
> (창세기 4:5-7)
> "

감정 치유 기도

1) 에덴의 동쪽에서 생긴 일

존 스타인벡의 「에덴의 동쪽」은 창세기 4장에서 영감을 받아서 쓴 것이다. 스타인벡은 이 책에서 인간의 원죄, 인정받지 못함, 분노 같은 주제를 그리며, 그로 인해 고통스러워하는 인간의 모습을 잘 묘사하고 있다. 「에덴의 동쪽」은 원작 소설보다 제임스 딘이 주인공으로 등장한 영화로 더 유명한 것 같다. 당시 젊은이들의 우상이던 제임스 딘은 칼이라는 이름으로 가인의 역할을 맡아 반항아적인 모습과 아버지의 사랑을 받지 못하고 소외되어 갈등하는 모습을 인상적으로 그려 냈다.

가인은 창세기 4장에만 국한되어 나오는 사람이다. 그럼에도 그의 이름을 모르는 사람은 거의 없다. 그만큼 유명하다면 유명한 인물이다. 아마도 그 이름에 '최초'라는 수식어가 따라붙기 때문일 것이다. 가인은 '최초의 살인자'였으며, '최초로 친형제를 죽인 자'였다. 최초라는 것이 늘 좋은 것만은 아니다. 가인처럼 악인의 대명사로 낙인 찍혀 기억될 수도 있다. 최초라도 무엇에 대한 최초인지가 중요하다.

창세기 4장은 창세기 3장을 배경으로 한다. 아담과 하와는 범죄로 인하여 에덴 동산에서 쫓겨났다. 아담과 하와가 에덴 동산에서 쫓겨난 실낙원의 충격과 상실감은 말할 수 없이 컸을 것이다. 사람이 평생 살던 아파트 한 채를 잃어버려도 그 충격이 큰데, 아담과 하와는 삶의 전 근거인 에덴 동산을 잃어버리고 만 것이다. 그 상실의 충격을 우리는 흔히 '실낙원'(失樂園, Paradise Lost, 잃어버린 낙원)이라고 부른다.

인간이 낙원을 잃어버리고 만 것이다.

실낙원의 충격과 상실감을 잘 그려 낸 것으로 마사치오(Masaccio, 1401-1428)의 "아담과 이브의 추방"이라는 그림이 있다.5) 피렌체 산타 마리아 성당에 있는 이 그림은 아담이 절망하듯 두 손으로 얼굴을 가리고 부끄러워 차마 얼굴을 들지 못하고, 이브 역시 회한이 가득 찬 슬프고 낙심한 얼굴로 괴로워하며 울고 있는 모습이다. 그들의 눈동자는 어디로 가야 할지를 알지 못해 초점이 없고, 벌거벗은 온몸에서는 저지른 범죄에 대한 후회와 설움이 절절해 보인다. 무거운 발걸음을 떼고 있는 그들을 향해 붉은 옷을 입은 천사가 그들 위에서 긴 칼을 들고 서서 나가라고 재촉하고 있다.

하나님은 이러한 충격과 상실감에 시달리던 그들에게 귀한 아들을 주셨다. 그 아들을 낳고 "내가 여호와로 말미암아 득남하였다"(창세기 4:1)고 아담은 기뻐하였다. 실낙원의 상실감을 상쇄할 만한 큰 기쁨이었다. 그래서 그 아들의 이름을 가인이라 지었다. 가인이란 '얻음', '소유물'이라는 뜻이다. 아담이 실낙원에 대한 충격과 아쉬움이 얼마나 컸기에 아들을 낳자 그 이름을 '얻었다'(가인)라고 붙였겠는가. 가인의 탄생은 실낙원의 상실감에 시달리던 아담과 하와에게 모든 상실감을 보상하는 귀중한 채움의 사건이었다. 비록 낙원에서 쫓겨났을지라도 사랑하는 자녀와 가족이 있다면 그곳이 곧 낙원이 아니겠는가.

이어서 아담은 아벨을 낳고 기뻐하였다. 그러나 그 기쁨은 그리 오래 가지 못하였다. 가인에 의해 아벨이 죽임을 당한 것이다. 신기하게도 아벨이라는 이름의 의미가 심상치 않다. 아벨의 뜻은 '공허', '증기', '호흡', '허무하다'라는 의미이다. 이것은 전도서에 나오는 '헛되다'라는 말과 동일한 것이다.[6] 결국 아벨은 그 이름처럼 사랑하는 형에 의해 증기처럼 허무하게 사라져 버리고 말았다.

2) 제물보다는 마음을

사람은 사회적인 존재라 두 사람이 모이면 늘 경쟁하기 마련이다. 혼자 있으면 외로워서 몸부림치다가도 둘 이상이 되면 서로 누가 더 크고 높은지를 경쟁하는 것이 인간이다. 그 경쟁이 인간을 성장시키고 강하게 하는 측면도 있지만 지나치면 나도 죽고 너도 죽는 삭막한 결과를 가져오기도 한다. 경쟁은 공부를 잘하느냐 못 하느냐, 돈을 잘 버느냐 못 버느냐, 달리기를 잘하느냐 못 하느냐, 주먹이 세냐 약하냐, 능력이 있느냐 없느냐, 키가 크냐 작으냐, 유명하냐 무명하냐 등 다양하게 다가온다.

    이러한 경쟁은 피를 나눈 형제 사이도 예외는 아니다. 가인과 아벨이 장성하면서 원하든 원하지 않든 경쟁을 피할 수 없게 되었다. 세월이 지나 장성한 가인은 농사짓는 자가 되고 아벨은 양을 치는 자가 되었다. 그리고 시간이 지나 두 사람은 각기 자기들이 일한 대로 하나님께 제물을 드렸다. 가인은 농부였기에 땅의 소산인 곡물로, 아벨은 목자였기에 양의 첫 새끼와 그 기름으로 제물을 드렸다. 그런데 이때 심각한 문제가 제기되었다. 여호와 하나님께서 아벨의 제사는 받으셨지만, 가인의 제사는 받지 않으신 것이다.

왜 하나님께서 아벨의 제물은 받고 가인의 예물은 받지 않으셨는지에 대한 논쟁은 많다. 누구도 그 정확한 답을 알 수 없다. 이 질문에 대한 여러 견해는 대략 이러하다.

첫 번째 견해는 하나님이 농부보다 목자를 더 선호하신다는 것이다.

두 번째 견해는 동물을 드린 제사가 식물을 드린 제사보다 가치가 있다는 것이다. 그러나 레위기는 피의 제사의 중요성을 강조하지만 곡식으로 드리는 소제도 하나님이 인정하시는 제사라고 말한다. 사실 창세기 4장 3-5절에 나오는 제물이라는 단어는 모두 히브리어 '민하'(minhah)로, 이는 '제물', '헌물'을 의미한다. 물론 후에 레위기 2장에서는 민하가 소제라는 의미로 쓰인다. 그러나 창세기 당시에 가인도 민하를 드렸고 아벨도 민하를 드렸기에 본질상 두 제물에 차이가 있을 수 없다.[7)]

세 번째 견해는 하나님의 선택은 그분의 주권에 속한 것이기에 인간으로서는 알 수 없는 영역이라는 것이다.

네 번째 견해는 히브리서 말씀을 근거로 아벨의 믿음을 강조하는 것이다. "믿음으로 아벨은 가인보다 더 나은 제사를 하나님께 드림으로 의로운 자라 하시는 증거를 얻었으니 하나님이 그 예물에 대하여 증언하심이라 그가 죽었으나 그 믿음으로써 지금도 말하느니라"(히브리서 11:4). 아벨은 "믿음으로 더 나은 제사를 하나님께 드렸다." 그것을 창세기는 양의 '첫 새끼'로 드렸다고 표현한다. 첫 것을 하나님께 드린 것이다. '첫 것'과 '믿음으로 드림'은 서로 일맥상통하는 의미가 있다.

보다 중요한 말씀은 "여호와께서 아벨과 그의 제물은 받으셨으나 가인과 그의 제물은 받지 아니하신지라"(창세기 4:4-5)이다. 하나님은 가인의 제물을 받지 않으셨을 뿐만 아니라 가인 자체를 받지 않으셨다. 제물과 선물은 물론이고 그 사람 자체를 받지 않은 것이다. 이것은 참으로 심각하고 중대한 말씀이다. 이는 제물이나 선물이 문제가 아니라 그 사람이 문제라는 지적이다. 우리도 인간 관계 속에서 때로 누군가 주는 선물을 보지도 않고 거절할 때가 있다. 그것은 선물보다도 그 사람이 싫기 때문이다. 그 사람 자체가 싫은데 선물이 무슨 소용이 있겠는가. 가인의 문제가 바로 이런 것이다.

이러한 정황은 가인의 안색이 변하여 괴로워할 때 하나님이 하신 "네가 선을 행하면 어찌 낯을 들지 못하겠느냐"(창세기 4:7)는 말씀에서 엿볼 수 있다. 우리는 알 수 없지만 하나님 보시기에 가인이 떳떳하지 못한 일이 있었음을 짐작할 수 있다. 사람은 누구나 겉에서 볼 수 없는 자기만의 실체가 있다. 그럴 듯한 멋있는 '앞마당'도 있지만, 누구에게도 보이고 싶지 않은 지저분한 '뒷마당'도 있는 법이다. 사람은 외모를 보지만 하나님은 마음 중심을 보신다. 가인의 문제는 바로 이러한 것이다.

3) 얼굴은 영혼의 캔버스

사람의 감정이 가장 먼저 표출되는 곳은 얼굴이다. 누구나 감정이 나면 얼굴색이 변하고 눈동자가 굳어진다. 어떤 이는 얼굴이 빨갛게 달아오르고 혹은 하얗게 질리기도 한다.

'얼굴'이라는 단어의 어원을 '얼의 꼴'로 본다. 얼굴은 '얼'(정신)의 '꼴'(형상), 즉 사람의 정신과 영혼이 안면(낯)을 통해 드러나는 곳이다. 사람은 누구나 본래 타고난 '꼴'(얼굴 모양)이 있지만, '얼'을 가꾸기에 따라서 '꼴'이 변할 수도 있다. 그러하기에 타고난 얼굴보다 연륜과 함께한 얼굴이 다르게 보이는 경우가 많다.

사람의 '자기다움'을 가장 잘 드러내 주는 것이 얼굴이다. 얼굴이 지니는 일차적인 가치는 유일성이다. 이 세상에 수십 억 인구가 살고 있지만 신기하게도 똑같은 얼굴은 하나도 없다. 일란성 쌍둥이도 자세히 보면 뭔가 다르다. 나나 당신의 얼굴은 세상에서 유일한 것이다. 그러기에 얼굴의 가치가 있는 것이다. 비록 작지만 얼굴은 인간의 오감이 다 모여 있는 곳이다. 얼굴(visage)이란 단어는 '보다'라는 뜻의 라틴어 '*videre*'의 과거분사 '*visus*'에서 파생하였다.[8] 즉 얼굴은 보는 능력이며, 보이는 것이며, 보이는 것의 전체 모습이다.

얼굴은 하나님이 지으신 인간의 몸 가운데 가장 연약하고 예민한 부분이다. 몸 전체의 1/7 내지 1/8밖에 되지 않는 적은 부분이다. 또한 얼굴은 몸에서 늘 밖으로 드러나는 부분으로 숨기고 싶어도 숨길 수 없는 부분이다. 그러기에 얼굴은 내 유일한 신분증이며 겉으로 드러난 나의 가장 중요한 모습이다. 나의 참된 모습은 먼저 얼굴에 드러난다. 이것은 얼굴이 잘생겼다 혹은 못생겼다는 의미가 아니라 '나다움'의 일차적인 표현이 바로 얼굴이라는 것이다. 하나님은 인간의 얼굴을 그렇게 만들어 주셨다.

에덴에서 선악과를 따먹은 아담과 하와가 가장 먼저 본 것은 자신의 벌거벗은 몸이었다. 그 후로 인간은 하나님의 얼굴을 마주볼 수가 없었다. "그들은 하나님의 낯을 피하여 숨었다"(창세기 3:8). 그때부터 인간은 하나님을 목소리로 만나게 되었다. 범죄한 인간은 더 이상 얼굴로 하나님을 뵐 수 없게 된 것이다. 여기에서 하나님과 인간 사이에 거리감이 생기기 시작하였다. 누구든지 얼굴을 보지 못하면 거리감이 생기기 마련이다. 하나님은 인간에게 "네가 내 얼굴을 보지 못하리니 나를 보고 살 자가 없음이니라"(출애굽기 33:20) 하셨다. 타락한 인간은 하나님의 얼굴을 뵐 수가 없다. 그러나 하나님은 언제나 인간의 얼굴을 살펴보고 계신다. 아니 그 마음까지 헤아리고 계신다.

하나님의 형상대로 지음받은 인간의 내면세계가 가장 잘 드러나는 곳이 얼굴이다. 얼굴은 마음의 창이고 영혼의 캔버스이다. 사람의 내면세계가 얼굴이라는 도화지에 다 드러난다. 복잡하고 미묘한 감정이 얼굴이라는 캔버스에 다 그려진다. 그러기에 얼굴 표정만 봐도 그 사람의 마음을 짐작할 수 있다. 그 사람의 감정 상태를 읽을 수 있다. 사람들은 자기 감정을 가리기 위해 가끔 포커페이스를 하고 가면을 쓰지만 그래도 얼굴에 나타나는 속내를 감출 수는 없다.

사람들은 말하기 거북한 것을 다양한 얼굴 표정으로 드러낸다.

어른이나 힘센 상대에게 직설적으로 말하기 곤란할 때, 우리는 흔히 얼굴 표정으로 말없이 사인을 보낸다. 좋을 때는 밝은 표정을, 싫을 때는 시큰둥한 표정을, 혹은 곤혹스런 표정이나 의아한 표정을, 혹은 미심쩍은 표정이나 냉담한 표정을, 혹은 우울한 표정이나 아리송한 표정을, 혹은 증오하는 표정이나 감동하는 표정을, 우리는 말하지 않아도 표정으로 얼마든지 마음을 전달할 수 있다.

어찌 된 일인지 하나님은 불쌍한 가인의 제물을 받지 않으셨다. 거절당한 사람의 마음을 아는가. 성경은 거절당한 가인이 몹시 분하여 안색이 변했다고 한다(창세기 4:5). 얼마나 무안하고 화가 났던지 하나님 앞에서 가인의 얼굴빛이 확 변하고 말았다. 아마 가인은 직설적인 성격이어서 속에 있는 것을 감추지 못하고 그대로 드러낸 모양이다. 대개 직설적인 사람은 감정을 감추지 못하여 바로 얼굴에 좋고 싫음이 드러난다. 그래서 상대방이 바로 그의 감정을 눈치챌 수 있다. 아니면 가인이 인격적으로 성숙하지 못하여 표정 관리를 잘 못하고 그대로 노출시킨 것일 수도 있다.

가인이 표정을 아무리 잘 감춘다 하더라도 하나님이 그 마음을 모르시지 않을 것인데, 어쨌든 가인은 거절당한 아픔과 불편한 감정을 그대로 얼굴에 드러내고 말았다. 우리는 얼굴이 벌겋게 달아오르고 몹시 흥분하여 거친 숨을 몰아쉬는 가인의 모습을 쉽게 그려 볼 수 있다. 사람이 사람에게 무안을 당해도 얼굴이 벌게지는데 하나님께 거절당하고 무안을 당하면 얼마나 당황하고 낙심되겠는가. 가인이 거절당한 것에 화가 나서 얼굴색이 변한 것은 당연한 일이다. 그 자체가 죄가 되지는 않는다. 왜냐하면 인간은 감정을 가진 존재로 만들어 졌기 때문이다. 문제는 화를 내고 얼굴색이 변한 것이 아니라 그 감정을 다스리지 못하고 그 감정에 끌려가고 만 것이다.

4) 감정에 휘둘리는 사람, 감정을 다스리는 사람

평소에 화를 잘 내는 사람의 공통적인 특징이 있다. 화를 벌컥 내고 난 후, 얼마 지나지 않아서 후회하는 것이다. '조금만 더 참을 걸', '아이고 다음에 그 사람 얼굴을 어떻게 보나'라는 후회가 밀려오지만 이미 엎질러진 물이다. 사람이 자기 감정을 다스리기란 말처럼 쉬운 일이 아니다. 오죽하면 잠언에서 "노하기를 더디 하는 자는 용사보다 낫고 자기의 마음을 다스리는 자는 성을 빼앗는 자보다 나으니라"(잠언 16:32)고 했겠는가.

영어 성경 NASB에서는 이렇게 말씀한다. "He who is slow to anger is better than the mighty, and he who rules his spirit, than he who captures a city." 여기서 "He who is slow to anger"라는 재미있는 표현을 본다. 화를 내도 한꺼번에 확 질러 버리는 것이 아니라, slow, 즉 천천히 화를 내라는 것이다. 'slow'라는 표현이 참 재미있다. 불도 한꺼번에 확 질러 버리면 모든 것을 태워 버리고 만다. 그러나 불을 조금씩 태우면 유익하다. 핵도 한꺼번에 폭발시키면 핵 폭탄이 되지만, 조금씩 분출시키면 핵 발전소가 된다. 감정도 이와 비슷하다.
　　분노란 무조건 참는 것이 아니라 적절히 표현하는 것임을 나타내는 재미있는 이야기가 있다.

　　어느 정글에 사나운 사자가 살고 있었다. 마을 사람들이 용감하게 정글로 들어가서 사자를 물리치려 했지만 번번이 실패하고 사상자만 날 뿐이었다. 마을 사람들은 현명한 늙은 올빼미에게 조언을 구하였다. 올빼미가 말했다. "염려하지 마시오. 내가 사자에게 알아듣게 말하겠소." 올빼미는 사자를 찾아가서 사람을 해치는 것은 무익한 일임을 역설하며, 결국 사자는 정글에서 외톨이가 될 것이라고 충고하였다. 외톨이가 된다는 말에 신경이 쓰인 사자는 다시는 사람들을 물지 않겠다고 약속하였다. 사람들은 얼마 후 정글로 들어갔지만 여전히 사자를 두려워하였다. 그러나 사자는 정말로 행동을 바꾸어 사람들을 물지 않았다. 변화된 사자를 보고 사람들은 놀리고 욕하고 심지어는 막대기로 때리기도 했다. 그러나 사자는 약속을 지키느라고 사람들을 물지 않았다. 어느 날, 온몸에 상처를 입고 피를 흘리며 동굴에 웅크리고 있는 사자를 올빼미가 보게 되었다. 놀란 올빼미가 무슨 일이냐고 물었다. 사자가 대답했다. "마을 사람들을 물지 않겠다고 내가 약속하지 않았나. 그런데 이제는 그들이 나에게 돌을 던지고 때리고 있네." 현명한 늙은 올빼미가 말했다. "저런, 나는 마을 사람들을 괴롭히거나 물지 말라고 했지, 포효하지 말라고는 안 했네."[9]

화를 무조건 참는 것이 능사는 아니다. 소리 지를 때는 소리 질러야 한다. 화는 무조건 참아야 하는 것이 아니라 다스려야 하는 것이다. 얼굴색이 변하여 분노하고 있는 가인에게 하나님은 이렇게 말씀하셨다.

> 여호와께서 가인에게 이르시되 네가 분하여 함은 어찌 됨이며 안색이 변함은 어찌 됨이냐 네가 선을 행하면 어찌 낯을 들지 못하겠느냐 선을 행하지 아니하면 죄가 문에 엎드려 있느니라 죄가 너를 원하나 너는 죄를 다스릴지니라 (창세기 4:6-7)

하나님은 가인이 분노하여 안색이 변한 것을 보셨다. 가인의 감정이 극도로 불안정하고 위태로운 것을 아셨다. 그리고 두 가지를 주문하셨다. 첫 번째는 가인이 자신의 행위를 돌아보기를 권고하셨다. "네가 분노하는 까닭은 무엇이냐? 네가 선을 행했다면 어찌 나를 향하여 낯을 들지 못하겠느냐? 화만 내지 말고 너의 행위를 돌아보라." 두 번째는 죄가 문 앞에 엎드려 있다는 것이다. 마치 사나운 짐승이 문 앞에 엎드리고 있다가 사람을 공격하는 것처럼, 죄가 가인의 눈앞에 있음을 경고하셨다. 범죄의 욕망이 가인의 마음에 있지만 그것에 지지 말고 그 감정을 이겨 내고 다스리라고 권고하셨다.

존 스타인벡은 「에덴의 동쪽」에서 죄를 다스리라는 의미를 이렇게 표현하였다. 충실한 하인 리이는 칼을 데리고 아담의 병실로 들어가서 이렇게 말한다.

> 당신이 얼마나 오래 사실지 모르겠습니다. 오랫동안 사실 수도 있고 한 시간을 사실 수도 있습니다. 그러나 당신의 아들(칼)은 살아남을 것입니다. 결혼을 할 것이고 그의 자녀들은 당신의 유일한 속자(續者)가 될 것입니다.
> 그(칼)는 홧김에 일을 저질렀습니다. 당신이 그를 받아들이지 않았다고 생각했기 때문에, 그는 분노하여 그의 형이자 당신의 아들인 아론을 죽게 하였습니다.
> 당신의 아들은 죄의식에 사로잡혀 제정신이 아닙니다. 거의 견딜 수가 없을 지경입니다. 그를 받아들이지 않아 으스러뜨려서는 안 됩니다. 아담, 그에게 당신의 축복을 내려 주세요. 죄의식에 사로잡혀 혼자 지내도록 그를 내버려 두지 마세요. 아담, 제 소리가 들립니까? 그에게 당신의 축복을 내려 주세요. 그(칼)를 도와 주세요. 그에게 기회를 주세요. 그를 자유롭게 해 주세요. 그것이야말로 인간이 짐승보다 나은 점입니다. 그를 자유롭게 해 주세요. 그를 축복해 주세요.

이 말을 듣고 아담은 무엇인가 의사 표시를 하려고 손을 올렸으나 1인치 정도 올라갔다가 다시 떨어지고 말았다. 리이가 다시 말을 한다.

감정 치유 기도

"아담 고맙습니다. 입술을 움직일 수 있어요? 입술 모양으로 아들의 이름을 불러 보세요."

병약한 눈초리의 아담은 입술을 벌렸으나 실패하고 다시 숨을 들이쉬었다 내뿜었다. 한숨이 입술 사이에서 새어나왔다. 새어나온 그의 말은 공중에 매달려 있는 듯했다.

"팀쉘(뜻에 따라)!"[10]

그(아담)의 눈이 감기고 그는 잠들었다.

히브리어 팀쉘은 창세기 4장에 나오는 단어이다. 이 부분을 영어 성경 KJV(King James Version)에서는 "너희들이 죄를 다스리게 하리라"(Thou shalt rule over him)로 번역하였다. 다른 영어 성경 ASB(The American Standard Bible)에서는 "너희들이 죄를 다스리라"(Do thou rule over him)로 번역한다. 중국인 하인 리이는 중국인 학자에게 2년간 히브리어를 공부하여 이 점을 명확히 해석해 달라고 부탁한다. 그들의 해석은 "너희들은 죄를 다스릴 수도 있으리라. 이는 너희에게 달려 있느니라"(Thou mayest that gives a choice)였다. 이 말은 인간의 의지나 자아 인식에 따라 죄를 다스릴 수도 있고, 또는 다스리지 못할 수도 있다(Thou mayest not)는 말이다.[11]

「에덴의 동쪽」의 주제는 '팀쉘'(Timschel)이라는 단어로 집약될 수 있다. 히브리어로 어떤 가능성을 나타내는(Thou mayest, You may) 이 단어는 모든 것이 인간의 의지 혹은 선택에 달려 있다는 주제 의식을 뒷받침한다. 어쩌면 선택의 기회를 주는 이 단어는 세상에서 가장 중요한 단어인지도 모른다.

그러나 안타깝게도 가인은 죄를 다스리지 못하고 죄의 노예가 되어 동생 아벨을 쳐 죽이고 만다. 하나님은 가인이 죄를 다스리고 분노한 감정을 다스리기를 기대하셨다. 그러나 가인은 자기 감정을 다스리지 못하고 오히려 감정에 휘둘리고 말았다. 분노라는 감정의 방망이에 아벨은 쓰러지고 가인은 최초의 살인자가 되고 만다. '감정을 다스리느냐, 감정에 휘둘리느냐'의 문제는 가인의 문제일 뿐만 아니라 우리 모두의 고민이기도 하다.

나) 팀쉘!

창세기 4장에는 가인과 하나님의 진지한 대화가 두 번 소개된다. 두 번의 대화는 아벨의 죽음을 가운데 두고 전후로 진행된다. "가인아, 왜 네가 분해하며 안색이 변했니?" "네가 선을 행했다면 얼굴을 왜 못 드니? 지금 죄가 네 앞에 엎드려 있으니, 부디 조심하고 제발 죄를 다스려라." 하나님은 가인의 마음을 변화시키려고 애쓰셨다. 가인을 질책하고 권고하고 경고를 주셨다.

그러나 아쉽게도 가인은 하나님의 대화에 응하지 않고 침묵으로 일관한다. 하나님의 경고를 받았음에도 알았다든지 노력해 보겠다든지 그 어떤 반응도 보이지 않는다. 그저 머리를 숙이고 묵묵부답이다. 낯을 들지 않고 그저 침묵하며 반항하듯 고개를 숙이고 있다. 기도는 하나님과의 대화이다. 우리가 먼저 하나님께 말을 걸 때도 있지만 급하면 하나님이 우리에게 말을 걸어 오기도 하신다. 지금 가인의 경우가 그러하다. 죄에 빠지기 직전의 상황이기에 하나님이 먼저 찾아오셔서 가인에게 말을 거셨다. 그런데 가인은 묵묵부답이다. 가타부타 말이 없다.

텔레비전에 다양한 예능 프로그램이 있다. 그 중에서 특히 인기절정의 스타들이 망가지는 모습을 솔직하게 보여 주는 프로그램이 한때 인기를 얻었다. 이전에는 명품 옷을 휘감고 호려하게 화장하고 손에 물 한 방울 묻히지 않을 것 같은 도도한 모습의 유명 스타들이 언제부터인지 화장을 하지 않은 '쌩얼'로 나타났다. 눈가의 자글자글한 잔주름을 있는 그대로 보여 주었다. 아줌마나 입을 법한 싼 티 나는 '몸빼' 바지를 입고 파를 썰고 김치찌개를 끓인다. 멋진 콘도가 아니라 농촌의 허름한 집에서 머물며, 논밭에서 파를 뽑고 감자를 캔다. 마트에서는 카트에 발이 걸려 넘어지기도 한다. 이러한 스타들의 망가지는 모습을 보면, 시청자들이 그들에게 실망하고 환상이 깨질 것 같다. 그러나 현실은 정반대이다. 오히려 시청자들은 그들의 그런 망가진 모습에 더 매료되고 친근감을 느낀다. 왜일까? '솔직함'이 바로 그 키워드이다.

하나님과 인간과의 관계에서도 가장 중요한 것은 솔직함이다. 하나님이 인간에게 원하시는 것은 완전함이 아니라 솔직함이다. 인간은 근본적으로 완벽할 수 없다. 그러나 솔직할 수는 있다. 가인은 안타깝게도 하나님께 솔직하지 못했다. 아니 자기 자신에게도 솔직하지 못했다. 가인은 그에게 다가와 말을 건네시는 하나님께, 있는 그대로 솔직하게 하고 싶은 말을 다 했어야 했다. 속에서 부글부글 끓어오르는 감정을 다 쏟아 내야 했다. "하나님! 왜 나를 받아 주지 않으셨습니까? 왜 나만 미워하십니까? 내가 잘못한 게 무엇입니까? 가르쳐 주세요! 저도 많이 섭섭합니다. 왜 차별 대우하십니까. 저도 하나님께 인정받고 싶습니다. 저도 감정이 있다고요. 저 상처 많이 받았습니다. 마음이 상했다고요. 하나님, 제 마음 알기나 하세요?"

가인은 감정이 끄는 대로 누구 눈치 보지 말고 하고 싶은 말을 다 쏟아 내야 했다. 심중(心中)에 있는 말을 다 털어 내야 했다. 심중에 있는 말을 털어 내지 못해 몸부림치는 이들이 얼마나 많은가. 심중에 있는 말을 하고 나면 마음이 후련해진다. 심중에 있는 말을 다 하지 못하고 괴로워하는 모습을 잘 그린 시가 있다. 김소월의 "초혼"(招魂)이다.

> 산산이 부서진 이름이여!
> 허공 중에 헤어진 이름이여!
> 불러도 주인 없는 이름이여!
> 부르다가 내가 죽을 이름이여!
>
> 심중에 남아 있는 말 한 마디는
> 끝끝내 마저 하지 못하였구나.

감정 치유 기도

사랑하던 그 사람이여!
사랑하던 그 사람이여!

(중략)

설움에 겹도록 부르노라.
설움에 겹도록 부르노라.
부르는 소리는 비껴 가지만
하늘과 땅 사이가 너무 넓구나.

김소월이 그렇게 목 놓아 불렀던 그 사람의 이름은 알 수 없다. 개인적으로 사랑하던 사람일 수도 있고, 나라 잃은 민족일 수도 있다. 이 시를 볼 때마다 마음에 와 닿는 부분은 "심중에 남아 있는 말 한 마디는 끝끝내 마저 하지 못하였구나"라는 구절이다. 이 "심중에 남아 있는 말 한 마디"가 무엇인지, 누구에게 하고 싶었던 말인지 알 수는 없지만, 그것을 말하지 못하고 두고두고 후회하며 아파하는 모습이 애절해 보인다. 나는 이 구절을 볼 때마다 가인이 생각난다. 왜 그때 하나님께 심중에 있는 말을 다 하지 못하였을까? 그때 "못 다한 말 한 마디"가 영영히 뼈에 사무치도록 아쉽게 여겨진다.

만일 심중에 하고 싶었던 말을 다 쏟아 내었더라면 가인의 운명은 바뀌었을 것이다. 아니 인류 역사가 바뀌었을지도 모른다. 심중에 있는 말 한 마디가 때로는 이처럼 중요하다. 아무리 생각해 보아도 가인이 하지 못한 심중의 말이 너무나 안타깝다. 사람에게는 감정 표현을 절제할 필요가 있으나 하나님께는 그럴 필요가 없다. 솔직하게 있는 그대로 느낀 그대로 털어놓는 것이 중요하다. 그래야 감정이 정화되고 상한 심령이 치유받는다. 여호와는 마음이 상한 자를 가까이 하시고 충심으로 통회하는 자를 구원하는 분이시다(시편 34:18).

가인은 하나님께 털어놓지 못한 감정의 응어리를 결국 아벨에게 터뜨리고 말았다. 감정은 다이너마이트 같아서 분출하지 않으면 터질 수밖에 없다. 가인은 불편한 심기를 동생 아벨에게 말하였다. 무슨 말을 하였는지 정확히 알 수는 없다. 어쩌면 가인이 말한 내용을 밝히지 않고 침묵으로 비워 둔 것 자체가 의미가 있다. 그것은 모든 독자들의 몫이 되기 때문이다.

그러나 성경 난외주를 보면 "우리가 들로 나가자"라고 말하였다. '들로 나가자'라는 것은 사람의 눈을 피한 것이다. 집을 벗어나서 아무도 없는 곳, 아무도 볼 수 없는 곳으로 나간 것이다. 요즘도 인간들은 부끄러운 싸움을 할 때 아무도 없는 곳에서 싸운다. 청계산에서 만나고, 빈 집이나 야산에서 만난다. 옛날에는 "야! 너 이따가 화장실 뒤에서 만나자"라고 말하곤 하였다.

들로 나간 가인은 아벨을 쳐 죽였다. 동생을 죽인 것이다. "가인이 그의 아우 아벨을 쳐 죽이니라"는 말로 인류는 최초로 죽음을 알게 되었다. 인간이 흙으로 돌아가는 일, 죽음이 현실이 된 것이다. 하나님의 말씀이 오래 가지 못하여 현실이 되었다. 가인이 아벨을 들로 유인하여 죽인 것은 의도된 살인, 계획된 살인임을 보여 준다. 아벨은 그 이름의 뜻 '공허'처럼 허무하게 사라지고 말았다.

잠시 침묵이 흐른 후, 하나님과 가인은 두 번째 대화를 했다. 하나님의 질문은 "네 아우 아벨이 어디 있느냐"이다. 이 질문은 창세기 3장의 "아담아 네가 어디 있느냐"라는 질문과 비슷하다. 그때 아담은 비교적 정직하게 대답하였다. "내가 벗었으므로 두려워하여 숨었나이다." 그러나 아들 가인의 대답은 달랐다. "내가 알지 못하나이다. 내가 내 아우를 지키는 자니이까." 오히려 뻔뻔스럽게 하나님께 대들고 있다. 마치 방귀 뀐 놈이 성내는 격이다.

첫 번째 대화에서 풀지 못한 감정의 응어리가 이제는 더 꼬여 가고 있다. 감정의 실타래는 한번 꼬이면 점점 더 꼬이게 되어 있다. 밸(배알, 창자)이 꼬이면 속이 몹시 아프고 편치 않다. 그러나 감정이 한번 꼬이면 배알이 꼬이는 것보다 상황이 더 어려워진다. 배알이 꼬이면 약으로 치료할 수 있는데, 감정이 꼬이면 약이 없다. 백약이 무효다. 감정이 꼬이면 말이 빼딱하고 험하게 나온다. 말과 감정이 점점 더 고조되어 간다. 하나님은 가인에게 "네 동생 아벨이 어디 있느냐"고 물으셨는데, 가인은 "내가 아우를 지키는 자니이까"라고 오히려 성을 내고 있다.

창세기 3장에서는 뱀과 땅만 저주를 받았다(창세기 3:14, 17). 그러나 창세기 4장에서는 인간, 즉 가인이 저주를 받는다(창세기 4:11). 아담은 범죄에 대한 죄책감을 느끼며 부끄러워했다. 그러나 가인은 뻔뻔하고 대담해졌다. 아니 더 악해졌다. 악에 대해 무감각해져 버렸다. 그만큼 하나님으로부터 멀어졌다는 이야기다.

아이러니한 것은 가인의 인생이 모두 '땅'과 관련이 있다는 점이다. 그는 '땅'에서 농사짓는 자였고, '땅'의 소산물을 하나님께 드렸다.

그는 '땅'에 아우의 피를 흐르게 했고, 아우의 핏소리가 '땅'에서부터 호소하였다. 그 결과 '땅'에서 저주를 받고, '땅'에서 피하며 유리하는 자가 되었다. 그리고 그는 "너는 흙이니 흙으로 돌아갈 것이라"는 말씀대로 결국 땅으로 돌아가고 말았다.

사람이 사람일 수 있는 것은 감정이 있기 때문이다. 감정 없는 인간이란 존재할 수 없다. 인간을 인간답게 하는 중요한 요소가 감정이다. 감정이 있기에 아름다움을 느끼고 감동하며 감탄한다. 그럼에도 불구하고 인간은 감정 때문에 인간성을 상실하고 짐승같이 변하기도 한다. 감정은 하나님과의 관계에서, 자신과의 관계에서, 그리고 다른 사람과의 관계에서 수시로 불거져 나온다. 마치 숨겨진 송곳과 같다.

감정은 참는 것이 아니라 다스려야 할 대상이다. 감정을 다스리는 가장 기본적이고 좋은 방법은 감정을 주신 하나님께 있는 그대로 감정을 아뢰는 것이다. 기도는 하나님과의 대화이다. 가장 좋은 기도는 하나님과 감정적인 대화까지 나누는 것이다. 감정이 풀리지 않으면 아무리 많이 대화를 나누어도 그저 빈말에 지나지 않는다. 마음이 풀리지 않는다. 가인은 하나님과 두 차례나 독대를 했지만 감정을 풀어내지 못하는 바람에 비운의 사나이가 되어 버리고 말았다.

우리는 매일매일 감정에 휘둘리든지 아니면 감정을 다스리든지 양자택일을 하며 살아간다. 이런 우리에게 존 스타인벡은 아담의 입을 빌려 이렇게 말한다.

팀쉘! 그의 뜻에 따라!

From Emotional Prayer
to Affective Prayer

2.

삼손의
감정 기도

(사사기 13-16장)

> 블레셋 사람들이 그를 붙잡아
> 그의 눈을 빼고 끌고 가사에 내려가 놋줄로 매고
> 그에게 옥에서 맷돌을 돌리게 하였더라
> (사사기 16:21)

1) 네 시작은 창대하였으나

용두사미라는 말이 있다. 무엇인가 용의 머리처럼 크게 시작하였지만 그 결과는 뱀의 꼬리같이 초라하고 보잘것없다는 것이다. 아마도 삼손의 생애가 이러할 것이다. 삼손의 생애는 웅대하게 시작되었다. 마치 베토벤의 '영웅 교향곡'이 은은히 들려오는 가운데 그의 생애가 시작되는 것 같다. 그러나 그의 마지막에는 쓸쓸한 장송곡으로 마무리 짓고 말았다.

흔히 위인의 삶을 미화하는 데 태몽이라는 것이 등장한다. 신화의 인물이나 역사적으로 걸출한 위인 치고 그럴 듯한 태몽이 없는 사람이 없다. 아마 여러분도 여러분이 태어날 때 신기한 태몽을 꾸었다는 이야기를 어머니로부터 들은 적이 있을지 모르겠다. 갑자기 하얀 보름달이 뱃속으로 들어왔다거나, 하늘에서 혜성이 나타나 어머니 뱃속으로 들어왔다거나, 쌍무지개가 품 안에 비쳤다거나, 고추를 한 다발 받았다거나, 예쁜 장미꽃을 한아름 받았다든가, 이런저런 태몽이 다양하다.

그러나 가끔은 정말 태몽을 뛰어넘는 계시적인 꿈도 있다. 나아가 하나님의 천사들이 현현하여 하나님의 계시를 전해 주기도 한다. 예수님의 탄생도 천사들의 수태고지를 통하여 알려졌다. 삼손 역시 그러한 사람이다. 어느 날 여호와의 사자가 삼손의 모친에게 나타나서 아들을 낳을 것을 예고하였다. 두려워하고 미심쩍어 하던 남편에게도 다시 천사가 나타나 삼손의 탄생을 분명히 예고하였다. 그야말로 삼손의 탄생에 서광이 비쳐 온 것이다. 드디어 삼손이 탄생하였다.

아들이 태어나자 부모는 삼손이라 이름 지었다. 삼손이란 '햇빛이 찬란하다'는 뜻이다. 참으로 그의 탄생과 미래에 잘 어울리는 이름이다. 삼손! 찬란한 햇빛 같은 삼손이 태어남으로 블레셋의 압제 아래 있던 이스라엘에 이제는 자유의 햇살이 비쳐 오기 시작한 것이다. 하나님도, 부모도, 역사도 그리 기대하였고, 삼손 자신 역시 그러하였다. 어두운 이스라엘의 역사에 드디어 한 줄기 밝은 햇살이 비치기 시작하였다.

그러나 그러한 기대는 곧 허구임이 드러나기 시작하였다. 삼손의 삶은 이스라엘에 햇빛을 비추기보다는 혼란과 어둠만 가중시켰다. 이스라엘과 역사는 영웅 삼손을 기대하였다. 그러나 그의 실상은 전혀 그렇지 못하였다. 여인들의 치마폭에서 허우적거리는 삼손, 자기 감정을 제대로 다스리지 못해 늘 좌충우돌하는 삼손, 민족의 고난을 돌보기는커녕 육체적 쾌락에 몰두하는 인생, 마침내 적 블레셋의 포로가 되어 두 눈이 뽑히고 조롱당하며 춤추다가 돌 더미 속에 파묻히고만 비운의 장사, 힘 하나는 걸출했지만 이렇다 할 공적을 남기지 못한 힘만 셌던 사나이! 그의 마지막은 초라하기 그지없다. 그의 이름은 삼손(찬란한 햇빛)이 아니라 차라리 '먹구름'이 맞을 듯하다.

차라리 시작이 평범하였더라면, 그리 큰 기대를 하지 않았더라면, 실망도 크지 않았을 것이다. 기대가 큰 만큼 실망도 큰 법이다. 삼손이 그러하였다. 그의 인생을 한 마디로 한다면 "시작은 창대하였으나 네 나중은 심히 미약하리라"고 말할 수 있다. 왜 그런 안타까운 일이 발생했을까. 그 여러 이유가 있겠지만, 크게 두 가지로 보인다. 첫째는 그의 인생에 진지한 기도가 없었다는 것과 둘째는 지나치게 감정에 충실한 삶을 살았다는 것이다. 삼손은 부모의 가르침보다도 나실인의 의무보다도 자기 감정에 충실한 사람이었다. 하나님보다 신앙인의 의무보다 감정이 앞서고 감정에 충실할 때, 인생이 파국을 맞는 것은 당연한 결과이다.

2) 욱하는 성질 때문에

자기 감정에 충실한 사람들에게서 흔히 볼 수 있는 현상이 욱하는 성질이다. 흔히 욱하는 성질을 남자답다 혹은 뒤끝이 없다고도 하지만 그리 단순한 문제가 아니다. 욱하는 성질에 한두 번 데어 본 사람은 욱하는 성질이 얼마나 피곤한지 잘 안다. 본인 또한 한번 욱하는 성질로 내지른 말 한 마디 때문에 평생 고생하고, 욱하는 성질로 저지른 행동 하나가 돌이킬 수 없는 실수가 되어 평생 후회하며 사는 이들이 적지 않다.

    삼손의 욱하는 성질을 야구에 비유한 재미있는 이야기가 있다. 야구는 9회 들어 팽팽한 대결 양상이 되었다. 동점을 이룬 가운데 투 아웃에 주자는 만루였다. 관중들은 모두 일어서서 마지막 타자를 맞았다. 마지막 타자는 심호흡을 가다듬고 타석에 들어섰다. 그는 단호한 얼굴로 투수를 바라보았다. 첫 공이 직구로 올 것을 예상하고 힘껏 방망이를 휘둘렀지만, 커브였다. 스트라이크! 심판의 목소리가 크게 들려왔다. 제2구 역시 스트라이크였다. 긴장한 타자는 머리를 굴리기 시작하였다. 틀림없이 3구는 볼을 하나 버릴 거야, 볼이 틀림없어.

그러나 제3구는 불을 뿜는 강속구였다. 스트라이크! 심판의 소리와 함께 관중들의 야유가 여기저기서 터져 나왔다. 스스로에게 화가 치민 그는 헬멧을 홱 벗어 땅에 내동댕이쳤다. 그리고 생각 없이 방망이를 휙휙 돌리다 공중으로 높이 던졌다. 높이 치솟았던 야구 방망이는 공중에서 프로펠러처럼 회전하며 떨어지고 있었다. 아뿔싸! 방망이의 끝이 타자의 머리 한복판을 맞혔고, 타자는 그 자리에서 쓰러지고 말았다.[12]

삼손의 분노, 즉 욱하는 성격은 악순환을 불러들였다. 그 발단은 결혼 잔치에서 장난스럽게 던진 수수께끼에서 시작되었다. 삼손은 "먹는 자에게서 먹는 것이 나오고 강한 자에게서 단 것이 나오는 것"(사사기 14:14)이 무엇인지 물었다. 그리고 이 내기에 옷 30벌을 걸었다. 처음엔 장난삼아 시작한 것이 점점 일이 커져 갔다. 수수께끼를 풀지 못한 청년들이 삼손의 아내를 윽박질러 결국 삼손으로부터 사자와 꿀이라는 답을 얻어 내었다.

격분한 삼손은 아스글론으로 가서 그곳 사람 삼십 명을 쳐 죽이고 노략하여 수수께끼 푼 자들에게 옷을 주었다. '심히 노한'(burning with anger) 삼손은 아내를 내팽개치고 그의 아버지의 집으로 올라가 버리고 말았다. 일이 꼬이려고 했는지, 경솔한 장인은 그 여인을 결혼 잔치에 들러리 섰던 한 남자와 결혼시키고 말았다.

이 일은 후에 다시 삼손으로 하여금 분노하며 욱하는 성질을 돋우는 계기가 되었다. 장인이 자신의 아내를 다른 사람과 결혼시킨 사실을 알게 되자 또다시 충동적인 성질이 폭발하였다. 삼손은 여우 300마리를 잡아다가 꼬리에 홰를 달고 불을 붙여 마을의 곡식밭과 올리브 농원까지 불태워 버렸다. 한 마을을 쑥대밭으로 만들고 말았다. 벌겋게 불타오르는 곡식 단을 보며 삼손의 마음은 아마 후련했을 것이다. 욱하는 그의 마음에서도 짓눌렸던 화가 빠져나갔을 것이다.

그러나 일이 눈덩이처럼 커지고 말았다. 이번에는 블레셋 사람들이 분노했다. 그들은 이 엄청난 일의 원인이 삼손의 장인에게 있다고 여기고 삼손의 아내와 그의 장인을 잡아 불에 태워 죽였다(사사기 15:6). 보복은 여기서 끝나지 않았다. 그의 아내와 장인이 불타 죽은 것을 안 삼손은 그 원수를 갚기 위해 블레셋 사람들을 닥치는 대로 죽이고 말았다(사사기 15:8).

기도 없이 욱하는 성질에 충동적으로 저지른 일들은 꼬리에 꼬리를 물고 삼손을 따라다녔다. 보복이 또 다른 보복을 낳고 불행은 또 다른 불행을 몰고 왔다. 불행한 일들은 삼손의 삶에 계속 따라다니는 그림자였다. 이 불행한 일의 출발역은 분노였고, 그 종착역은 멸망이었다. 분노, 욱하는 성질을 다스리지 못하면 그 결과는 참으로 비참하다.

폭발적인 감정, 격앙된 감정, 앞뒤 안 가리고 내지르는 욱하는 성질을 로널드 T. 포터 에프론은 「욱하는 성질 죽이기」라는 책에서 여섯 가지로 분류한다. 돌발성 분노, 잠재적 분노, 생존성 분노, 체념성 분노, 수치심에서 비롯된 분노, 버림받음에서 비롯된 분노로 욱하는 것도 다양한 원인이 있다고 본다. 따라서 그 해결책도 다양하게 접근해야 된다. 삼손의 경우 돌발성 분노 유형으로 보인다. 성경은 "분을 내어도 죄를 짓지 말며 해가 지도록 분을 품지 말라"(에베소서 4:26)고 말씀한다.

「화내지 않고도 원하는 것을 얻어 내는 내 감정 조절법」은 'EEM 기법'을 통해 어떻게 감정을 조절하고 근원적으로 분노를 치유할 수 있는지 잘 보여 준다. 'EEM 기법'이란 '탐색하기(Exploration)-평가하기(Evaluation)-수정하기(Modification)'라는 세 단계를 말한다.[13]

일단 화가 나는 상황이 생기면 냉철하게 현재의 상태를 '탐색'해야 한다. 상대의 말이나 행동에 대한 분석, 자신의 대응 방식과 원하는 욕구까지 세심하게 바라보는 단계이다. 두 번째는 탐색으로 인해 생긴 결과물에 대한 '평가'를 통해 보다 나은 방법을 모색하는 과정이다. 마지막인 '수정'은 자신의 사고를 유연하게 바꾸고 효과적인 행동 방식을 유도함으로써 궁극적으로 분노를 '정복'하는 것에 초점을 맞춘다. 이 방법을 따라 이 세 가지 단계를 거치다 보면, 자신의 감정이 긍정적으로 변화되고 인간 관계도 개선되는 것을 경험할 수 있다.

삼손의 경우 넘치는 박력과 힘 그리고 풍부한 감정이 있었지만 그것을 조절하는 절제 기능이 없었다. 말하자면 시속 200km 이상을 달릴 수 있는 기가 막히게 좋은 차지만, 브레이크가 없는 것과 마찬가지다. 이러한 차는 대형 사고를 내기가 십상이다. 속력도 좋지만 절제라는 브레이크는 더 중요하다. 성령의 아홉 가지 열매 중에 마지막이 절제라는 것은 시사하는 바가 매우 크다.

욱하는 성질의 사람은 대개 조급하다. 느긋함이 없고 지나치게 조급하기에 큰 그림을 보지 못한다. 당장 눈앞에 벌어진 사태에 대해 감정적으로 반응하는 데 바쁘다. 자기 성질대로 반응하고 먼저 소리를 지르고 본다. 그렇게 함으로 본인은 속이 시원할지 몰라도 결코 하나님이 그리는 큰 그림을 볼 수 없다. 큰 그림을 볼 수 없다는 것이 얼마나 안타까운 일인가. 삼손의 생애를 한 마디로 말한다면, 자기 감정을 따라 욱하다가 블레셋과 분쟁만 일으켰지, 결코 하나님이 그리는 큰 그림인 블레셋으로부터 이스라엘의 구원이라는 그림을 보지 못한 것이다.

삼손의 사명은 그 인생의 처음 부분에 분명히 명시되어 있다. 그는 블레셋 사람들로부터 이스라엘을 구원할 사명이 있었다(사사기 13:5). 삼손은 잠들어 있는 이스라엘을 일깨우는 영적 각성 운동을 주도해야 했다. 아니면 청년들을 일깨워 민족 의식을 각성시켜야 했다. 아니면 로빈 훗처럼 특수 부대를 만들어 블레셋을 침공하여 군사적으로 블레셋의 압제로부터 이스라엘을 자유롭게 해야 했다. 아니면 하나님의 영에 감동되어 전국에 격문을 보내 하나님의 이름으로 의로운 군사를 모으고 블레셋과 일전을 치르면서 승리를 주도해야 했다. 그런 가능성을 하나님은 그에게 주셨다. 아니 그런 일을 하라고 삼손을 택하셨다.

감정 치유 기도

그러나 불행하게도 삼손은 하나님이 그리시는 큰 그림을 보지 못하였다. 단지 자기 감정에만 충실하여 그때그때 감정적으로 대응하여 일을 처리하고 말았다. 그 결과, 분풀이성으로 블레셋과의 분쟁을 몇 차례 하는 것으로 끝나고 말았다.

3) 정욕에 눈이 먼 사나이 삼손

삼손이 큰 그림을 보지 못하고 작은 것에 매몰된 것은 그의 눈이 가려져 있었기 때문이다. 눈에 뭔가 씌었기 때문이다. 우리는 흔히 눈에 콩깍지가 씌었다는 말을 한다. 흔히 육체적인 쾌락은 우리 영의 눈을 멀게 한다. 정욕은 맑은 눈에 콩깍지를 뒤집어쓴다. 매력적인 이성보다 남자의 눈을 멀게 하는 것은 없을 것이다. 이에 관한 재미있는 이야기가 있다.

휴일에 쉬기 위해 해변을 찾은 두 신부(神父)가 있었다. 짙은 선그라스를 쓰고 해변에서 쉬고 있는 그들 앞으로 비키니를 입은 매력적이고 육감적인 여인들이 하나둘 지나가기 시작했다. 하루 종일을 그렇게 지낸 후, 한 신부가 드디어 입을 열었다. "이젠 됐어. 나는 포기하겠어. 더 이상 보고만 있을 수 없어. 난 그만두고 말 거야." 듣고 있던 친구가 물었다. "다시는 해변에 오지 않겠다고?" 첫 친구가 다시 말했다. "아니 사역을 그만두겠어."

물론 한번 웃자고 만들어 낸 이야기지만, 모든 남자들이 쾌락과 정욕에 약하다는 것은 사실이다. 주인공 삼손 역시 그러했다. 아니 누구보다도 쾌락에 약한 사람이었다. 삼손은 사랑에 눈먼 사람이라기보다는 정욕과 쾌락에 눈먼 사람처럼 보인다.

삼손이 첫 여인을 만난 곳은 삼손의 고향인 소라에서 약 10km 떨어진 블레셋의 딤나였다. 삼손이 딤나로 내려간 이유를 성경은 삼손이 틈을 타서 블레셋을 치기 위함이었다고 한다(사사기 14:4). 처음엔 삼손이 좋은 의도를 품고 블레셋을 정탐하려고 딤나로 내려갔다. 그리고 그곳에서 한 여인을 만났다. 그러나 여인을 만나면서 그의 초심은 흔들리기 시작하였다. 삼손은 틈을 타서 블레셋을 치기는커녕 딤나 여인과 만나면서 서서히 쾌락의 늪으로 빠져들고 말았다.

물론 삼손도 장성한 청년이었기에 아리따운 여인을 만나 결혼하는 것은 당연한 일이다. 그러나 삼손은 자기가 지켜야 할 경계선을 아슬아슬하게 넘어가고 말았다. 딤나 여인을 만나는 목적도 그 여인과 사랑에 빠지는 것이 아니라, 틈을 보아 블레셋을 치기 위한 것이었다. 그런데 삼손은 블레셋을 멸망시킬 전략을 세우기보다는 자신의 결혼 계획을 세우는 데 급급해 버렸다. 그것도 하찮은 들러리들과 수수께끼나 농담하듯 풀어 가며 장난하듯이 결혼 계획을 진행하고 있었다. 그 결과를 우리는 잘 안다. 결혼의 파행과 욱하는 성질부리기, 그다음에 다시 찾아가서 화풀이로 동네에 불을 지르고 얼마의 블레셋인을 죽인 것이 전부였다.

그 후 삼손은 다시 가사로 내려갔다. 삼손은 이때부터 본격적으로 쾌락에 탐닉하기 시작한 것 같다. 가사에서 만난 여인을 성경은 기생이라고 말한다. 이를 새번역 성경은 "삼손이 가사에 가서, 창녀를 하나 만나 그의 집으로 들어갔다"(사사기 16:1)고 말한다. 이제 삼손이 드러내 놓고 정욕을 좇아 거리의 여인 창녀를 만나고 있는 것이다. 정욕의 노예가 되어 버린 것이다.

남자들은 한번 정욕이라는 감정에 휩쓸리게 되면 정신을 차리지 못한다. 순식간에 이성을 잃어버리고 타락의 길로 접어들고 만다. 정욕과 쾌락에 빠져들어 스캔들로 넘어진 사람들의 명단을 우리는 얼마든지 적어 내려갈 수 있다. 빌 클린턴과 르윈스키, 타이거 우즈와 숱한 여인들…. 국내외를 막론하고 수많은 유명 인사들이 스캔들로 평생 쌓아 온 명성과 이미지를 하루아침에 허물어뜨리고 만다. 오늘도 눈만 뜨면 신문과 TV에서 온갖 스캔들로 넘어지는 사람들의 이름이 쏟아지고 있다.

이 시대 많은 이들이 정욕과 성욕의 경계선상에서 방황하고 있다. 정상적인 성욕은 하나님이 인간에게 주신 귀한 선물이다. 성욕을 주셨기에 서로 이성에게 끌리고 결혼하고 자녀를 갖는다. 그리고 정상적인 성욕을 통하여 서로 사랑하고 로맨스를 즐기고 아름다운 추억을 만들기도 한다.

그러나 이 시대는 정상적인 성욕의 한계를 넘어 정욕의 무풍지대로 나오라고 끊임없이 손짓하고 있다. 영화를 봐도. TV를 봐도, 소설을 봐도 모두 다 문학이라는 이름으로, 낭만이라는 이름으로, 즐거움이라는 이름으로, 추억이라는 이름으로, 자유라는 이름으로 정욕을 따르도록 부추긴다. 정욕의 대열에 합류하지 않는 사람을 오히려 고루한 사람, 시대에 뒤떨어진 사람으로 치부하는 어려운 시대를 우리는 살고 있다.

절제되지 않은 정욕의 위험성을 잠언은 이렇게 경고하고 있다.

> 음녀로 말미암아 사람이 한 조각 떡만 남게 됨이며 음란한 여인은 귀한 생명을 사냥함이니라 사람이 불을 품에 품고서야 어찌 그의 옷이 타지 아니하겠으며 사람이 숯불을 밟고서야 어찌 그의 발이 데지 아니하겠느냐 남의 아내와 통간하는 자도 이와 같을 것이라 그를 만지는 자마다 벌을 면하지 못하리라 도둑이 만일 주릴 때에 배를 채우려고 도둑질하면 사람이 그를 멸시하지는 아니하려니와 들키면 칠 배를 갚아야 하리니 심지어 자기 집에 있는 것을 다 내주게 되리라 여인과 간음하는 자는 무지한 자라 이것을 행하는 자는 자기의 영혼을 망하게 하며 상함과 능욕을 받고 부끄러움을 씻을 수 없게 되나니 남편이 투기로 분노하여 원수 갚는 날에 용서하지 아니하고 어떤 보상도 받지 아니하며 많은 선물을 줄지라도 듣지 아니하리라 (잠언 6:26-35)

감정 치유 기도

4) 삼손과 데릴라

사람은 같은 돌에 걸려 넘어진다는 말이 있다. 뻔히 아는 것인데 늘 같은 실수를 반복해서 저지를 때가 많다. 삼손도 거듭 같은 돌에 걸려 넘어진다. 여인, 정욕, 쾌락, 욱하는 성질, 이런 같은 돌에 반복해서 걸려 넘어진다. 한두 번 걸려 넘어지는 것과 거듭해서 넘어지는 것은 다르다. 인생에서 성공한 사람들은 한 번 걸려 넘어진 걸림돌을 피하거나 디딤돌로 사용하지만, 인생에 실패한 사람들은 한 번 걸려 넘어진 돌에 다시 걸려 넘어진다. 돌이란 걸려 넘어지는 사람에겐 걸림돌이지만, 딛고 올라서는 사람에겐 디딤돌이 될 수 있다.

정욕을 좇는 삼손의 모습은 데릴라와 만남에서 극대화된다. 삼손은 소렉 골짜기로 갔다. 많은 성경학자들은 당시 삼손의 나이 40세, 데릴라의 나이 20세로 본다. 사십 중년의 건장한 용사와 스무 살 풋풋한 여인이 만나 사랑에 빠져든다. 그러나 그 사랑에는 치명적인 독이 배어 있었다. 삼손에게는 쾌락이라는 어리석음이, 데릴라에게는 블레셋 지도자들의 회유와 압력 그리고 돈이라는 독이 도사리고 있었다. 정욕에 눈이 먼 어리석은 삼손이 데릴라라는 독 사과를 물고 만 것이다.

많은 이들이 삼손과 데릴라를 주제로 오페라와 노래를 만들었다. 그만큼 극적이고 이야깃거리가 많기 때문이다. 우리가 잘 아는 팝 가수 탐 존스의 "딜라일라"(Delilah)는 조영남의 번안곡 "딜라일라"로 널리 알려져 있다. 딜라일라는 데릴라를 말한다. 또한 프랑스의 작곡가 생상스(C. C. Saint-Saens)의 오페라 "삼손과 데릴라"의 제2막에 나오는 2중창 "그대 음성에 내 마음 열리고"는 최고의 듀엣 곡으로 유명하다. 그 가사의 한 부분은 이렇다.

그대 음성에 내 마음 열려요
아침의 키스에 꽃잎이 열리듯
사랑하는 그대여
제 눈물을 없애기 위해
다시 한 번 음성을 들려 줘요
이 데릴라에게 영원히 돌아온다고
다시 한 번 말해 줘요
그 옛날의 약속
나를 사랑한다는 그 말
어서 말해 줘요
사랑의 말을 들려 줘요

삼손이 문학적 상상력의 소재가 되어 많은 오페라(삼손을 주인공으로 한 오페라는 라모의 작품을 위시해 모두 열한 개나 있다고 한다)와 영화, 소설, 노래의 주인공이 된 것은 사실이지만, 그것은 일그러진 영웅의 모습일 뿐이다. 삼손의 삶을 찬송가나 복음 성가로 부른 것은 없다. 단지 오페라와 세상 노래에 등장할 뿐이다. 이것이 바로 삼손의 생애와 영성에 대한 후대의 냉엄한 평가이다. 삼손의 삶은 결코 영웅시할 수

감정 치유 기도

없는 타락하고 실패한 인생일 뿐이다. 그 누가 감히 삼손을 일컬어 성공한 영웅이라고 말할 수 있겠는가. 단지 많은 호사가와 문학자가 그의 파란만장한 생애를 문학적 상상력으로 사용한 것뿐이다.

이스라엘의 영웅이 되어야 할 삼손이 데릴라의 치마폭에 파묻혀서 허우적거리고 있는 동안 그의 존재는 점점 사그라지고 있었다. 마치 꺼져 가는 촛불처럼 그의 마지막이 점점 다가오고 있었다. 데릴라는 삼손의 힘의 비밀을 알아 내려고 무진 애를 썼다. 만일 그 힘의 비밀을 알아 내면 은 일천일백 세겔을 주겠다고 하였다(사사기 16:5). 지금 시가로 그 가치를 다 알 수 없지만 엄청난 금액인 것만은 사실이다.

아브라함이 사라의 매장지를 사기 위해 지불한 은이 사백 세겔이었다(창세기 23:12-20). 다윗이 아라우나 타작 마당을 사기 위해 지불한 은이 오십 세겔이었다(사무엘하 24:24). 그런데 삼손의 목에 걸린 현상금은 은 일천일백 세겔이었다. 그것도 각각 주겠다고 한 것을 보면 아마 두세 배는 되었을 것이다.

아마도 여자들은 물질에 약한 면이 있는가 보다. 이수일과 심순애의 "장한몽"에 나오는 유명한 대사 "놔라. 김중배의 다이아몬드가 그렇게 좋더냐"라는 말처럼 여인들이 보석과 물질에 약한 것 같다. 엄청난 현상금을 눈앞에 둔 데릴라는 삼손을 꼬드겨 그 힘의 비밀을 캐내려 한다. 몇 번 시도하였지만 번번이 실패한 데릴라가 마침내 "당신은 나를 사랑하지 않아"라고 토라지며 재촉하고 조르자 마침내 넘어가고 만다.

우리는 이 과정에서 삼손이 얼마나 어리석은지 볼 수 있다. 하나님의 비밀, 나실인의 무거운 약속을 속절없이 데릴라에게 말하고 만 것이다. 이것이 쾌락에 빠진 남자의 허약함이다. 예나 지금이나 "베개 밑 송사를 당할 자 없다"는 말이 있다. 삼손도 베개 밑 송사에 당하고 만 것이다.

데릴라의 무릎을 베고 잠들어 나실인의 머리를 밀리는 삼손의 모습을 상상해 보라. 아마도 데릴라는 맛있는 음식과 좋은 포도주로 삼손의 마음을 녹였을 것이다. 그리고 둘만의 은밀한 시간을 가졌을 것이다. 몸과 마음이 나른한 삼손은 데릴라의 무릎 베개에 누워 조는 듯 자는 듯하였다. 데릴라의 부드러운 손길은 삼손의 머리를 쓰다듬어 내리고 있다. 머리를 쓰다듬는 부드러운 손길에 삼손은 깊이 잠이 들고, 적들은 삼손의 머리를 밀기 시작하였다. 마침내 삼손의 머리카락이 잘리자 그의 힘도 사라져 버리고 말았다. 삼손은 결국 정욕과 쾌락에서 빠져나오지 못하고 팜므 파탈(femme fatale) 데릴라의 무릎 위에서 인생의 종말을 고하고 만다.

빛의 화가 렘브란트는 이 장면을 "눈먼 삼손"(1636)으로 그려 냈다.[14] 이 그림은 왼쪽에서 들어오는 밝은 빛과 주인공을 감싼 그림자의 대비를 통해 강렬한 이미지를 만들어 낸다. 그림 중앙에는 가위를 든 데릴라가 잘라 낸 삼손의 머리카락을 들고 밖으로 나가려 한다. 그 아래로 머리카락이 잘린 삼손이 무장한 병사들에게 결박당한 채 넘어져 있다. 쇠사슬로 묶인 삼손은 꼼짝하지 못한다. 그 사이에 중무장한 한 병사가 날카로운 비수로 삼손의 오른쪽 눈을 사정없이 찌르고 있다. 눈에서 피가 튀고 삼손의 얼굴은 고통으로 심하게 일그러져 있다. 렘브란트는 "눈먼 삼손"을 통해 무너져 내리는 삼손의 삶을 그려 낸다. 우리는 사사기에서 가장 슬픈 구절을 만난다.

> 들릴라가 삼손에게 자기 무릎을 베고 자게 하고 사람을 불러 그의 머리털 일곱 가닥을 밀고 괴롭게 하여 본즉 그의 힘이 없어졌더라 들릴라가 이르되 삼손이여 블레셋 사람이 당신에게 들이닥쳤느니라 하니 삼손이 잠을 깨며 이르기를 내가 전과 같이 나가서 몸을 떨치리라 하였으나 여호와께서 이미 자기를 떠나신 줄을 깨닫지 못하였더라 (사사기 16:19-20)

"여호와께서 이미 자기를 떠나신 줄을 깨닫지 못하였더라." 얼마나 슬프고 안타까운 말씀인가.

4) 삼손의 감정 기도

삼손의 생애를 볼 때 미스터리가 있다. 그는 그의 일생 동안 거의 기도하지 않았다는 것이다. 그 이유는 무엇인가. 바로 삼손은 그가 가지고 있던 모든 것들을 당연한 것으로 여겼기 때문이다. 당연한데 기도할 일이 무엇이 있겠는가. 감사란 받을 처지가 못 되지만 은혜로 주셨다는 생각이 들 때 나오는 마음이다. 기도란 내가 할 수 없기에 하나님께 요청하는 것이다. 그런데 삼손은 이미 너무 많은 것을 가지고 태어났다. 넘치는 힘이 있었다. 막히는 것이 없었다. 마음만 먹으면 언제 어디서나 제 마음대로 할 수 있는 힘과 능이 그에게 있었다. 삼손은 그에게 있는 모든 것들이 당연히 자기의 것인지 알았다. 적어도 그가 두 눈이 뽑히기 전까지는 그렇게 살아왔다.

은혜를 은혜로 여기지 않고 당연한 것으로 여기는 것은 삼손만의 문제가 아니다. 사실 우리 모두의 문제다. 내가 누리고 있는 혜택, 내가 소유하고 있는 많은 재산, 내가 만나고 있는 많은 친구, 내가 누리고 있는 신앙의 자유로움을 우리는 당연시한다. 당신은 정말 당신이 지금 소유한 모든 것들이 은혜임을 알고 하나님께 진심으로 감사드려 본 적이 있는가. 언제든지 주님이 필요하시다면 기꺼이 내드릴 마음의 준비가 되어 있는가.

한번 당신의 자녀에게 그들이 누리고 있는 것, 입고 있는 옷, 먹는 음식, 누리는 문화 혜택, 휴대폰이나 컴퓨터 등… 누리는 것에 대해 감사한 마음이 있는지 물어 보라. 아마도 십중팔구 감사하기는커녕 당연한 것으로 받아들일 것이다. 나아가 부모라면 최소한 이 정도는 해 주어야 한다고 오히려 큰소리치며 더 많은 요구를 할 것이다. 자녀들에게 그렇게 묻는 우리 역시 크게 다르지 않다. 우리는 가끔 예배드리는 중에 "모든 것이 주께로부터 왔으니 이 예물을 주께 바치나이다. 아멘"이라는 봉헌 찬송을 부른다. 이 찬송이 정말 마음 중심에서 드리는 고백인지 생각해 보아야 할 것이다.

우리는 어느새 우리가 누리고 있는 많은 혜택을 당연한 것으로 여기며 살아간다. 당연히 여기는 마음에 기도는 없다. 감사도 없다. 그저 단조로운 일상이 있을 뿐이다. 우리는 무엇인가 부족함과 절박함이 있을 때 비로소 기도하기 시작한다. 삼손 역시 그러하였다. 모든 것이 당연하다고 생각할 때는 기도할 이유가 없는 것이다. 무엇인가 부족할 때 비로소 기도하게 된다. 삼손이 하나님을 찾은 것은 두 번에 지나지 않는다.

첫 번째는 나귀의 턱뼈로 블레셋 사람 천 명을 죽이고 목이 말랐을 때 물을 달라고 부르짖은 것이다(사사기 15:18). 목다른 사람이 샘물을 판다는 말이 있듯이 삼손이 목말라 죽게 되자 비로소 하나님께 부르짖어 기도했다. 하나님은 긍휼히 여기시어 '엔학고레'(부르짖는 자의 샘)로 응답하셨다. 아마 이때 삼손이 목마르지 않았다면 기도하지 않았을 것이다. 그 모습을 우리는 그의 짧은 노래에서 엿볼 수 있다. 삼손은 천 명을 죽이고 나서 이렇게 노래하였다.

> 나귀의 턱뼈로 한 더미, 두 더미를 쌓았음이여 나귀의 턱뼈로 내가 천 명을 죽였도다 하니라 (사사기 15:16)

큰 승리를 하고 난 후에 부른 삼손의 개선가이다. 하나님의 도움이 없었다면 분명 죽고 말았을 싸움에서 이긴 것인데, 어디에도 하나님의 이름이 나오지 않는다. 하나님께 감사의 고백이 없다. 단지 '내가' 나귀 턱뼈로 천 명을 죽였다는 자화자찬밖에는 아무것도 없다. 그 위대한 승리도 하나님이 아닌 내가 한 것이다. 이 모습은 사울이 아말렉을 크게 이기고 갈멜에 이르러 자기를 위하여 기념비를 세운 것 (사무엘상 15:12)과 같은 일이다. 결국 삼손과 사울은 같은 부류이다.

두 번째는 두 눈이 뽑히고 난 후 다곤 신전을 무너뜨리고 죽기 직전의 기도이다. 그는 이렇게 기도하였다.

> 삼손이 여호와께 부르짖어 이르되 주 여호와여 구하옵나니 나를 생각하옵소서 하나님이여 구하옵나니 이번만 나를 강하게 하사 나의 두 눈을 뺀 블레셋 사람에게 원수를 단번에 갚게 하옵소서 (사사기 16:28)

이 기도는 삼손의 마지막 기도였고 가장 진실한 기도였다. 그러나 안타깝게도 그 마지막 기도 어디에도 회개나 하나님의 이름을 높이는 기도가 없다. 이 마지막 기도도 오로지 자기 중심적인 기도였다. "나를 생각하옵소서." "나를 강하게 하사 나의 두 눈을 뺀 블레셋 사람에게 원수를 단번에 갚게 하옵소서." 삼손의 마지막 기도에 자기의 굴곡진 생애를 돌아보며 애통하는 회개가 없다. 마지막 힘을 구하는 것도 하나님 영광을 위해서가 아니라, 자기의 원수를 갚기 위해서이다. 이것이 삼손의 기도이다. 삼손의 기도는 자기 자신과 감정을 벗어나지 못했다. 삼손의 기도는 자기 감정에 충실한 기도였다. 이것이 나쁜 것은 아니지만 무엇인가 깊은 아쉬움을 남긴다.

삼손이 두 눈을 뽑히고 고난을 당할 때 좀 더 깊은 회개 기도가 있었다면, 감정에 휘둘려 살아온 인생을 돌아보며 감정보다 더 깊은 하나님의 임재를 경험하는 기도를 하였더라면, 그의 기도가 감정만 터치하는 '감정 기도'(emotional prayer)에서 영혼을 터치하는 '정감 기도'(affective prayer)로 깊어졌다면, 아마도 그의 마지막 기도는 분명 달라졌을 것이다. 아니 그의 생애가 달라졌을 것이다.

From Emotional Prayer
to Affective Prayer

3.

압살롬의
감정 기도

(사무엘하 13-18장)

> "
> 왕의 마음이 심히 아파 문 위층으로 올라가서 우니라
> 그가 올라갈 때에 말하기를
> 내 아들 압살롬아 내 아들 내 아들 압살롬아
> 차라리 내가 너를 대신하여 죽었더면,
> 압살롬 내 아들아 내 아들아 하였더라
> (사무엘하 18:33)
> "

감정 치유 기도

1) 부전자전-그 아버지에 그 아들

부전자전이라는 말이 있다. '그 아버지에 그 아들'이란 말이다. 누구에게나 꼭 들어맞는 말은 아니지만 역사를 통해 대략 검증된 말이다. 그러기에 지금까지 이 말이 사람들의 입에서 회자되고 있는 것이다. 부전자전! 그 아버지에 그 아들이란 말에서 자유롭고 당당할 수 있는 사람이 과연 몇이나 될까? 오늘의 주인공 압살롬과 그의 아버지 다윗도 그 말에서 자유롭지 못한 사람이다.

다윗은 탁월한 사람임에 틀림이 없다. 한 가지 문제가 있다면 아내가 너무 많다는 것이다. 성경에 기록된 아내들과 자녀들의 이름은 대략 이렇다. 미갈은 첫 아내였으나 자녀가 없었다. 아히노암의 아들은 맏아들 암논이다. 후에 압살롬과 골육상쟁을 일으킨 장본인이다. 아비가일의 소생으로 길르압이 있고, 마아가의 아들로 압살롬이 있다. 학깃의 아들은 아도니야이며, 아비달의 아들은 스바댜이며, 에글라의 아들은 이드르암이다. 이들은 다윗이 헤브론에서 낳은 아들이다(사무엘하 3:2-5).

다윗은 헤브론에서 예루살렘으로 옮긴 뒤 후궁을 더 얻어 아들 딸을 많이 낳았다. 그 이름은 삼무아, 소밥, 나단, 솔로몬, 입할, 엘리수아, 네벡, 야비아, 엘리사마, 엘랴다, 엘리벨렛이었다(사무엘하 5:13-16). 아마 기록되지 않은 자녀들이 더 있을 것이다.

여기서 우리는 잠시 혼란을 느낀다. 왜 다윗은 아내가 그리도 많은가? 이미 헤브론에서 낳은 아들이 6명인데 예루살렘에 올라와서

11명의 아들을 더 낳는다. 그만큼 아내도 많았다는 이야기이다. 이러한 복잡한 여인 관계는 다윗의 이미지와 성경 교훈에도 어울리지 않는 그림이다. 신명기는 왕에 대한 교훈에서 "아내를 많이 두어 그의 마음이 미혹되게 하지 말 것이며 자기를 위하여 은금을 많이 쌓지 말 것이니라"(신명기 17:17)고 하였다. 분명 다윗은 하나님의 명령을 어긴 것이다.

그러면 다윗은 왜 그렇게 많은 아내를 얻었을까? 크게 두 가지로 볼 수 있다. 첫째, 다윗은 사랑과 정욕과 소유욕이 강했다. 그도 역시 인간이었고 평범한 남자였다. 그는 더 많은 여인과 재물과 권세와 자녀를 원했을 것이다. 둘째, 정치적인 이유이다. 많은 아내와 아들을 갖는 것은 정치적 안정을 위한 방편이었다. 고대에 국제적인 동맹은 보통 이웃 나라 공주와 결혼함으로 맺어졌다. 그것은 왕조를 서로 결속시키는 데 유용했다. 이유가 어찌 되었든 다윗의 과도하게 많은 아내와 아들은 후에 두고두고 큰 화근이 되었다. 가지 많은 나무에 바람 잘 날이 없는 법이다.

흔히 자녀는 부모의 앞모습보다 뒷모습을 보고 배운다고 한다. 겉으로 드러나는 그럴 듯한 모습보다는 드러나지 않은 속모습을 보고 배운다. 자녀들이 뛰어놀고 자라는 터는 '앞마당'이 아니라 '뒷마당'인 것이다. 외부인은 앞마당만 보지만 자녀는 뒷마당까지 다 본다. 자녀에게 실제로 영향을 주는 것은 잘 가꾸어진 앞마당이 아니라 어질러진 뒷마당이다. 부모는 자녀에게 '이렇게 하라'고 당위를 말하지만, 자녀는 살아가는 부모의 실제 모습에서 더 큰 영향을 받는다.

감정 치유 기도

다윗의 가정에 먹구름이 다가오는 사무엘하 13장은 "그 후에 이 일이 있으니라"(사무엘하 13:1)로 시작된다. '그 후에'라는 말은 무엇인가 심상치 않은 불길한 예감을 자아낸다. 앞 장 사무엘하 12장에는 우리아의 아내 밧세바 사건이 기록되어 있다. 마치 불행한 영화가 곧 개봉 박두할 것 같은 불안한 느낌을 준다.

'그 후' 어느 날 다윗의 맏아들인 암논은 이복 동생 압살롬의 여동생 다말을 보게 되었다. 그런데 여동생이 아닌 이성으로 '필'(feel)이 꽂혀 버린 것이다. 누이동생 다말을 얼마나 연모했는지 암논은 그 울화로 병에 걸리고 말았다. 사모하는 마음은 간절한데 손을 쓸 수 있는 방법이 없자 상사병이 들고 만 것이다. 상사병에는 묘약이 없다 한다. 사랑하는 그 사람을 만나야 비로소 병이 낫는다.

암논이 상사병으로 드러눕자 사촌 요나답이 간교한 꾀를 알려 주었다. 병든 체하다가 다윗이 오면 다말의 병간을 받고 싶다고 말하고, 그때 기회를 보아 다말을 차지하라는 것이었다. 코치나 멘토를 받아도 좋은 사람에게 잘 받아야 한다. 암논은 그러한 수순을 밟아 완력으로 다말을 차지하였다. 그러나 욕심을 채운 암논의 마음은 갑자기 돌변하였다. 전에 그렇게 연모하던 마음이 사라지고 다말을 심히 미워하였다. 암논이 다말을 심히 미워하니 이제 미워하는 미움이 전에 사랑하던 사랑보다 더했다. 알 수 없는 남자의 변덕이다.

갑자기 성폭행을 당하고 쫓겨난 다말은 슬피 울며 오라비 압살롬의 집에 머물게 되었다. 봉변을 당하고 오라비 집에 숨어 사는 다말의 모습을 성경은 한 마디로 "처량하게 지내니라"(사무엘하 13:20)고 한다.

아리따운 공주 다말의 신세가 순식간에 처량하게 되었다.

이런 상황에서 이해되지 않는 것은 다윗의 태도이다. 자녀 간에 근친상간이라는 엄청난 사건이 벌어졌음에도 다윗은 단호한 처분을 내리지 않았다. 성경은 다윗이 이 모든 일을 듣고 심히 노했다고 한다. 그러나 구체적인 징계나 책벌이 없었다. 옳고 그름에 대해 시시비비를 가려 주지 않았다. 단지 심히 노했을 뿐이다. 공동번역은 다윗의 모습을 이렇게 표현한다.

> 다윗 왕은 이 이야기를 듣고 몹시 화가 났지만, 암논이 사랑하는 맏아들이라 기분 상할 말을 하지 않았다. (공동번역, 사무엘하 13:21)

다윗은 마땅히 해야 될 징계를 하지 않았다. 그저 혼자서 화내고 소리 지를 뿐이었다. 여기서부터 무엇인가 일이 꼬이기 시작한다. 마땅히 징계할 때 징계하지 않는 것은 "사생자요 친아들이 아니니라"(히브리서 12:8)고 말씀한다. 어쩌면 다윗은 얼마 전 자기가 저지른 밧세바 사건을 떠올리며 씁쓸한 마음을 쓸어내리고 있었는지도 모른다. 그리고 그 애비에 그 아들이라고 탄식했을지도 모른다. 어쩌면 나단을 통해 들려 주신 "칼이 네 집에서 영원토록 떠나지 아니하리라"(사무엘하 12:10)는 경고의 말씀을 떠올리며 전율하였는지도 모른다. 어쨌든 결과적으로 초기 대응을 잘못함으로 다윗은 호미로 막을 것을 가래로도 막지 못하는 처지가 되었다.

감정 치유 기도

자라는 힘이 없을 때는 목을 쏙 들이밀지만 기회를 엿보다 고개를 다시 내민다. 압살롬은 암논의 그릇된 처사에 대해 가타부타 말하지 않고 속으로 분을 삭이고 있었다. 당장 힘이 없기에 속앓이를 하면서 때를 기다리고 있었다. 압살롬은 그렇게 2년을 기다렸다. 이상한 것은 2년 동안 다윗이 공정한 심판을 봐 주지 않았다는 점이다. 공정한 심판이 이루어지지 않으면 불평불만이 쌓인다. 가해자 암논도 사과 한 마디 없고, 심판관도 아무런 말이 없었다. 그저 어정쩡한 상태로 2년이 지나가 버렸다. 겉으로는 평온해 보이지만 안으로는 화산처럼 부글부글 감정이 끓어오르고 있었다.

비등점에 이르면 터지기 마련이다. 드디어 쌓인 감정이 터지고 말았다. 압살롬은 양털 깎는 날에 암논을 비롯한 모든 왕자들을 초청하여 잔치를 베풀었다. 양털 깎는 날은 일종의 축제이다. 다말로 인해 처량하던 집이 양털을 깎으며 잔칫집이 되었다. 모처럼 노랫소리가 나오고 음식이 푸짐하게 마련되고 집안 분위기가 흥겨워졌다. 그러나 잔치의 흥이 절정에 오를 때 숨어 있던 자객들이 암논을 쳤다. 쳤다는 것은 칼로 찌르고 주먹으로 두들겨 팼다는 것이다. 암논의 몸에서 튀어오른 붉은 핏방울이 흰 양털을 붉게 물들여 갔다.

2) 만약에-If 심리학

모든 것이 순식간에 벌어진 일이다. 아니 그 일은 이미 2년 동안 치밀하게 계획된 음모였다. 가해자의 사과 한 마디 없이, 마땅히 심판을 봐 주어야 할 심판관의 무관심 속에서 상한 감정은 이렇게 끓어오르고 만 것이다. 호미로 막을 것을 막지 못하자 가래로도 막지 못하는 일이 벌어지고 말았다.

암논을 죽인 압살롬은 그술(Geshur) 왕 암미훌의 아들 달매에게 도망갔다. 왜 압살롬은 아람 소국의 하나인 그술로 망명을 하였을까. 그술 왕 달매는 바로 압살롬의 외할아버지였다. 압살롬의 이름이 처음 나오는 곳은 사무엘하 3장이다. "다윗이 헤브론에서 아들들을 낳았으되… 셋째는 압살롬이라 그술 왕 달매의 딸 마아가의 아들이요"(사무엘하 3:2-3). 압살롬은 형을 죽여 원수를 갚았지만, 아버지를 두려워하여 외가로 도망치고 만 것이다.

예나 지금이나 인생이 위기에 처할 때 외가로 도망하는 일이 많다. 야곱도 위기를 당하자 외삼촌 집으로 도망갔다. 다윗도 사울의 시기로 망명자가 되었을 때, 외가로 도망간 일이 있다. 바로 모압이다. 다윗은 가드 왕에게 죽을 뻔한 위기를 가까스로 넘긴 후, 아둘람 굴로 잠시 피신하였다가 모압 왕에게 갔다. 그의 부모와 400여 명의 부하와 함께 망명하였다(사무엘상 22:3-4). 모압 왕이 다윗을 받아 준 이유는 무엇일까? 거슬러 올라가면 모압 여인 룻은 바로 다윗의 증조할머니였다(마태복음 1:5-6). 말하자면 모압은 다윗의 먼 외가인 것이다.

압살롬이 그술 땅으로 도망가고 난 후 다윗은 날마다 죽은 암논을 생각하며 슬퍼하였다. 그러나 시간이 지나자 암논을 생각하는 슬픔은 점점 가라앉고 압살롬을 보고 싶은 마음이 간절해졌다.

> 압살롬은 도망하여 그술 왕 암미훌의 아들 달매에게로 갔고 다윗은 날마다 그의 아들로 말미암아 슬퍼하니라 압살롬이 도망하여 그술로 가서 거기에 산 지 삼 년이라 다윗 왕의 마음이 압살롬을 향하여 간절하니 암논은 이미 죽었으므로 왕이 위로를 받았음이더라 (사무엘하 13:37-39)

세월이 약이라는 말이 있다. 이미 죽은 암논은 점점 기억에서 사라져 가고, 살아 있는 압살롬이 그리운 것이다. 이것이 인간의 마음 아니겠는가. 보고 싶어도 볼 수 없고, 가고 싶어도 갈 수 없는 안타까운 3년이란 시간이 다윗과 압살롬 사이에 여울처럼 흘러갔다. 피는 물보다 진한 것인가. 다윗의 압살롬을 향한 그리움은 점점 간절해져 갔다.

압살롬을 그리워하는 다윗의 마음을 눈치챈 요압은 압살롬의 귀환을 준비하였다. 한 지혜로운 여인을 통하여 다윗의 마음을 감동시킴으로 압살롬이 무사 귀환할 수 있도록 주선하였다. 드디어 압살롬의 3년 망명 생활에 종지부를 찍는 다윗의 귀환 허락이 떨어졌다. 얼마나 기다리고 기다렸던 시간인가. 다윗과 압살롬이 서로 만나 포옹하며 용서하고 화해할 시간이 다가온 것이다. 다윗과 압살롬 두 사람

뿐만 아니라 많은 사람들이 꽃다발을 들고 개봉박두를 기다리고 있었다.

그런데 어찌 된 일인가. 기대하던 다윗과 압살롬의 포옹은 이루어지지 않았다. 참으로 의외의 사건이 벌어지고 말았다. 다윗이 압살롬의 얼굴 보기를 거부한 것이다.

> 왕이 이르되 그를 그의 집으로 물러가게 하여 내 얼굴을 볼 수 없게 하라 하매 압살롬이 자기 집으로 돌아가고 왕의 얼굴을 보지 못하니라 (사무엘하 14:24)

> "압살롬을 제 궁으로 데려가 거기에서 살게 하고 내 눈앞에 얼씬거리지 못하게 하여라." 하는 어명이 있었으므로, 압살롬은 자기 궁으로 물러가 살면서 어전에는 얼씬도 하지 못하였다.
> (공동번역, 사무엘하 14:24)

우리는 왜 다윗이 압살롬의 얼굴 보기를 거부하였는지 알 수 없다. 3년 동안 그렇게 보고 싶어 안달하던 다윗의 마음이 왜 갑자기 바뀐 것일까? 얼굴을 보지 않으려면 차라리 객지 그술에 그냥 놔두는 것이 낫지 않았겠는가? 다윗은 압살롬을 정치적으로는 사면하였지만 감정적으로는 용서하지 않았다. 압살롬의 꼴도 보기 싫어했다. 공동번역은 실감나게 "내 눈앞에 얼씬거리지 못하게 하라"고 명령하였다.

감정 치유 기도

우리는 이 대목에서 참으로 이해하기 힘든 다윗의 마음을 엿본다. 다윗의 이율배반적인 감정을 본다. 타국에 있을 때는 그렇게 그리워하더니 막상 귀국을 허락해 놓고서는 꼴도 보기 싫다는 것이다. 압살롬을 먼발치서 보는 순간 죽은 암논의 얼굴이 떠올라서 그러했는가. 아니면 마음속 깊이 숨어 있던 괘씸한 감정이 솟구쳐 오른 것인가.

만약 다윗이 압살롬의 얼굴을 보았더라면 어떠한 일이 일어났을까? 만약 다윗이 압살롬을 살갑게 맞아 주었더라면 어떻게 되었을까? 역사에서 '만약'(If)이란 가정은 필요 없다고 말한다. 이미 모든 것이 끝난 뒤이기 때문이다. 우리 속담에도 '죽은 자식 불알 만지기'라는 말이 있다. 때늦은 후회를 말한다.

그러나 살아남은 자들은 가끔 '만약'이라는 말을 되뇌어 보아야 한다. 그래야 동일한 실수를 반복하지 않기 때문이다. 닐 로즈는 「If의 심리학」에서 질질 끄는 후회보다 정확하고 짧은 후회가 더 유익하다고 말한다.[15] 'If'라는 사후 가정 사고와 후회는 단기적으로 일 수행 결과를 향상시켜 주며, 삶에 대한 통제감을 높여 주기도 한다.

조선의 왕세자 중에 비운의 죽음을 맞이한 소현 세자가 있다. 인조의 맏아들인 소현 세자는 삼전도의 굴욕 이후 청나라에 볼모로 잡혀 갔다. 약 8년간의 볼모 생활을 마치고 귀국한 소현 세자는 귀국 후 갑자기 의문스럽게 죽었다. 그의 나이 34세였다. 사망 원인으로는 학질 혹은 독살설이 있다. 야사(野史)이지만 소현 세자는 인조가 던진 벼루에 맞아 즉사했다는 설도 있다. 청나라에 강하게 반발하던 인조는 볼모 생활을 마치고 돌아온 소현 세자가 청나라를 강력히 비난하기를 기대했다. 그런데 뜻밖에도 소현 세자는 벼루를 내보이며 "청나라 황제가 이것을 하사하였다"고 자랑하였다. 분통이 터진 인조는 그 벼루를 소현 세자에게 던져 버렸고 이마를 맞은 세자는 즉사했다는 것이다. 믿거나 말거나 아버지와 아들 간에 벌어진 슬픈 이야기이다.

뜻밖에도 다윗은 그렇게 보고 싶어 하던 압살롬이 오자 막상 만나 주지 않았다. 꼴도 보기 싫다고 내쫓았다. 아버지와 아들 간에 벌어지는 숙명 같은 엇갈림인지, 이율배반적인 감정의 장난인지, 이렇게 다윗과 압살롬은 멀고 먼 평행선을 달려가고 있었다. 그래서인지 후대를 사는 우리들에게는 여전히 'If'라는 아쉬움이 남는다.

3) 사탄은 감정의 틈을 타고

무엇인가 틈이 생기면 그 사이로 끼어드는 것이 있다. 벌어진 틈으로 온갖 이물질이 들어온다. 옛날 연탄을 쓰던 시절엔 문틈이나 갈라진 방바닥 틈새로 연탄가스가 스며들어 와서 중독된 일이 많았다. 겨울 문틈으로 새어 들어오는 황소바람도 있다. 마찬가지로 사람과 사람 사이에 감정의 틈이 생기면 꼭 비집고 들어오는 것이 있다.

예나 지금이나 사탄은 틈을 내는 명수이고, 그 틈을 이용해서 더 큰 이간질을 부추긴다. 사탄은 에덴 동산에서 하나님과 아담 사이에 틈을 내었다. 하나님 말씀에 대해 의심을 갖게 하여 틈을 만들어 갔다. 간교한 뱀은 이브에게 "하나님이 동산의 '모든 나무 열매'를 먹지 말라 하시더냐"고 질문하면서 조금씩 의심을 키워 갔다. 한번 든 의심은 오래 지속된다. 세상에서 소위 '카더라'는 소문이 퍼지면 당사자는 수습할 길이 없다. 본인이 아무리 진실하더라도 사람들은 "아니 땐 굴뚝에 연기 나랴" 하고 의심한다.

사탄이 사람과 사람, 하나님과 사람 사이에 틈새가 생기도록 자주 사용하는 전략이 바로 감정의 왜곡이다. 사람의 감정을 상하게 하고 기분을 나쁘게 만든다. 기분이 나쁘면 모든 일이 틀어진다. 우스갯소리로 "기분 나쁘면 천국도 안 간다"는 말이 있다. 천국보다도 생명보다도 기분이 더 중요하고 우선된다. 실제로 우리 주변엔 기분 나쁘다고 직장을 때려치우는 사람, 기분 나쁘다고 지나가는 행인을 치는 사람, 기분 나쁘다고 자살하는 사람이 적지 않다. 마치 소몰이꾼이 채찍으로 소를 몰듯이, 사탄은 왜곡된 감정으로 사람을 몰고 다닌다.

다윗과 압살롬 사이에 감정의 틈이 생기고 말았다. 다윗은 망명생활 3년 만에 돌아온 압살롬을 만나 주지 않았다. 돌아온 아들에게 눈길 한번 주지 않고 꼴도 보기 싫다고 거절해 버렸다. 압살롬에 대한 다윗의 용서는 비인격적이었다. 사법적인 사면은 있었지만 아버지의 따뜻한 포옹이 없었다. 압살롬이 원한 것은 아버지의 인격적인 용서였다. 그러나 압살롬이 경험한 것은 아버지의 거절이었다.

다윗 생애에서 지울 수 없는 중대한 몇 가지 실수가 있다. 첫 번째는 밧세바를 범한 것이다. 두 번째는 이를 은폐하려고 우리아를 죽인 것이다. 세 번째는 압살롬을 거절한 것이다. 다윗 자신은 하나님으로부터 그렇게 많은 용서와 은혜를 받고도 정작 아들에게는 그러한 용서와 은혜를 베풀기를 거절한 것이다.[16) 돌아온 탕자를 받아 주었던 아버지처럼 다윗은 왜 압살롬을 받아 주지 못하였을까. "그동안 얼마나 맘고생이 많았느냐. 참으로 너에게 미안하구나. 이제 지나간 일 잊어버리고 잘해 보자꾸나." 이 한 마디를 왜 못하였는지 자못 궁금하고 안타깝다.

거절당한 압살롬의 마음에 서운함이 비수처럼 박혔다. 서운함은 오기로 자라난다. 한번 사람이 오기를 품고 발동하면 그 누구도 막을 수 없다. 본디 오기(傲氣)란 능력은 부족하지만 남에게 지기 싫어하는 마음이다. 따라서 오기란 말이 나쁜 것만은 아니다. 그러나 상한 감정과 오기가 결합하면 맹렬한 독기를 뿜어 낸다. 아버지에게 거절당한 수치심, 상처받은 자존심, 거절당한 모멸감 등 여러 감정이 혼합되어 압살롬의 마음에 '상한 감정의 폭탄주'가 제조되고 있었다. 이 '상한 감정의 폭탄주'의 폭발력이 얼마나 큰지는 누구도 알 수가 없다.

압살롬은 서서히 백성들의 마음을 도적질하기 시작하였다. 아침 일찍이 일어나서 성문 곁을 지키다가 왕에게 재판을 받으러 가는 사람들을 붙들고 옳고 그름을 판단해 주었다. 말하자면 법률 자문을 공짜로 해 준 것이다. 지체 높은 왕자가 친히 법률 자문을 해 주고 손을 붙들고 친절히 대해 주는데 감동하지 않을 사람이 누가 있겠는가. 게다가 압살롬은 당대 최고의 꽃미남이었다. 성경은 압살롬의 아름다움을 이렇게 말한다.

> 온 이스라엘 가운데에서 압살롬같이 아름다움으로 크게 칭찬
> 받는 자가 없었으니 그는 발바닥부터 정수리까지 흠이 없음이
> 라 (사무엘하 14:25)

잘생긴 외모, 친절과 겸손, 전문적인 법률 지식, 게다가 왕자라는 명함을 이용한 무료 법률 자문은 사람들의 마음을 미혹하기에 충분했다. 이렇게 압살롬은 백성들의 마음을 야금야금 훔쳐 가고 있었다. 이것은 다윗이 백성들의 마음을 얻었던 것과 정반대의 양상이다. 백성들의 마음을 얻는 것과 훔치는 것은 다르다. 성경은 훔치는 것은 사탄적이라고 경고한다. 예수님은 "도둑이 오는 것은 도둑질하고 죽이고 멸망시키려는 것뿐이요"(요한복음 10:10)라고 경고하셨다. 이렇게 4년이나 압살롬은 백성들의 마음을 도둑질하고 있었다.

압살롬이 백성의 마음을 훔쳐 가고 있는 동안 다윗은 무엇을 하였는지 궁금하다. 다윗은 정말 압살롬의 음모를 모르고 있었을까? 아니면 다른 일에 바빠서 그런 정보를 무심히 넘겼을까? 아니면 네가 그러한들 무슨 일이 있으랴 무시한 것인가? 아니면 하나님께서 다윗의 귀와 눈을 막으신 것일까?

압살롬과 다윗 관계에서 몇 번 어그러지는 일이 있었다. 이상하게 빗나간 관계는 큰 후폭풍으로 불어왔다. 암논이 다말을 범했을 때 다윗은 확실한 태도를 취하지 않고 어정쩡한 태도를 보였다. 그로 인

해 압살롬이 직접 암논을 처단해 버렸다. 압살롬이 3년 만에 귀국할 때도 분명한 용서를 표현하지 않고 애매모호한 태도를 취하였다. 그로 인해 백성들의 마음을 훔치기 시작하였다. 압살롬이 4년간 백성들의 마음을 훔치고 있는 동안 다윗은 아무런 조치를 취하지 않았다. 그로 인해 반역이 시작되었다.

왜 다윗이 이런 애매모호한 태도를 취했을까. 이런 모습은 다윗의 이미지와 어울리지 않는다. 왕 다윗은 다른 사람과의 관계에서 분명한 태도를 보여 주었다. 그러나 아버지 다윗은 자녀들에게 애매모호한 태도를 취하였다. 왕으로서의 다윗과 아버지 다윗은 서로 다른 존재인가.

분명한 사실은 감정적인 틈이 생기면 그 틈 사이로 사탄이 파고들어 감정을 더 상하게 만든다. 상한 감정은 실개천을 강으로 만들고, 강을 결코 건널 수 없는 바다로 만들어 버린다. 성경은 "분을 내어도 죄를 짓지 말며 해가 지도록 분을 품지 말라"고 말씀한다. 화를 내더라도 죄를 짓지 말며, 하루해가 지기 전에 노여움과 분을 풀어야 한다. 그렇지 않으면 그 틈새로 악한 영이 고개를 밀고 들어온다.

요즘 누구 때문에 감정이 상한 일은 없는가? 그 틈새가 얼마나 되는가 생각해 보라. 혹시 틈이 있다면 사탄이 기어들어 오기 전에 틈새를 막아 버려야 한다. 사탄은 상한 감정의 틈을 통로 삼아 일하기 때문이다.

감정 치유 기도

4) 압살롬의 모반

아버지와 가까워질 희망을 포기한 압살롬은 은밀한 일을 추진하기 시작했다. 그는 자신이 당한 대로 갚아 주리라 마음먹었다. 아버지가 자신을 쫓아냈다면 이번에는 자신이 아버지를 쫓아낼 차례이다. 거절당한 아들의 마음은 복수심으로 가득 차올랐다. 사람의 마음엔 무엇이든 채워져야 한다. 기쁨과 행복으로 채워지거나 혹은 슬픔과 분노로 채워진다. 그냥 공백일 수는 없다.

모반으로 가득 찬 마음을 안고 압살롬은 고향 헤브론으로 향했다. 짐짓 하나님께 서원한 것을 이루기 위해서라며 다윗의 허락도 받았다. 압살롬은 유력한 사람 200명을 초청하였다. 그러나 그들 대부분은 압살롬의 음모를 알지 못하였다.

> 그때 청함을 받은 이백 명이 압살롬과 함께 예루살렘에서부터 헤브론으로 내려갔으니 그들은 압살롬이 꾸민 그 모든 일을 알지 못하고 그저 따라가기만 한 사람들이라 (사무엘하 15:11)

200명이 아무 뜻 없이 압살롬을 따라갔다. 이들은 압살롬을 추종하여 따른 것이 아니라, 그저 압살롬이 가자 하니 생각 없이 따라간 것이다. 그들은 추종자 곧 따르는 사람이 아니라 데려간 사람이었다. 다윗은 따르는 사람이 많았다. 그리고 그들은 다윗을 왕으로 추대하였다. 그러나 압살롬은 사람들을 데리고 갔을 뿐이다. 말하자면 압살롬은 왕이 되기 위하여 스스로 각본을 쓰고 조연을 데리고 가서 자기가 주연이 된 것이다.

    왕이 되기 위해서는 하나님으로부터 기름 부음을 받아야 한다. 또한 왕다운 위업을 이루어 백성들로부터 인정을 받아야 한다. 그러나 압살롬은 그러하지 못했다. 그의 일 가운데 하나님의 역사하심을 나타낸 것은 하나도 없다. 그의 말 가운데 참된 신앙고백은 한 마디도 없다. 그는 한 번도 하나님의 시간을 기다려 본 적이 없다. 그저 자기가 주도해 나갔다. 그가 이룬 모든 성취는 자신의 힘으로 만들어 간 것이다. 그는 뒤틀린 감정에서 올라오는 쓴물을 마시며 반역이라는 괴물을 키우고 있었다.

    압살롬의 모반에는 수많은 사람이 등장한다. 반란이 일어난 밤 아히도벨이 다윗을 배신하였다. 왕국의 미래가 이제 압살롬에게 있다고 여겼기 때문이다. 아히도벨은 다윗 당시 최고의 군사 전략가였다. 그의 모략은 하나님께 여쭈어 받은 말씀처럼 여겨질 정도였다(사무엘하 16:23). 그의 배신 소식이 다윗에게 전해졌다. "압살롬과 함께 모반한 자들 가운데 아히도벨이 있나이다"(사무엘하 15:31). 치명적인 비보가 전해진 것이다. 아히도벨은 만 명의 군대보다도 가치가 있는 존재였다. 이 소식을 들은 다윗은 그 충격과 분노를 시편에서 이렇게 고백하고 있다.

        나를 책망하는 자는 원수가 아니라 원수일진대 내가 참았으리
        라 나를 대하여 자기를 높이는 자는 나를 미워하는 자가 아니

감정 치유 기도

> 라 미워하는 자일진대 내가 그를 피하여 숨었으리라 그는 곧
> 너로다 나의 동료, 나의 친구요 나의 가까운 친우로다 우리가
> 같이 재미있게 의논하며 무리와 함께하여 하나님의 집 안에
> 서 다녔도다 사망이 갑자기 그들에게 임하여 산 채로 스올에
> 내려갈지어다 이는 악독이 그들의 거처에 있고 그들 가운데에
> 있음이로다 (시편 55:12-15)

아히도벨의 배신에 충격을 받은 다윗은 하나님께 다시 무릎을 꿇었다. 그의 영성의 정수인 기도를 다시 회복하였다. 다윗은 "여호와여 원하옵건대 아히도벨의 모략을 어리석게 하옵소서"(사무엘하 15:31)라고 부르짖었다. 하나님은 다윗의 눈물 어린 기도를 들으셨다. 이 기도를 들으신 하나님은 다윗의 충성스런 부하 후새를 통하여 아히도벨의 모략을 무력화시키셨다.

아들 압살롬의 반역에 신발도 신지 못하고 도망가던 다윗은 그 충격을 이렇게 토로하고 있다.

> 여호와여 나의 대적이 어찌 그리 많은지요 일어나 나를 치는
> 자가 많으니이다 많은 사람이 나를 대적하여 말하기를 그는
> 하나님께 구원을 받지 못한다 하나이다 (셀라) 여호와여 주는
> 나의 방패시요 나의 영광이시요 나의 머리를 드시는 자이시니
> 이다 내가 나의 목소리로 여호와께 부르짖으니 그의 성산에서
> 응답하시는도다 (셀라) 내가 누워 자고 깨었으니 여호와께서 나

를 붙드심이로다 천만인이 나를 에워싸 진 친다 하여도 나는 두려워하지 아니하리이다 여호와여 일어나소서 나의 하나님이여 나를 구원하소서 주께서 나의 모든 원수의 뺨을 치시며 악인의 이를 꺾으셨나이다 구원은 여호와께 있사오니 주의 복을 주의 백성에게 내리소서 (셀라) (시편 3:1-8)

이 시편은 흔히 '아침의 노래'로 알려져 있다. 내가 곤하게 잠들어도 주님께서 나를 붙드시기에 다시 아침에 일어날 것이라고 고백하기 때문이다. 이 기도에서 다윗은 끓어오르는 감정을 하나님 앞에 쏟아 붓는다. "주께서 나의 모든 원수의 뺨을 치시며 악인의 이를 꺾으셨나이다"(시편 3:7). 상한 감정을 하나님께 쏟아 부은 다윗은 그 감정으로부터 자유롭게 된다. 왜냐하면 감정을 하나님께 다 올려 드렸기 때문이다.

그러나 압살롬은 끓어오르는 분노의 감정을 후궁 열 명과 대낮에 동침함으로 표출하였다. 감정이 상한 것은 비슷하지만, 그 상한 감정을 표출하는 방법은 너무나 판이하게 달랐다. 다윗은 기도로 하나님 앞에 쏟아 놓은 반면, 압살롬은 사람에게 화풀이하듯 쏟아 놓고 만다. 여기가 진정한 승부처인 것이다. 상한 감정을 하나님께 쏟아 내느냐, 사람에게 드러내느냐에 따라 감정이 정화될 수도 있고 감정에 매몰될 수도 있다. 압살롬은 상한 감정을 반역으로 분출시킴으로, 결국 그 자신이 최대 피해자가 되어 버리고 말았다.

4) 내 아들 압살롬아! 압살롬아!

자식을 앞세운 아픔을 참척(慘慽)이라 한다. 참혹한 슬픔이란 뜻이다. '자식은 부모를 산에 묻고, 부모는 자식을 가슴에 묻는다'는 말이 있다. 에릭 클랩튼이란 세계적인 기타리스트가 있다. 클랩튼은 오랜만에 네 살배기 아들과 센트럴파크 동물원과 롱아일랜드 서커스 구경을 간다는 생각에 설레며 밤을 지냈다. 그러나 그 다음날 아침 그는 아들 코너 클랩튼을 아파트 추락 사고로 잃어버리고 말았다.[17) 그는 아들을 잃은 슬픔 가운데 "Tears in Heaven"이라는 노래를 지었다. 기타와 함께 애절한 목소리로 부르는 노래가 가슴을 뭉클하게 한다. 노래 중에 이런 가사가 있다.

> 만약 천국에서 널 만나게 되면, 넌 내 이름을 기억하고 있을까?
> Would you know my name if I saw you in heaven?
> 만약 천국에서 널 만나게 되면, 넌 예전과 똑같은 모습일까?
> Would it be the same if I saw you in heaven?
> ......
> 세월은 우릴 실망시키기도 하고
> Time can bring you down
> 세월은 우릴 무릎 꿇게 만들기도 하지
> Time can bend you knees

또 세월은 우리의 가슴에 상처를 입히기도 하고
Time can break your heart
간절히 애원하게 만들기도 하지
Have you beggin' please, beggin' please
저 문 뒤에는 평화로운 곳이 있을 거라 믿어
Beyond the door there's peace I'm sure
그리고 그 천국에는 더 이상 눈물이 없을 거라고
And I know there'll be no more tears in heaven

아마 다윗이 이 노래를 알았다면 구슬프게 이 노래를 부르지 않았을까 싶다. 사랑하는 아들을 먼저 앞세운 다윗은 압살롬을 기억하며 이렇게 절규한다.

> 내 아들 압살롬아 내 아들 내 아들 압살롬아 차라리 내가 너를 대신하여 죽었더면, 압살롬 내 아들아 내 아들아 (사무엘하 18:33)

다윗은 찢어지는 마음을 부둥켜안고 이렇게 울부짖었다. 아마도 이 절규는 세상에서 가장 슬픈 애가(哀歌)가 아닐까 생각한다. 여기서 우리는 한 가지 궁금증이 일어나지 않을 수 없다. 이처럼 절규하는 다윗이라면 압살롬과 좀 더 일찍 화해할 수는 없었던 것일까? 살아 생전에 아들과 아버지가 마음을 열고 가슴 깊은 얘기를 나눌 수

감정 치유 기도

는 없었는가? 무엇 때문에 마음이 아팠고 기분이 상했다고 말할 수는 없었던가? 반대로 압살롬이 아버지에게 '나는 어떻게 기분이 나빴고, 어느 때에 감정이 상했다'고 말할 수는 없었는가? 참으로 안타까운 일이 아닐 수 없다.

인간은 여전히 의혹 덩어리이다. 감정 문제에 관하여 누구도 자신 있게 '나는 감정 문제를 통달했어'라고 말할 수 없다. 특히 아버지와 아들의 감정 문제는 누구도 설명하기 힘든 부분이 있다. 아들에게 아버지는 누구인가? 아버지에게 아들은 누구인가?

마음 한편으로는 한없이 그리워하고 사랑하면서도 또 한편으로는 죽이고 싶도록 미워하는 관계가 아버지와 아들이기도 하다. 애증이 깊이 교차되어 있다. 죽도록 사랑하면서 미워하고, 죽도록 미워하면서 동시에 사랑한다. 이러한 애증은 아버지와 아들의 갈등일 수도 있고, 왕과 왕자 혹은 왕회장과 후계자의 갈등일 수도 있다. 그런데 아버지와 아들의 애증이 권력이나 돈과 함께 어우러지면 그 갈등의 폭발력이 더욱 커진다. 역사상 왕 아버지와 왕자 아들 간의 갈등과 골육상쟁이 적지 않다. 조선조 영조와 사도 세자가 그러하고, 인조와 소현 세자가 그러하다.

여기서 우리는 다시 한 번 왜 다윗은 압살롬에게 마음의 문을 열지 않았을까 생각해 본다. 다윗은 밧세바와 불륜으로 낳은 아들을 위하여 일주일을 금식하며 기도하였으나 결국 죽고 말았다. 그러나 다윗은 압살롬을 위해 하루도 금식하며 기도하지 않았다. 오히려 냉담하게 얼굴을 돌려 버리고 말았다. 정치적 사면은 하였지만 아버지로서 아들을 품어 주지 못하였다. 이 부분은 여전히 풀리지 않는 수수께끼와 아쉬움으로 남는다. 압살롬이 죽고 난 후 그렇게 슬피 울부짖은들 무슨 소용이 있겠는가?

아들 압살롬은 어떠한가? 아버지에게 거절당한 압살롬은 그 상실감과 미움을 이겨 내지 못하고 말았다. 그 상한 감정을 풀어낼 기회를 만들지 못하였다. 계속해서 상한 감정에 이끌려 들어가고 말았다.

옛날 시골에서는 소를 말뚝에 고삐를 매어 놓았다. 지금도 생각나는 한 모습이 있다. 어느 날 무엇인지 화가 잔뜩 난 소가 식식거리며 뱅글뱅글 돌면서 말뚝에 스스로 고삐를 죄어 가고 있었다. 워낙 화가 난 상태라 소를 제어하기가 힘들었다. 한동안 말뚝을 빙글빙글 맴돌던 소가 허연 거품을 물고 쿵 넘어지고 말았다. 스스로 줄을 옥죄여 숨을 쉬지 못하여 넘어진 것이다. 달려온 어른들이 줄을 풀어 겨우 살려 놓기는 했지만, 참 미욱한 소라는 생각이 들었다.

인간 역시 그러하지 않은가. 한번 감정의 끈에 옭아 매여지면 그것을 끊기가 여간 어렵지 않다. 압살롬은 한번 얽혀 버린 감정의 끈을 끊지 못하고 스스로 옥죄어 가고 말았다. 한 겹 두 겹 옥죄어 가다 결국 자신의 목숨마저 얽어매고 말았다. 한 번만이라도 아버지를 향해, 아니 하나님을 향해 그 상한 감정, 그 쓰라린 마음을 진심으로 쏟아 놓았더라면 그렇게 허망하게 인생을 마치지는 않았을 것이다.

감정은 무엇보다도 인간에게 중요한 부분이다. 감정을 처리하기에 따라서 사람을 살릴 수도 있고 죽일 수도 있다. 아니 나 자신이 그러하다. 누구나 감정을 어떻게 처리하느냐에 따라 지혜로운 자가 될 수도 있고, 우매한 자가 될 수도 있다. 아니 살 수도 있고 죽을 수도 있다. 감정을 단순히 감정 문제로 끝내 버리면 망하는 인생이 되고 만다. 그러나 감정을 한 단계 정화시켜 정감으로 끌어올릴 수 있다면, 그 인생은 한 단계 업그레이드된다. 특히 아버지와 아들의 감정 문제는 더욱 그러하다.

이 땅의 아버지, 어머니여! 지금 당신은 아들 혹은 딸과 감정적으로 막힌 것이 없는가? 그들 마음속에 자신이 모르는 서운함 혹은 분노가 자라고 있지는 않은지 면밀히 관찰해 보아야 할 것이다.

이 땅의 아들, 딸이여! 아버지와 어머니가 얼마나 사랑하는지 알기는 하는가? 물론 그 사랑의 표현법이 거칠고 어색해 혼동을 줄 때가 있지만, 부모가 아들딸을 사랑하는 마음은 세상이 변해도 다함이 없다. 아들딸이여! 아무도 모르게 눈물 훔치는 아버지의 모습을 본 적이 있는가? 그 눈물 속에는 이 세상 말로 다 담아 낼 수 없는 가슴의 이야기, 사랑의 노래가 있음을 이해해 주기 바란다.

압살롬이여! 아니 이 땅의 아들딸이여! 김현승의 "아버지의 마음"이라는 시의 한 구절을 들어 주기 바란다. "아버지의 눈에는 눈물이 보이지 않으나, 아버지가 마시는 술잔에는 눈물이 반이다."

From Emotional Prayer
to Affective Prayer

4.

사울의 감정 기도

(사무엘상 17-31장)

> 여인들이 뛰놀며 노래하여 이르되
> 사울이 죽인 자는 천천이요 다윗은 만만이로다
> (사무엘상 18:7)

감정 치유 기도

1) 작은 성공에 걸려 넘어진 사울

옛말에 '소년등과 부득호사'(少年登科 不得好死)란 말이 있다. 소년 시절에 과거에 합격하면 좋게 죽지 못한다는 뜻이다. 스무 살이 채 안 된 너무 젊은 나이에 출세해 버리면 뒤끝이 별로 좋지 않다는 말이다. 옛사람은 새파랗게 젊은 나이에 벼슬을 하거나 재물을 많이 얻거나 성공하는 일을 경계했다. 작은 성공으로 인해 미래를 망칠 수 있기 때문이다. 곧 작은 성공으로 교만해질 수 있음을 경계한 것이다.

사울의 출발은 아주 신선하고 산뜻하였다. 사울은 아주 겸손한 사람이었다. 사울은 사무엘의 식탁에 초대되고 부름을 받았을 때 자기가 작은 자임을 알고 있었다.

> 사울이 대답하여 이르되 나는 이스라엘 지파의 가장 작은 지파 베냐민 사람이 아니니이까 또 나의 가족은 베냐민 지파 모든 가족 중에 가장 미약하지 아니하니이까 당신이 어찌하여 내게 이같이 말씀하시나이까 (사무엘상 9:21)

그러나 사실 사울은 이스라엘 자손 중에 가장 준수한 사람이었다. 그 키는 다른 사람들보다 머리 하나가 더 있었다. 이렇게 키 크고 잘생긴 사나이가 겸손하기까지 했으니, 그야말로 왕의 재목으로는 더 이상 바랄 것이 없었다. 금상첨화인 셈이다.

실제로 사울은 사무엘로부터 기름 부음을 받고 난 후, 미스바에서 지파별로 제비를 뽑아 누가 왕이 될지를 고르는 과정에서 짐 보따리 사이에 숨을 정도로 겸손하고 수줍은 사람이었다(사무엘상 10:22). 또한 자기를 반대하여 네가 무슨 왕이 되겠느냐고 비웃고 멸시하는 불량배들에게도 별말을 하지 않고 잠잠했던 사람이다. 그만큼 겸손하고 수줍음을 타는 사울이었다. 적어도 초기의 사울은 이러했다. 모든 것이 순풍에 돛 단 듯 순조롭게 진행되었다. 이렇게 사울은 이스라엘의 초대 왕이 되었다.

그러나 사람의 마음과 발걸음은 알 수 없는 것이다. 적지 않은 사람들이 초기의 작은 성공으로 인해 미래를 망치는 일들이 참으로 많다. 차라리 초기에 성공하지 못했더라면, 실컷 고생을 했더라면, 그 인생이 더 견고해질 수 있었을 터인데 너무 일찍 쉽게 성공해 버리는 바람에 인생의 후반전에 망가지는 경우가 많다. 사울도 그러한 사람이다.

사울은 왕이 된 후 첫 싸움인 암몬과의 전투에서 대승하였다. 암몬 왕이 이스라엘 백성의 오른쪽 눈을 다 빼어 버리겠다고 협박할 때, 힘없는 이스라엘은 그저 목소리 높여 울 수밖에 없었다. 바로 그 순간 사울이 등장하였다. 하나님의 영에 감동된 사울이 이스라엘에 소집령을 내리자 삽시간에 삼십삼만 명이 모여들었다. 사울은 이 군대와 함께 암몬 족속을 섬멸시켰다. 암몬 족속은 둘도 함께한 자가 없을 정도로 궤멸되었다. 두 번째 전투인 블레셋과의 전투에서도 역시 대승을 거두었다. 성경은 사울의 업적을 이렇게 전한다.

감정 치유 기도

> 사울이 이스라엘 왕위에 오른 후에 사방에 있는 모든 대적 곧 모압과 암몬 자손과 에돔과 소바의 왕들과 블레셋 사람들을 쳤는데 향하는 곳마다 이겼고 용감하게 아말렉 사람들을 치고 이스라엘을 그 약탈하는 자들의 손에서 건졌더라 (사무엘상 14:47-48)

사울은 가는 곳마다 연전연승하였다. 그는 자신감이 넘쳐났고 백성들은 사울을 새롭게 보기 시작하였다. 그러나 사울이 승승장구하는 사이에 그의 마음엔 교만이 슬며시 싹트고 있었다.

아말렉과의 전투에서 승리한 사울은 자기를 위하여 승전 기념비를 세웠다. 전쟁의 승리를 마땅히 하나님께 돌려 드려야 됨에도 사울은 자기 이름을 높이기 위해 승전 기념비를 세웠다. 이름을 남기고 싶은 것은 인간의 공통된 욕망이다. 그렇더라도 기념비를 세우는 것은 후대의 누군가가 해 주어야 마땅하다.

그런데 사울은 스스로 세운 것이다. 스스로 이름을 높인 것이다. 처음에 겸손으로 시작한 사울은 연전연승하면서 어느새 스스로 자기 승전 기념비를 세우는 지경이 되었다. 교만의 극치를 달리게 된 것이다. 요즘도 가끔 권력자들이 스스로 자기 공덕비를 세웠다는 이야기를 듣곤 한다. 기가 막힌 이야기가 아닐 수 없다. 호랑이는 죽어 가죽을 남기고 사람은 죽어 이름을 남긴다는 말처럼 모든 사람은 자기 이름 석 자를 어딘가에 남기고 싶어 한다.

소망교회 성도들의 묘가 곤지암 수양관에 있다. 그런데 그 묘는 독특하여 전통적인 방법으로 매장하지 않고, 화장을 한 후 안장한다. 매년 수백 명이 이곳에 안장되고 있다. 양지바르고 물이 흐르는 아늑한 수양관 한쪽에 '소망교회 성도의 묘'라는 큰 돌비석을 세우고, 주변에 작은 돌을 놓아 유분(遺粉)을 안장할 수 있게 하였다. 그런데 가끔 상주 중에 심각하게 이런 질문을 하는 분이 있다. "목사님! 이거 참 좋은 방법이긴 한데요, 비석 뒤에다가 조그맣게 이름 하나 쓰면 안 될까요?" "수양관 건물 중 방 하나에 고인들이 명패를 걸어 두면 안 될까요?" 누구나 자기 이름을 남기고 싶은 마음이 왜 없겠는가. 그러나 소망동산에 이름을 써 넣은 이는 아직 아무도 없다. 아마 앞으로도 없을 것이다.

만일 사울이 초기에 작은 승리를 하지 않았더라면 좀 더 겸손해질 수 있었을 것이다. 그러나 사울은 연전연승하자 자기 이름을 높이고 싶은 유혹에 빠져들고 말았다. 스스로 승전 기념비를 세우고 말았다. 사무엘은 승전 기념비를 세운 사울에게 "왕이 스스로 작게 여길 그때에 이스라엘 지파의 머리가 되지 아니하셨나이까"(사무엘상 15:17)라고 질책하였다.

하나님은 스스로를 낮추는 이를 높이신다. 그러나 스스로 높이는 자를 낮추신다. 사울이 스스로를 높일 때 하나님은 그를 낮추는 작업을 시작하셨다. 누구든 마음에 자기를 높이는 바벨탑을 쌓기 시작할 때, 그때가 바로 낮아지는 때임을 알 수 있다. 겸손으로 시작한 사울은 작은 성공으로 인하여 초심을 잃고 말았다.

2) 운명을 바꾼 한 마디 노래

사람은 누구나 감정적으로 약한 곳이 있다. 마치 아킬레스에게도 치명적인 약점, 아킬레스건이 있던 것처럼 말이다. 무슨 말 한 마디만 들으면 왕짜증이 나고 머리의 뚜껑이 열리는 사람이 있다. 말 한 마디에 감정이 와르르 무너져 내리기도 한다. 마치 화산이 지각 중 가장 얇고 약한 부분을 치고 올라와 폭발하는 것처럼, 인간은 누구나 감정을 폭발시키는 뇌관 같은 부분이 있다. 자기만의 감정적인 취약점이 있다.

초기에 승승장구하던 사울은 자기를 위하여 승전 기념비를 세울 만큼 자신감이 생겼다. 이제 왕국에서 자기의 자리를 넘볼 사람은 아무도 없다. 어느새 절대 강자가 된 것이다. 그러던 어느 날 국가적인 위기가 다가왔다. 복수의 칼을 갈던 블레셋이 비장의 무기를 들고 나왔다. 바로 골리앗이었다. 골리앗이 얼마나 크고 강력한지 모든 이스라엘은 그 앞에서 숨을 죽이고 말았다. 골리앗의 장대함을 성경은 이렇게 말한다.

> 블레셋 사람들의 진영에서 싸움을 돋우는 자가 있는데 그의 이름은 골리앗이요 가드 사람이라 그의 키는 여섯 규빗 한 뼘이요 머리에는 놋 투구를 썼고 몸에는 비늘 갑옷을 입었으니 그 갑옷의 무게가 놋 오천 세겔이며 그의 다리에는 놋 각반을 쳤고 어깨 사이에는 놋 단창을 메었으니 그 창 자루는 베틀

채 같고 창날은 철 육백 세겔이며 방패 든 자가 앞서 행하더라

(사무엘상 17:4-7)

　말 그대로 골리앗이 나타난 것이다. 쉽게 말하자면 골리앗의 키는 286cm요, 갑옷의 무게가 58kg이고, 창날 무게가 7kg이나 되었다. 그러니 누구도 그 앞에 나아갈 엄두를 내지 못하였다. 사울 왕도 겁에 질려 선뜻 나아가지 못하고 머뭇거리고 있다. 이스라엘에서는 40일간 싸울 위인이 없어서 서로 얼굴만 쳐다보고 있었다. '네가 먼저, 네가 먼저' 하면서 말이다.
　이스라엘이 의기소침하여 있을 바로 그때 다윗이 나타났다. 그리고 다윗은 물매 돌 하나로 거대한 골리앗을 거꾸러뜨렸다. 기적이 일어난 것이다. 단판 승부로 끝이 나 버렸다. 거인 골리앗이 다윗의 물매 한 방에 나가떨어져 버리고 말았다. 하나님의 이름으로 던진 돌 하나가 이스라엘을 구원하였다. 성경은 이 승리가 다윗의 용맹에 있지 않고 하나님께 있음을 이렇게 말씀한다.

다윗이 이같이 물매와 돌로 블레셋 사람을 이기고 그를 쳐 죽였으나 자기 손에는 칼이 없었더라 (사무엘상 17:50)

　전세는 순식간에 역전되었고 이스라엘은 대승을 거두었다. 다윗은 일순간에 국민적 영웅이 되었다. 시민들이 길거리로 쏟아져 나와 개선군을 맞이하였다. 그러나 문제는 엉뚱한 데서 터지고 말았다. 승

감정 치유 기도

리에 도취한 시민들은 환호하며 승전의 노래를 불렀다.

> 사울이 죽인 자는 천천이요 다윗은 만만이로다 (사무엘상 18:7)

이 한 마디 노래에 사울은 완전히 맛이 가고 말았다. 때로 인생은 노래 한 소절로 인해, 책 한 권으로 인해 운명이 바뀌고 만다. 혹은 무심코 던진 말 한 마디에 인생이 바뀌기도 한다. 이런 내용을 담은 책으로「나를 바꾼 그때 그 한 마디」라는 책이 있다.

시민들의 노래에 심히 불쾌하고 분노한 사울은 그때부터 다윗을 주목하기 시작하였다. 자기가 유일하게 인기를 받아야 할 존재인데 어느새 다윗이 끼어든 것이다. 백성들의 마음이 다윗에게로 기울어진 것을 느낀 사울은 다윗을 견제하기 시작하였다.

인간의 심리 가운데 가장 치사하고 복잡한 것이 바로 시기심이다. 시기심은 비교하는 마음에서 나온다. 저가 나보다 나으면 내가 움츠러들고, 저가 나보다 못하면 내가 으쓱해진다. 누가 더 잘났는지 못났는지에 대해 감정이 첨예하게 대립한다. 이 시기심은 형제간에도, 부부간에도, 피를 나눈 부모 자식 간에도 존재한다.

시기심은 수치심과도 연결된다. 수치심은 부끄러움으로, 젊은이들 말로 하자면 '쪽팔리는 것'이고 창피한 것이다. 남이 나보다 낫다고 느끼는 순간, 인간은 상대를 칭찬하기보다는 수치심과 시기심을 느끼기 쉽다.

수치심은 불쾌한 감정을 불러일으킨다. 수치심이 들면 대개 얼굴이 빨개지고 숨이 가빠지며 어디론가 숨고 싶어진다. 부끄러운 그 자리를 모면하고 싶어한다. 사람들의 비난과 비교 때문에 패자라는 생각이 들면, 자기가 아무 쓸모없는 존재로 여겨진다. 이러한 수치심이 찾아들면 '나는 쓸모없는 존재다', '나는 언제나 부족한 놈이야', '나는 사랑 받을 수가 없는 존재야', '나는 외톨이야'라고 느낀다. 영적으로는 '나는 축복받지 못한 존재'라고 생각한다.[18]

사람이 무엇을 묵상하느냐는 매우 중요하다. 무엇을 묵상하느냐에 따라서 생각과 마음 그리고 감정은 많은 영향을 받는다. 하루 종일 우울한 음악만 듣고 묵상한다면 그 마음과 감정은 더 깊은 우울로 빠져들고 말 것이다. 그러나 밝고 즐거운 노래를 듣고 묵상하면 그 마음도 가벼워질 것이다. '나는 쓸모가 없어, 나는 외톨이야'라고 묵상하는 것과 '나는 쓸모 있는 사람이야, 나는 혼자가 아니야, 하나님이 함께하셔'라고 묵상하는 것은 천지 차이가 있다.

다윗이 다윗 되고, 사울이 사울 된 것의 중요한 분기점은 바로 그들이 무엇을 묵상하였느냐는 것이다. 사울은 평생 '사울은 천천이요 다윗은 만만이라'는 말을 기억하고 묵상하였다. 사울의 귀에서 이 말은 쟁쟁거리며 떠나지 않았다. 그 말에서 벗어나려 몸부림치면 칠수록 그 말이 가슴속으로 깊이 파고들어 왔다. 그때 백성들의 즐거워하던 모습, 춤추며 환호하던 소리, 사랑스런 눈망울로 다윗을 바라보던 백성들의 모습을 사울은 한시라도 잊을 수가 없었다. 사울은 백성들의 노랫소리를 평생토록 묵상하였다. 그 묵상과 함께 사울은 시기심의 늪으로 점점 빠져들고 말았다.

그러나 다윗은 자기를 시기하여 죽이려 드는 사울에 집착하지 않았다. 오히려 하나님을 묵상하였다. 사람을 묵상하지 않고 하나님을 묵상하였다. 환경을 묵상하기보다는 그 너머에 계신 하나님을 바라보았다. 다윗과 사울의 결정적인 차이점이 바로 이것이다. 사울은 백성들의 노랫소리에 사로잡힌 반면, 다윗은 하나님을 주목하였다. 진정한 승부처는 위기에 무엇을 묵상하느냐에 달려 있다. 백성들의 노랫소리에 기분이 상한 사울은 수치심과 시기심이 불타올랐고, 마침내 누구도 끌 수 없는 분노의 불길 속으로 점점 빠져들고 있었다.

3) 시기심은 미움의 불길로 타오르고

현재 세상에서 가장 빠른 엘리베이터는 타이완 타이베이의 101빌딩에 있는데, 분속 1,010m(시속 60.6km)여서 일명 총알 엘리베이터로 불린다. 5층 매표소에서 89층 전망대까지 주파하는데 40초가 채 걸리지 않는다. 국내에서는 63빌딩에 설치된 엘리베이터가 분속 540m로 가장 빠르다고 한다.

시기심이 미움과 분노로 솟구치는 속도는 총알 엘리베이터보다 빠르다. 아니 로켓보다도 빠를 것이다. 시기심은 흔히 짜증, 분노, 미움, 증오심을 유발시킨다. 시기심에 찬 사람은 폭발하는 화산처럼 자신이나 타인에게 화를 내기 쉽다. 시기심이 미움과 증오라는 보다 강력한 감정으로 뒤바뀌는 것은 그야말로 순식간이다. 증오심은 휘발유보다도 가연성이 높아 한번 불이 붙으면 누구도 그 불길을 끌 수가 없다.

시기심을 가리키는 라틴어는 '인비디아'(*invidia*)이다. 이것은 '쳐다보다'라는 뜻과 '시기하다'라는 의미가 있다. 그래서 '눈을 흘기다'라는 말은 '시샘하다'는 의미로 이해된다. '시샘'이라는 말은 중세 독일에서 시기심이란 말로 사용되었다. 시샘이란 말은 '삐딱한, 그릇된, 나쁜'이라는 말과 비슷하다.19) 즉 시기심이란 삐딱한 눈으로 누군가를 꼬나보는 태도이다.

시기심은 비교하는 데서 발생한다. 나보다 못한 사람을 시기하는 일은 없다. 시기의 눈은 늘 상향 조정되어 있다. 시기심은 나보다 잘난 사람을 미워하는 감정으로 '남의 불행을 고소해 할 기회가 부족해서 생기는 분노'라고 한다. 나보다 잘난 놈이 불행을 당하면 시기심이 생길 리가 없다. 오히려 고소할 것이다.

역사적으로 시기심의 대표적인 예는 모차르트와 살리에리의 관계이다. 18세기 오스트리아 빈 궁정의 작곡가였던 살리에리는 세계적인 작곡가가 되기를 갈망하였다. 그는 열여섯 살 되던 해에 이렇게 기도했다. "신이여, 저를 위대한 작곡가로 만들어 주십시오. 그러면 저는 겸손하게 살면서 이웃 사람들을 돕고, 밤낮으로 당신을 찬양하겠나이다." 그의 기도가 응답되었는지 살리에리는 음악적인 재능을 발휘하며 승승장구하여 궁정 작곡가가 되었다. 그의 생애는 평화롭고 안정되어 보였다. 적어도 그가 모차르트를 만나기 전까지는.

그러나 모차르트를 만나면서 그의 모든 평안은 깨지고 말았다. 살리에리는 모차르트의 천재적인 음악성에 감동하면서 동시에 괴로워하였다. 자기가 아무리 기를 쓰고 노력해도 모차르트의 천재성을 따라가지 못함을 인정하지 않을 수 없었다. 그는 그런 현실에 절망하였다. 모차르트에 대한 시기심은 마침내 하나님에 대한 분노로 바뀌었다. 살리에리는 신이 자기를 조롱하기 위하여 같은 시대에 모차르트라는 천재를 보냈다고 생각하며 신에게 저항하였다. 신에게 도전할 수 없음을 안 살리에리는 결국 신이 보낸 천재 므차르트를 파멸시키기로 결심한다. 그리고 자신의 권력을 이용해서 모차르트를 서서히 파멸시키고 만다.

　35세에 모차르트가 죽어 공동묘지로 사라졌지만 살리에리의 마음속에는 여전히 평안이 없었다. 세월이 지나면서 모차르트의 음악은 점점 두각을 나타냈지만, 살리에리의 음악은 잊혀 갔다. 그때 살리에리는 자기가 모차르트를 살해했다는 소문을 퍼뜨렸다. 이러한 내용은 영화 '아마데우스'에서도 엿볼 수 있다. 시기심에 불타오르는 불쌍한 살리에리는 이렇게 중얼거린다.

> 이제부터는 사람들이 사랑스런 모차르트의 이름을 입에 올릴 때마다 증오심에 가득 차서 내 이름도 떠올릴 거야. 그의 이름이 세계로 퍼져 나가면, 내 이름 역시 그렇게 될 거야. 명예로운 이름이 아니라 불명예스럽게라도. 어쨌거나 나는 완전히 사라지지 않아. 신도 이것을 방해할 힘이 없겠지.[20]

시기심은 마치 독사의 독과 같다. 독사의 독은 상대방을 죽이지만 결국 자기도 그 독에 죽고 만다. 시기심은 먼저 자신을 상하게 하는 독이다. 시기심만큼 끈질기고 은밀하며 복합적인 감정도 찾기 힘들다. 시기심은 매우 파괴적인 성향을 띠는 감정으로 동서고금을 막론하고 이를 경계해 왔다. 교황 그레고리우스(590-604)는 인간의 '7가지 대죄'에 시기심을 포함시켰다. 일찍이 닛사의 그레고리우스(334-394)는 시기심을 이렇게 묘사했다.

> 시기심이란 사악한 정열의 원초적인 형태이며, 죽음의 아버지이자 죄를 짓는 최초의 입구이고 악의 뿌리이며 슬픔의 원천이다. 불행의 어머니이자 불복종의 기초이니…. 시기심은 죽음을 가져오는 가시이고 숨겨 둔 무기이며… 쓰디쓴 화살이요, 우리 영혼에 못을 박는 것이요, 마음에 불을 지르는 것이다. 그러므로 시기심으로 얻은 행복이란 우리의 재산이라기보다는 이웃의 불운이다.[21]

'시기심은 자기 자신에 대한 고문'이라는 스코틀랜드 속담이 있다. 시기심은 남에게 상처를 주기 전에 먼저 자신에게 상처를 입힌다. '천천이요 만만'이라는 백성들의 노래에 속이 상한 사울은 시기심으로 인해 그 영혼이 서서히 썩어 가고 있었다. 시기심은 때때로 미움과 분노로 폭발한다. 분노가 치밀어 오르면 왕처럼 점잖게 분노를 발해야 되지만, 사실 그렇게 되지는 않는다. 왕이 분노를 제어하는 것이 아니라, 분노가 사울 왕을 이리저리 끌고 가 버렸다. 왕이 분노를 다스리는 것이 아니라 분노에 휘둘리고 만 것이다. 사울도 시기심과 수치심에서 발생한 분노와 증오로 점점 휘둘려 가고 있다.

여기서 잠깐, 만일 당신에게 수치심에서 시작된 분노가 있는지 알고 싶다면, 다음 질문에 답해 보기 바란다.

나는 비판에 약하다는 소리를 자주 듣는가?
사람들이 나를 무시한다는 생각이 들면 화가 나는가?
자신의 평판 혹은 명성을 강경하게 지키려 하는가?
자신의 잘못을 지적당하면 창피함을 느끼고 화가 나는가?[22]

이 질문에 '예'라는 답이 많을수록, 수치심으로 인한 분노의 발생 가능성이 높다. 수치심으로 인한 분노가 있다면, 수치심이 일어난 그 시발점을 역추적해서 알아보아야 한다. 왜 그런 수치심을 느꼈는지, 그 느낌이 어떠했는지 인식해야 한다. 그래야 그 수치심과 분노의 원인을 파악하고 그로부터 자유로워질 수 있다. 수치심과 시기심의 출발 시점을 알았다면, 그것을 조용히 응시하며 기도로 하나님께 나아가기 바란다. 수치심과 시기심의 감정을 있는 그대로 아뢰어 기도하는 것이 그 감정을 풀어 가는 첫걸음이다.

그때 창피했으면 창피한 모습 그대로, 얼굴이 빨개졌으면 빨개진 그대로, 그렇게 창피를 준 사람을 욕하고 싶으면 욕하고 싶은 마음 그대로, 자기 감정에 정직하게 대면해 보라. 그러면 그 아프고 힘들었던 감정에서 흘러나오는 신음이나 갈망이 있을 것이다. 그것이 자기 연민일 수도 있고, 누군가를 향한 욕설이나 저주일 수도 있을 것이다. 그 무엇이든 가슴 깊은 곳에서 스며나오는 감정과 느낌을 있는 그대로 하나님께 기도드려 보라. 그러면 어느 정도 그 상한 감정의 실체를 알게 되고 자유로움을 누리게 될 것이다.

4) 사탄에게 영토을 내줄지라도

유전에 불이 붙으면 물로 끌 수가 없다. 물과 기름이 어울리면 불이 더 커질 수 있다. 그때 불을 끄는 방법은 둘 중 하나일 것이다. 하나는 유전의 기름이 바닥날 때까지 태우는 것이다. 다른 하나는 폭탄을 이용하는 것이다. 유전에 폭탄을 터뜨리면 불길이 더 세어질 것 같지만 사실은 반대이다. 강력한 폭탄을 불길 주변에 터뜨리면, 순식간에 주변의 산소가 고갈되어 유전의 불길을 잡을 수 있다고 한다.

사람의 마음에 솟구치는 시기심과 분노도 이와 비슷하다. 분노와 증오의 불길을 끄려면 그 감정이 다 타 버리면 된다. 아니면 분노보다 더 큰 하나님의 은혜를 체험하면 된다. 시기와 분노가 크신 하나님의 사랑에 비추어 아무것도 아님을 알면 분노로부터 자유로울 수 있다. 하나님의 뜨거운 사랑은 인간의 어떤 분노도 다 녹여 낼 수 있기 때문이다. 그러나 분노의 감정은 타도 타도 사라지지 않는 심연의 유전과 같아서 인간의 힘으로는 도저히 제어할 수 없다. 한번 불붙은 분노의 불길은 타인과 자기 자신 모두 불태워야 비로소 꺼지고 만다.

분노에 휩싸인 자기 자신을 불태워 파멸시키는 방법 중 하나가 바로 사탄에게 자기 영혼을 파는 것이다. 분노에 휩싸인 영혼은 하나님의 은혜를 갈망하기보다 오히려 사탄에게 자기 영혼을 맡기는 경우가 있다. 분별력을 잃은 영혼은 시기심과 분노에 눈이 멀어 사탄에게 영혼을 저당잡히고 분노가 원하는 육체의 소욕을 이루려 한다. 될 대로 되라는 포기의 심정으로 사탄과 영혼을 거래한다. 이왕 망가진 인생이 절망하며 살기보다 오히려 사탄의 힘을 빌려서라도 몸이 원하는 것, 분노한 영혼이 원하는 것을 해 보고 싶은 것이다.

인간이 한번 망가지기 시작하면 그 끝을 알 수가 없다. 넘지 말아야 하는 선을 무시하고 금기를 쉽게 깨 버린다. 아담과 하와가 사탄과 흥정하여 선악과를 따먹었듯이, 그 후예들 또한 자기의 욕망을 위하여 사탄과 흥정하는 것에 익숙해 있다. 시기심으로 증오심에 불타오른 사울은 드디어 사탄에게 그 영혼을 팔아 버리고 만다.

사울은 영적, 정신적 스승이었던 사무엘이 죽자 영적으로 방황하기 시작하였다. 영적인 스승이 있으면 그래도 가끔 자문하고 지혜를 얻을 수 있을 텐데, 사무엘마저 사울의 곁을 떠나 버리고 말았다. 이제 정말 사울은 완벽하게 외톨이가 되었다. 마음을 줄 사람도, 영적 지도를 해 줄 사람도 사울 주변엔 하나도 남지 않았다. 주변에 영적 지도자가 하나도 없다는 것은 인생의 큰 저주이다. 인생을 살면서 영적 지도자를 잘 만나는 것은 크나큰 축복이다. 영적 지도자는 '생명의 길'을 가르쳐 주는 사람이기 때문이다. 영적 멘토나 영적 동반자가 있다는 것은 하나님의 은총임에 틀림이 없다.

이 시대에 눈여겨봐야 할 중요한 기독교 전통 중에 영적 지도라는 것이 있다. '영적 지도'(spiritual direction)란 그리스도인이 영적인 삶을 바르게 유지하고 성숙하도록 도와 주는 것이다. 일반적으로 영적 지도는 4-5세기 사막 교부들로부터 시작된 것으로 본다. 사막에서 독거하며 신앙의 완덕을 추구하던 이들에게 수많은 사람들이 몰려와 제자가 되었다. 사막의 영적 훈련은 '자신의 마음을 여는 영성'으로, 제자들은 자신의 내면세계를 영적 스승에게 열어 놓았다. 제자들이 질문하면 스승들은 간단하지만 깊은 영적 조언을 주었다.

영적 지도의 목표는 교리적인 가르침이 아니고, 마음의 순결과 그리스도를 닮아 가는 데 필요한 영적 지침을 주는 것이다. 지도자는 단순히 신앙 성장만 격려한 것이 아니라, 하나님 나라에 온전히 이를 수 있는 영적인 길을 제시하고 기도를 통해 영적인 삶을 살아가도록 도와 주었다.

영적 지도자 사무엘을 잃어버린 사울은 나침반을 잃은 배와 같았다. 영적 방향 감각을 상실한 사울은 엔돌의 신접한 여인을 찾아간다. 하나님의 성전을 찾아가야 할 발걸음이 이제 신접한 여인, 무당을 찾아가고 있다. 전에 자기가 왕명으로 쫓아냈던 무당들을 이제 스스로 찾아가고 있다. 블레셋과의 일전을 앞둔 전날 밤 사울은 변복을 하고 모래산을 넘어 엔돌의 여인을 찾아 나섰다. 사울이 엔돌의 신접한 여인을 찾아가는 모습을 읽노라면 말할 수 없는 참담함을 느낀다

감정 치유 기도

(사무엘상 28장). 이 모습은 사울의 영혼이 완전히 망가지고 피폐한 것을 보여 준다. 한때 이스라엘의 영웅이요, 하나님의 기름 부음을 받은 사울이 어떻게 이리도 망가질 수 있는지 놀라지 않을 수 없다.

사탄과 영혼을 거래한 이야기는 괴테의 「파우스트」에도 등장한다. 파우스트는 노년에 인생과 학문에 대해 깊이 회의를 느낀다. 이때 악마 메피스토펠레스가 나타나서 파우스트에게 젊음을 되찾아 주고 삶의 쾌락을 마음껏 누리게 해 주겠다고 유혹한다. 대신에 그가 죽으면 그의 영혼을 지옥으로 데려가기로 파우스트와 계약한다. 악마가 준 약을 먹고 청년으로 변한 파우스트는 아름답고 선한 성품의 마르가레테라와 사랑에 빠진다. 그러나 그 사랑은 불행으로 끝나고 다시 파우스트는 악마의 도움으로 고대 그리스 신화에 나오는 절세 미녀 헬레네와 결혼한다. 그러나 아들이 하늘 높이 날아오르다 떨어져 죽게 되고 이로 인해 헬레네와 파우스트는 헤어진다.

결국 파우스트는 악마와의 계약 기간이 끝나서 늙어 죽게 되고, 악마는 그의 영혼을 천사들이 빼앗아 갈까 봐 지키지만, 천사들에 의해 파우스트의 영혼은 악마를 물리치고 천국으로 올라간다. 그리고 지상에서 비극적인 사랑으로 끝난 그레트헨을 다시 만나게 된다. 파우스트는 결국 해피엔딩으로 끝난다.

그러나 사울은 그렇지 않다. 하나님을 떠나 신접한 여인을 찾아가는 사울의 발걸음은 결코 해피엔딩으로 끝나지 않았다. 인생을 살다 보면 누구나 오르막과 내리막이 있다. 그러나 언제라도 하나님을 지향하면 결국 그 인생이 해피엔딩으로 끝날 수 있으나, 하나님을 떠나 버린 영혼은 결코 해피엔딩으로 마무리할 수 없다. 우리들의 일그러진 영웅 사울은 시기심에 불타오르는 분노와 질투를 이기지 못하고 마침내 그 영혼을 사탄과 거래하는 지경에 이르고 만다. 하나님을 떠난 자, 시기와 증오에 불타오르는 영혼의 마지막 걸음이 하나님이 아니라 신접한 여인이라는 것은 말할 수 없는 안타까움을 더해 준다. 지금 당신의 발걸음이 어디로 향하고 있는가?

ㅂ) 길보아산에서 꺼진 증오의 불꽃

'철마는 달리고 싶다!' 경원선 철도가 중단되어 멈춘 최북단 역은 경기도 연천의 신탄리역이다. 이 역에는 철도 중단점이라는 구조물이 있는데 그 아래로 "철마는 달리고 싶다!"(We want to be back on track)라는 글과 이곳 신탄리가 서울 용산으로부터 88.8km이며 이곳에서 원산까지는 131.7km라는 거리 표시가 있다. 그리고 그 상징물인 녹슨 증기 기관차 화통이 비무장 지대 옛 장단역 구내에 있었는데 지금은 임진각 보존 처리장으로 옮겨져 있다. 철마는 더 달리고 싶은데 더 이상 달릴 수가 없다. 그곳에는 달리고 싶지만 달리지 못하는 철마의 아쉬움과 실향민의 아픔이 진하게 묻어 있다.

그렇다. 우리는 더 달리고 싶은데 달리지 못하는 경우가 종종 있다. 마음은 간절한데 현실이 그렇지 못하다. 사울의 발걸음이 그러했다. 사울은 더 달리고 싶었지만, 이제는 더 이상 달릴 수 없게 되었다. 하나님의 영광을 위해 더 달리고 싶었으리라. 자신의 실추된 명예를 회복하기 위해 한 번 더 달리고 싶었으리라. 40년 전 왕이 되었을 때 그렇게 맑고 싱그러웠던 발걸음을 다시 회복하고 싶었으리라. 이스라엘 초대 왕이라는 존귀한 명예를 다시 한 번 회복하고 싶었으리라. 사울이 왕으로 등극할 때 그렇게 기뻐하며 행복해하던 부모와 친지를 떳떳이 보고 싶었으리라. 사랑하는 아들 요나단에게 아버지로서의 늠름한 모습을 한 번 더 보여 주고 싶었으리라.

그러나 이제는 더 이상 달릴 수가 없게 되었다. 그 뜨거웠던 심장이 다시는 뛰지 않는다. 그 강인했던 팔다리가 이제는 움직이지 않는다. 그 총명한 눈동자로 더 이상 앞을 볼 수 없다. 그렇게 숨가쁘게 달리던 발걸음이 이제 길보아산에서 멈추어 섰다. 그렇게 앞만 보며 달리던 발걸음이 이제 거친 길보아산 언덕에 머물고 말았다. 사울은 사랑하는 세 아들과 함께 길보아산에 나란히 엎드러지고 말았다. 사울이 길보아산에서 멈추어 선 것을 성경은 이렇게 말씀한다.

> 블레셋 사람들이 이스라엘을 치매 이스라엘 사람들이 블레셋 사람들 앞에서 도망하여 길보아산에서 엎드러져 죽으니라 블레셋 사람들이 사울과 그의 아들들을 추격하여 사울의 아들 요나단과 아비나답과 말기수아를 죽이니라 … 사울과 그의 세 아들과 무기를 든 자와 그의 모든 사람이 다 그날에 함께 죽었더라 (사무엘상 31:1-2, 6)

시기심과 분노의 불꽃에 휩싸여 그렇게 모질게 다윗의 뒤를 쫓던 사울의 발걸음이 길보아산에 멈추어 섰다. 그일라와 마온 황무지로 다윗을 뒤쫓던 사울의 발걸음이 멈추어 섰다. 엔게디 황무지와 하길라 산중으로 3,000명과 함께 다윗을 쫓던 발걸음이 멈추어 섰다. 지구 저 끝까지라도 뒤쫓아 가겠다던 사울의 발걸음이 길보아산에서 멈추어 서고 말았다.

　　초대 왕 사울의 발걸음이 고장난 철마처럼 이렇게도 허무하게 길보아산에서 멈추어 선 것은 왜일까? 아침 햇살처럼 그렇게 싱그럽게 시작되었던 발걸음이, 왜 이렇게 초겨울 가랑비처럼 쓸쓸하게 끝나 버리고 말았는가? 온 백성들의 박수 갈채 속에 화려하게 등장했던 인물이, 왜 이렇게 전투장에서 가을 낙엽처럼 황량하게 떨어지고 말았는가? 적장의 목을 베고 힘차게 흔들어야 할 왕의 보검 위에 왜 스스로 엎어져야만 했는가? 왕실 묘 높은 곳에 묻혀 존경을 받아야 할 그의 옥체가 왜 할례 받지 못한 이방인 블레셋의 더러운 손에 의해 목 베이는 수치를 당해야 했는가?

　　그 모든 것은 시기심과 증오의 불꽃이 그를 사른 까닭이다. "사울은 천천이요 다윗은 만만이라"는 노랫소리로부터 시작된 작은 시기심은 분노와 증오의 불길로 치솟았다. 그 누구도 제어할 수 없는 불길로 활화산처럼 타올랐다. 분노는 증오와 미움이라는 철로를 타고 앞으로 달려 나가기 시작했다. 분노에 가속도가 붙어 누구도 그 걸음을 멈추게 할 수가 없었다. 오로지 죽음만이 그 걸음을 멈추게 할 수 있을 뿐이었다. 죽음은 모든 것을 멈추어 서게 하는 힘이 있다.

감정 치유 기도

이스라엘의 성지라면 으레 누군가를 기념하는 예배당이나 기념비가 있기 마련이다. 그러나 사울의 발걸음이 멈추어 선 길보아산에는 어떤 특별한 기념물도 없다. 그 흔한 기념비 하나 없다. 그저 자그마한 산 너머로 무심한 바람만이 황량하게 불고 있을 뿐이다. 있다고 해야 동쪽에 있는 벧산에 사울의 흔적이 남아 있을 뿐이다. 벧산은 '태양의 집', '안락의 집'이라는 뜻을 가진 곳이다. 사울은 길보아산에서 블레셋 군에게 패한 뒤, 목이 잘린 채 벧산의 성벽에 매어 달렸다. 사울은 죽어서도 수치를 당한 것이다.

길보아산에 남겨진 것은 오로지 사울과 요나단을 그리며 애통해 하던 다윗이 지은 '활의 노래'(사무엘하 1:17-27)가 있을 뿐이다. 미워하면서도 미워할 수 없었던 사울 왕을 그리며, 자기 목숨보다 더 소중한 벗 요나단을 그리워하며, 다윗은 애가를 지어 그들을 기렸다. 다윗의 '활의 노래'를 읽노라면, "산천은 의구한데 인걸은 간 데 없다"는 야은(冶隱) 길재의 시구가 생각난다.

그렇다. 그렇게 자신의 분노를 불태우던 사울은 길보아산에서 허망하게 사라지고, 그 비통한 역사적 사실을 아는 듯 모르는 듯 길보아산은 불 꺼진 등대처럼 덩그러니 서 있다. 시기와 분노와 증오로 불타오르던 한 인생의 허망한 불꽃이 꺼지고 멈추어 선 곳이다. 등잔에 기름이 다하면 불이 꺼지듯, 분노와 증오의 불길도 죽음에 이르러서야 꺼지는가 보다.

From Emotional Prayer to Affective Prayer

III. 감정을 넘어 정감 기도로

1. 하갈의 정감 기도
2. 야베스의 정감 기도
3. 한나의 정감 기도

From Emotional Prayer
to Affective Prayer

1.

하갈의 정감 기도

(창세기 16:1-16; 21:8-21)

> "
> 이르되 아이가 죽는 것을 차마 보지 못하겠다 하고
> 화살 한 바탕 거리 떨어져 마주 앉아 바라보며 소리 내어 우니
> 하나님이 그 어린아이의 소리를 들으셨으므로 하나님의 사자가 하늘에서부터
> 하갈을 불러 이르시되 하갈아 무슨 일이냐 두려워하지 말라
> 하나님이 저기 있는 아이의 소리를 들으셨나니 일어나 아이를 일으켜
> 네 손으로 붙들라 그가 큰 민족을 이루게 하리라 하시니라
> (창세기 21:16-18)
> "

감정 치유 기도

1) 한 지붕 두 가족

'한 지붕 두 가족'이라는 말이 있다. 한 지붕 아래 살지만 도저히 마음이 맞지 않아 함께 살기 힘든 상황을 빗댄 말이다. 한 지붕 두 가족의 상황은 흔히 정치인들이나 파혼 직전의 콩가루 가정을 말하기도 한다. 아브라함, 사라, 하갈의 삼각 관계도 한 지붕 두 가족이었다. 본디 사라와 하갈은 주종 관계이다. 사라가 안방 마님이고 하갈은 그의 몸종이었다. 그러나 사라가 오랫동안 아이를 낳지 못하자 여종 하갈을 아브라함에게 '씨받이 여인'으로 내주었다.

사라가 하갈을 아브라함에게 내준 것은 일종의 대리모 혹은 씨받이로 볼 수 있다. 씨받이란 요즘에는 도저히 용납될 수 없는 일이지만, 불과 100여 년 전만 해도 우리나라에 흔히 있던 일이다. 본처가 아이를 낳지 못해 대가 끊어질 위기를 맞을 때, 아들을 낳기 위한 목적으로 조건부로 데려다 동거하는 여인이다. 씨받이가 자녀를 출산하고 아기가 조금 자라면 약속한 금품을 주어 내보내었다.

이규태는 옛 씨받이의 슬픈 역사를 이렇게 설명한다. 씨받이 여인이 선택되면 은밀히 윗방에 들여 합방을 시키는데, 본처가 그 장지문 밖에서 건기침하며 지키고 앉아 씨받이 삼계(三戒)를 감시했다. 여인 얼굴에 명주 수건을 덮어야 하고, 남편과 한 마디도 말을 해서는 안 되며, 몸을 움직이거나 숨소리를 거칠게 내도 안 되었다. 그리고 임신이 되면 별당에 열 달 동안 유폐되어 살았다. 아들을 낳으면 벼 스무 섬을 씨받이 값으로 받고, 3년간 다섯 섬씩 입마개 쌀을, 다시 3

년간 석 섬씩 좇음 쌀을 받았다. 그 아이가 씨받이 아이이며, 자신이 씨받이 어미라는 것을 발설하지 않는다는 입마개요, 제가 낳은 아기라 하여 정에 끌려 마을에 접근하지 않는다는 약속이다. 아이가 아들이 아니라 딸이었을 때는 비극이다. 씨받이 값도 반값으로 절하되고 낳은 아기는 씨받이 여인의 몫이 되었다.[23]

사라가 여종 하갈을 아브라함에게 준 것은 사라의 인내심과 믿음의 부족 때문이었다. 하나님이 아브라함에게 자손을 약속하신 지 10년이 지났건만 자신에게 아이가 없자 사라는 초조해졌다. 그리고 하나님의 계획을 자신의 방법으로 해결하려 하였다. 그것이 바로 자신의 몸종 하갈을 아브라함에게 주어 자식을 얻는 방법이었다. 이러한 방법은 고대 근동 지방에 흔히 있던 관습으로 보인다. 라헬도 자식을 낳지 못하자 자신의 여종 빌하를 야곱에게 주었다.

> 라헬이 자기가 야곱에게서 아들을 낳지 못함을 보고 그의 언니를 시기하여 야곱에게 이르되 내게 자식을 낳게 하라 그렇지 아니하면 내가 죽겠노라 야곱이 라헬에게 성을 내어 이르되 그대를 임신하지 못하게 하시는 이는 하나님이시니 내가 하나님을 대신하겠느냐 라헬이 이르되 내 여종 빌하에게로 들어가라 그가 아들을 낳아 내 무릎에 두리니 그러면 나도 그로 말미암아 자식을 얻겠노라 (창세기 30:1-3)

어쩌면 아브라함과 야곱이 참 딱하다는 생각이 든다. 억센 아내

탓에 아내와 여종 사이에서 이러지도 못하고 저러지도 못하였다. 아내의 말을 듣기도 곤란하고, 그렇다고 안 듣기도 난처한 입장이다. 자고로 남자는 아내의 말을 잘 듣는 모양이다. 결국 아브라함은 사라의 제안을 거절하지 못하고 "사래의 말을 들었다"(창세기 16:2). 이것은 아담이 "그 아내의 말을 들었다"(창세기 3:17)는 말과 같은 표현이다. 물론 아브라함이 사래의 말을 들은 것은 자식을 얻기 위한 것으로, 당시 관습으로 볼 수 있다.

아내의 눈치를 슬슬 보는 공처가가 20세기에만 있는 것은 아니다. 성경은 이미 오래 전에 공처가가 있음을 내비친다. 아마도 공처가의 대표 선수는 당연 아담일 것이다. 하나님이 그렇게 신신당부하신 말씀보다도 하와의 말을 더 잘 들었으니 말이다. 아담의 후예인 모든 남자들의 혈관 속에는 아내의 말에 솔깃하던 아담의 피가 흐르고 있는 것 같다. 그래서 예나 지금이나 남자가 아내의 말에 절절매는지도 모른다.

우스개로 회자하는 '간 큰 남자 시리즈'가 있다. 물론 웃자고 하는 얘기지만, 그냥 웃고 넘어가기에는 왠지 씁쓸함이 묻어난다. 다음과 같은 이야기인데, 어쩌면 우리 '남자들의 불쌍한 조상 아담'도 이와 유사하지 않았을까?

1. 밥상 앞에서 반찬 투정하는 20대 남자
2. 아침에 밥 달라고 식탁에 앉아서 소리치는 30대 남자
3. 아내가 외출하는데 감히 어디 가느냐고 묻는 40대 남자

4. 아내가 야단칠 때 말대답을 하거나 눈을 똑바로 뜨고 아내를 쳐다보는 50대 남자
5. 아내에게 퇴직금을 어디에 썼느냐고 물어 보는 60대 남자
6. 외출하는 아내에게 같이 가자고 조르는 70대 남자
7. 그 나이가 될 때까지 살아서 아내로 하여금 수발들게 하는 80대 남자
8. 그 외 늦게 들어와 밥 차려 달라는 남자
9. 아내가 연속극 보는데 감히 스포츠 보자고 박박 우기는 남자
10. 아내가 나무라는데 자진해서 손들지 않는 남자

고래 싸움에 새우 등 터진다는 말처럼, 아브라함은 억센 사라와 여종 하갈 사이에 끼여 마음고생을 엄청나게 많이 했다. 아내의 말을 거절하지 못하는 유약한 남자의 모습을 보여 준다. 이러한 아브라함의 모습은 아담과 비슷하게 연결되어 있다. "아브람의 아내 사래가 그 여종 애굽 사람 하갈을 데려다가(took) 그 남편 아브람에게 첩으로 준(gave)"(창세기 16:3)다는 표현은 하와가 아담에게 한 행동, 즉 "여자가 그 열매를 따먹고(took) … 남편에게도 주매(gave)"(창세기 3:6)라는 표현과 동일한 단어를 쓰고 동일한 순서로 이루어져 있다.[24]

아담은 한 지붕 아래 한 가족으로 살았어도 하와를 이기지 못했는데, 아브라함은 한 지붕 두 가족으로 살았으니 얼마나 힘들었겠는가? 잠언은 사나운 여인과 함께 사는 일이 얼마나 고단한 일인지 증언한다.

감정 치유 기도

> 다투는 여인과 함께 큰 집에서 사는 것보다 움막에서 사는 것
> 이 나으니라 (잠언 21:9; 25:24)

> 다투며 성내는 여인과 함께 사는 것보다 광야에서 사는 것이
> 나으니라 (잠언 21:19)

이 말씀을 공동번역은 "바가지 긁는 아내와 큰 집에서 사는 것보다 다락 한 구석에서 사는 편이 낫다"고 한다. 아브라함과 사래와 하갈은 한 지붕 아래 두 가족이다. 이 비정상적인 모습에서 아브라함과 하갈의 비극이 예견되고 있다.

2) 하갈의 1차 가출

'단무지 인간'이란 말이 있다. 단무지란 '무'를 말하는 것이 아니라, '단순하고 무지하고 지혜도 없다'는 말이다. 예나 지금이나 단무지형 인간은 늘 고생하기 마련이다. 하갈도 어찌 보면 전형적인 단무지 여인이다. 하갈은 사라의 몸종이다. 그것도 이방 민족인 애굽의 여인이다. 그녀가 어떻게 사라의 몸종이 되었는지 자세히 알 수 없지만 분명한 것은 경제적이든 사회적이든 사라에 예속된 신분임에 틀림없다. 몸종은 여주인과 감히 눈도 마주치지 못할 정도로 격(格)이 다른 존재

이다.

시편 123편은 하나님과 우리의 관계를 여주인과 몸종의 관계로 이렇게 표현한다.

> 하늘에 계시는 주여 내가 눈을 들어 주께 향하나이다 상전의 손을 바라보는 종들의 눈같이, 여주인의 손을 바라보는 여종의 눈같이 우리의 눈이 여호와 우리 하나님을 바라보며 우리에게 은혜 베풀어 주시기를 기다리나이다 (시편 123:1-2)

여주인과 몸종은 존재 자체가 다른 사람이다. 몸종은 여주인의 부속품이나 다름없다. 만일 본부인이 아이를 낳지 못하면, 데려온 몸종을 통해 자식을 보는 것이 당시 관습이었다. 비록 몸종이 임신하여 아이를 낳을지라도, 몸종은 태어날 아이가 주인의 친자식임을 보여 주기 위해 여주인의 무릎 위에서 아이를 낳았다고 한다. 몸종은 자기가 없는 존재이다. 소위 요즘 말로 '인권 사각 지대'에서 산 사람들이다.

그런데 단무지 하갈은 임신하자 태도가 돌변하였다. 그전에 그렇게 고분고분 여주인의 말을 잘 듣더니 어느새 태도가 변한 것이다. 하갈은 "임신하매 그가 자기의 임신함을 알고 그의 여주인을 멸시"(창세기 16:4)하였다. '멸시하다, 깔보다'라는 히브리어 '하마스 hamas'는 폭력의 의미도 담고 있다. 인간이란 참으로 묘한 존재이다. 그렇게 순하던 여종이 주인의 씨를 임신하자 여주인을 안하무인으로 멸시하고 무시한 것이다.

이런 이야기는 흔히 궁중에서도 흘러나온다. 중전이 엄연히 있지만 일개 궁녀가 왕의 아기를 임신하자 태도가 돌변하여 중전 알기를 우습게 여기는 일들 말이다. 장희빈의 이야기도 비슷하다. 일종의 '졸부 심리'가 예나 지금이나 사람들 마음속에 흐르고 있다.

사라는 자기 본분을 잊어버리고 불손하게 거들먹거리는 하갈을 바라볼 수가 없었다. 이것은 시기심 이전에 아마도 자존심 문제였을 것이다. 드디어 화살이 아브라함에게 날아갔다. 사라는 밤이면 밤마다 하갈로부터 받는 멸시와 모욕을 아브라함에게 쏟아 부었다. 자신이 당하는 수모를 아브라함이 받아야 한다는 것이다. 사라의 등살을 이기지 못한 아브라함은 "하갈이 당신의 몸종이고 당신의 수하이니 당신 좋은 대로 알아서 하라"고 묵인하였다. 다시 한 번 공이 사라에게 돌아왔다.

사라의 반격이 시작되었다. 하갈은 사라를 멸시했지만, 사라는 하갈을 학대하였다. 되로 받고 말로 돌려 준 것이다. 학대라는 말은 이스라엘 백성이 출애굽하기 전에 바로에게 받았던 모진 고난과 동일한 말이다. 아마도 사라는 언어 폭력과 물리적 폭력 그리고 유형무형의 폭력을 다 동원하여 하갈에게 본때를 보여 주었을 것이다. 학대를 견디지 못한 하갈은 드디어 가출을 결심하였다. 'ㅎ-갈'(Hagar)이라는 이름은 '도망, 도주'라는 의미가 있다. 하갈은 그 이름처럼 도망, 곧 가출을 결행하였다.

흔히 사춘기 반항이나 객기로 한두 번 가출하는 경우가 있다. 또는 귀 얇은 사람이 친구의 꼬임에 빠져 가출하기도 한다. 또는 목구멍이 포도청이라는 속담처럼, 먹을 것을 찾아 가출, 아니 탈북하는 이들도 있다. 혹은 종교적인 고상한 이유로 가출하는 이들이 있다. 우리는 그것을 출가(出家)라고 말한다. 그러나 불쌍한 하갈은 그런 이유가 아니다. 세련된 듯하지만 실은 무지막지한 여주인 사라의 학대를 견디다 못해 가출한 것이다. 물론 자기가 스스로 잘못해 불러들인 자업자득(自業自得)이긴 하지만 말이다.

무작정 가출을 했지만 배부른 하갈이 딱히 갈 곳은 없었다. 그저 발길 닿는 대로 가다 보니 광야의 어느 샘 곁까지 왔다. 아마도 고향 애굽을 생각하며 걷고 또 걸었을 것이다. 그러나 무거운 몸으로 그리 멀리 갈 수는 없을 것이다. 지치고 무거운 몸으로 샘물 곁에 누워 있을 때 하나님의 사자가 나타났다. 그리고 하갈에게 말씀하셨다.

> 사래의 여종 하갈아 네가 어디서 왔으며 어디로 가느냐 그가 이르되 나는 내 여주인 사래를 피하여 도망하나이다 여호와의 사자가 그에게 이르되 네 여주인에게로 돌아가서 그 수하에 복종하라 여호와의 사자가 또 그에게 이르되 내가 네 씨를 크게 번성하여 그 수가 많아 셀 수 없게 하리라 여호와의 사자가 또 그에게 이르되 네가 임신하였은즉 아들을 낳으리니 그 이름을 이스마엘이라 하라 이는 여호와께서 네 고통을 들으셨음이니라 (창세기 16:8-11)

감정 치유 기도

하나님은 가출하여 방황하는 하갈을 부르셨다. 인생의 가장 곤고할 때 하나님이 찾아 주셨다. 하나님의 이런 부름은 마치 아담을 부르고 가인을 부르시던 음성처럼 느껴진다. 우리가 학대하는 자를 떠나 외로이 있을 때 하나님은 우리를 찾아오신다. 새벽 날개를 치며 바다 끝에 가서 홀로 있을 때도 주님은 우리의 이름을 불러 주신다. "하갈아 네가 어디서 왔으며 어디로 가느냐, 왜 여기 이렇게 있느냐"라고 부드러운 목소리로 불러 주신다. 세상이 줄 수 없는 위로와 격려를 주신다.

하갈은 여주인 사라의 학대가 무서워 도망쳤지만, 하나님은 하갈이 아들을 낳을 것이고 그 자손이 수를 셀 수 없을 정도로 번성하리라 약속하셨다. 하갈은 사라의 학대를 피해 광야로 도망하였지만, 그곳에서 하나님을 만났다.

사람이 사는 지붕 아래에는 예나 지금이나 갈등이 있다. 그러나 거친 땅 광야에는 사람이 없는 대신 하나님이 계신다. 아니 좀 더 정확히 얘기하자면, 지붕 아래에서는 너무 번잡하여 하나님 만나기가 어렵다.

반면 광야는 단조롭기에 하나님을 만나기가 더 수월하다. 예나 지금이나 인간은 흔히 광야에서 하나님을 진하게 만난다. 모세가 그랬고, 세례 요한이 그랬으며, 예수님도 그러셨다. 광야에는 영성이 살아 있다. 광야의 의미가 바로 여기에 있다. 하갈은 그 샘을 브엘라해로이, 즉 '나를 살피시는 살아 계신 이의 우물'이라 불렀다.

3) 하갈의 2차 가출

하갈의 두 번째 가출은 첫 가출로부터 약 16년 후의 일이다. 하나님의 개입으로 사라에게 돌아온 하갈은 아들 이스마엘을 낳아 길렀다. 이스마엘은 '하나님이 들으셨다'는 뜻이다. 그 후 사라도 아들을 낳아 이삭이라 하였다. 이제 사라가 자랑스럽게도 아들을 낳았으니 하갈을 의식할 일이 없어졌다. 똑같이 없거나 똑같이 있으면 비교가 되지 않는다. 이제 사라와 하갈 모두 아들이 있으니 갈등할 일이 없어진 것이다.

그러나 일은 언제나 예상치 못한 데서 엉뚱하게 일어난다. 이삭이 자라서 젖을 뗄 때가 되어 큰 잔치를 하였다. 일종의 돌잔치를 한 것이다. 모처럼 온 가족이 한 지붕 아래 모여 푸짐한 음식을 나누며 웃고 즐겼다. 그런데 바로 그 잔칫날에 일이 터지고 말았다. 가는 날이 장날이라고, 잔칫날이 제삿날이 되어 버리고 말았다. 요즘도 가끔 이런 일이 있다. 모처럼 가족들이 만나 잔치하는 날에 형제간에 고성이 오간다. 오랜만에 만나서 옛 이야기를 하다가 "네가 잘했네, 못했네, 서운하네, 그럴 줄 몰랐네" 말하다 보면 화가 나고 고성이 오가며 '잔칫날이 제삿날'이 되기도 한다.

이삭의 잔칫날이 공교롭게도 하갈과 이스마엘의 제삿날이 되어 버렸다. 잔치가 무르익어 갈 때, 문득 사라는 "애굽 여인 하갈의 아들이 이삭을 놀리는 것"(창세기 21:9)을 보았다. 이스마엘이 어린 이삭을 어떻게 놀렸는지 알 수 없지만, 형이 어린 동생과 노는 것은 흔한 일이다. 그러나 오래 전 하갈에게 멸시를 당했던 아픈 기억을 가진 사라는 순간적으로 옛 상처가 생각났다. 상한 감정의 쓴 뿌리가 돋아난 것이다. 여종의 아들이 감히 여주인의 아들을 희롱하다니. 옛 감정이 살아난 사라는 단호하게 아브라함에게 요청하였다. "이 여종과 그의 아들"을 쫓아내라고. 사라는 하갈이나 이스마엘이란 이름을 의도적으로 부르지 않는다. 단지 여종과 그의 아들일 뿐이다.

하갈의 1차 가출 때 아브라함은 순순히 사라의 손을 들어 주었다. 그러나 지금은 달랐다. 아브라함은 매우 근심하고 고민하였다. 어찌하랴, 이스마엘도 자기 아들인 것을. 이스마엘을 쫓아내야 할지 말아야 할지, 까만 밤을 하얗게 지새며 괴로워하는 아브라함에게 하나님이 나타나셨다.

> 네 아이나 네 여종으로 말미암아 근심하지 말고 사라가 네게 이른 말을 다 들으라 이삭에게서 나는 자라야 네 씨라 부를 것임이니라 그러나 여종의 아들도 네 씨니 내가 그로 한 민족을 이루게 하리라 하신지라 (창세기 21:12-13)

기도란 하나님 앞에서 생각하는 것이다. 속이 상한 아브라함이 밤새 하나님 앞에서 한숨 쉬며 괴로워할 때 하나님은 그 한숨을 들으셨다. 한숨이 변하여 기도가 되고, 두려움이 변하여 노래가 된다. 한숨이 깊으면 깊은 만큼 기도도 깊어진다. 비슷한 이야기가 있다. 요셉은 정혼한 아내 마리아가 임신하자 누구에게 내놓고 이야기할 수가 없었다. 그저 말하지 못하고 끙끙 앓고 있었다. 그리고 "가만히 끊고자 하여 이 일을 생각하였다". 그때 하나님의 사자가 현몽하여 마리아의 임신이 성령께서 하신 것임을 알려 주셨다. 하나님 앞에서 한숨 짓고 고민하는 것, 이것이 바로 기도이다. 하나님은 이스라엘이 애굽에서 강제 노동에 시달리며 한숨 쉬는 것을 기도로 들어 주셨다.

아브라함은 다음날 아침 일찍, 떡과 물 한 가죽 부대를 하갈에게 건네 주고 등을 떠밀었다. 하갈과 이스마엘에게 최소한의 생존 수단만 주고 쫓아낸 것이다. 나는 이 말씀을 읽을 때마다 하나의 그림이 그려진다. 아마도 사라는 승리의 흡족한 미소를 띠고 좀 날카로운 눈초리로 아브라함과 하갈과 이스마엘의 작별을 지켜보고 있었을 것이다. 아브라함은 그 매서운 눈초리를 등 뒤로 의식하면서 우두커니 선 채 서서히 멀어져 가는 모자를 지켜보고 있었으리라. 어느새 아브라함의 눈은 흐릿해지고 아스라이 멀어져 가는 두 그림자가 보이지 않을 때까지 장승처럼 우두커니 서 있었을 것이다.

가끔 고향을 방문할 때가 있다. 하루 이틀 지내고 서울로 올라올 때마다 반복되는 모습이 있다. 노부모님께 작별 인사를 하고 차를 몰고 모서리를 돌며 백미러로 언뜻 보면 노부모님은 그 자리에 서서 두 손을 경건히 모은 채 고개를 숙여 기도하고 계신다. 그때가 저녁이면 그 모습이 처연하도록 아름답고 경건하다. 마치 밀레의 만종보다도 더 경건해 보인다. 차장 밖으로 보이는 노부모님의 기도 모습을 보며 온 가족이 한순간 숙연해지며 코끝이 찡해 오는 것을 매번 느끼곤 한다. 아마 아브라함도 두 사람의 모습이 눈에서 아스라이 멀어져 갈 때까지 그들을 위해 기도하며 서 있었으리라.

첫 번째 가출은 하갈 혼자 한 것이라 몸은 힘들었지만 마음은 덜 힘들었을 것이다. 그러나 지금은 사정이 다르다. 두 번째 가출은 아직 미성년인 아들과 함께 쫓겨난 것이다. 첫 번째 가출과 달리 몸은 덜 힘들었겠지만 마음은 더 무거웠을 것이다.

물과 떡이야 아들이 들어 주면 되지만, 어린 아들을 건사해야 되는 어머니의 마음은 물 가죽 부대보다도 무거웠음에 틀림이 없다. 예나 지금이나 집을 떠나는 것, 가출은 고단한 일임에 틀림이 없다.

4) 하갈의 방성대곡(放聲大哭)

이 세상에서 가장 뜨거운 물은 무엇일까? 물은 100도에서 펄펄 끓는다. 물보다 더 뜨거운 것은 기름이다. 주부들이 튀김 요리를 하다가 튀는 기름에 화상을 입곤 하는데, 기름이 설설 끓는 온도는 약 180도 정도이다. 쇠가 녹아 뻘겋게 끓는 온도는 얼마일까? 1,563도란다. 광양 제철소에 견학 갔을 때 현장 담당자에게 들은 것이다.

얼마 전 뜨거운 쇳물에 빠져 실족사한 근로자가 있었다. 당진의 한 제철소에서 일하던 청년이 발을 헛디뎌 그만 쇳물에 빠지고 말았다. 그 '용광로 청년' 소식에 충격을 받은 누리꾼이 "그 쇳물 쓰지 마라"는 시로 사람들의 마음을 울렸다.[25]

광온(狂溫)에 청년이 사그라졌다.
그 쇳물은 쓰지 마라.

(중략)

살았을 적 얼굴 흙으로 빚고
쇳물 부어 빗물에 식거든
정성으로 다듬어
정문 앞에 세워 주게.

가끔 엄마 찾아와
내 새끼 얼굴 한번 만져 보자 하게.

그러나 이 쇳물보다 더 뜨거운 물이 있다. 바로 눈물이다. 쇳물은 뼈를 녹일 수 있을지 몰라도 마음을 녹이지는 못한다. 그러나 눈물은 마음까지도 녹인다.

울음에는 여러 가지 종류가 있다. 소리 없이 훌쩍거리는 울음, 눈이 빨개지도록 눈을 비비며 우는 울음, 남 들으라고 우는 억지 울음, 세상 떠난 부모를 그리며 우는 자식의 울음, 자식을 가슴에 묻고 꺼이꺼이 우는 울음, 기쁘고 감격하여 우는 울음, 생명의 탄생을 알리는 아기의 울음, 자기 죄를 애통하며 우는 회한의 울음 등 울음의 종류는 실로 많다.

한자로 울음을 나타낼 때 그 감정의 표현에 따라 말이 각기 다르다. 체(涕)는 소리 없이 눈물을 주르륵 흘리는 울음이다. 읍(泣)은 소리를 내며 흑흑 우는 울음이다. 곡(哭)은 소리를 크게 내어 엉엉 우는 울음이다. 흔히 '곡소리' 하면 상갓집에서 소리 내어 우는 울음이다. 통(慟)은 눈물도 흘리고 소리도 내며 몸부림까지 치는 울음이다. "애통하며 회개할 맘 충만하게 하소서"라는 찬송이 바로 여기에 해당한다.

소리 내어 우는 울음도 여러 가지다. 감읍(感泣)은 몹시 감격하여 우는 울음이다. 곡읍(哭泣)은 통곡하여 우는 울음이다. 흔히 장례 때 우는 울음이다. 비읍(悲泣)은 슬피 우는 울음이다. 애읍(哀泣)은 애처롭게 슬피 우는 울음이다. 원읍(怨泣)은 남을 원망하며 우는 울음이다. 제읍(啼泣)은 소리 높여 우는 울음이다. 체읍(涕泣)은 눈물을 흘리며 우는 울음이다. 호읍(號泣)은 목놓아 소리 내어 우는 울음이다. 방성대곡(放聲大哭)은 몸부림치며 목소리 높여 우는 울음이다.

콜린 맥컬로우는 「가시나무 새」에서 가시나무 새의 울음을 이렇게 노래한다.[26]

일생에 단 한 번 우는 전설의 새가 있다.
그 울음소리는
이 세상의 어떤 소리보다 아름다운 것이다.

둥지를 떠나는 그 순간부터
그 새는 가시나무를 찾아 헤맨다.

그러다가 가장 길고
날카로운 가시를 찾으면 몸을 날린다.

죽어 가는 새는 그 고통을 초월하면서
이윽고 종달새나 나이팅게일도
따를 수 없는 아름다운 노래를 부른다.

가장 아름다운 노래와 목숨을 맞바꾸는 것이다.
그리하여 온 세상은 침묵 속에서
귀를 기울이고 신께서도 미소를 짓는다.

그 이유는 가장 훌륭한 것은 위대한
고통을 치러야만 비로소 얻을 수 있기 때문이다.

우리는 왜 가시나무 새는 제일 길고 날카로운 가시를 찾아 헤맬까 의문을 갖는다. 이 질문에 대해 맥컬로우는 '그것이 바로 인생'이라고 말한다.

하갈은 집에서 쫓겨난 지 얼마 되지 않아 떡도 떨어지고 물도 떨어지고 말았다. 다시 집으로 돌아갈 수도 없다. 해가 질 때 돌아갈 집이 있는 사람은 행복한 사람이다. 자기를 반겨 주는 사람이 있는 사람은 행복한 사람이다. 피곤한 몸을 편히 누이고 단잠을 잘 수 있는 집이 있다는 것은 그야말로 큰 축복이다. 해가 져도 돌아갈 집이 없는 노숙자들은 얼마나 가련한가. 지금 하갈은 피곤한 몸을 뉘일 곳도 없다. 굶주린 배를 채울 떡도 없다. 작열하는 광야의 태양 아래서 갈한 목을 축일 물도 떨어졌다. 광야는 모든 것을 앗아 간다. 광야는 인간의 무력함이 여지없이 드러나는 곳이다.

하갈의 마음을 아프게 한 것은 자기의 굶주림과 목마름보다도, 못난 어미를 만나 인생의 꽃 한 번 피워 보지 못하고 광야에서 시드는 아들이었다. 태어날 때 잠시 관심을 끌다가 이삭이 태어나자 천덕꾸러기로 전락한 아들, 한 번도 떳떳하게 기를 펴고 살지 못한 아들, 아버지를 아버지라 부르지 못하는 아들, 여종의 아들로 태어난 태생적인 한계로 인하여 늘 그늘 속에 살던 아들, 그런 모진 아들의 목숨이 그나마 이젠 이름 모를 광야에서, 아무도 보아 주는 이 없는 외진 곳에서, 아무런 의미도 갖지 못한 채, 굶주림 속에 사라져야만 하는 순간이 다가온 것이다.

이런 애타는 하갈의 모정을 성경은 이렇게 말한다. '아이가 죽는 것을 차마 보지 못하겠다.' 여자는 약해도 어머니는 강하다는 말이 있다. 그렇다. 드디어 위기의 순간에 하갈의 애끓는 모정이 울음으로 쏟아져 나오기 시작했다. 하갈의 방성대곡이 시작되었다. 어쩌면 어릴 때부터 기구하게 살아온 자기 인생을 서러워하며, 자기를 학대한 사라를 증오하며, 자기의 무능을 부끄러워하며, 힘없이 축 늘어진 아들을 바라보며 하갈은 몸부림치며 하염없이 울고 또 울었다.

땅의 통곡 소리는 하늘에까지 올라간다. 이스라엘 백성이 애굽에서 강제 노동에 시달리며 한숨 쉬고 탄식할 때도 하나님은 하늘에서 그 소리를 듣고 계셨다. 하갈의 대성통곡을 하나님은 높은 하늘에서 듣고 계셨다. 그리고 하갈을 위로하셨다.

> 아이가 죽는 것을 차마 보지 못하겠다 하고 화살 한 바탕 거리 떨어져 마주 앉아 바라보며 소리 내어 우니 하나님이 그 어린아이의 소리를 들으셨으므로 하나님의 사자가 하늘에서부터 하갈을 불러 이르시되 하갈아 무슨 일이냐 두려워하지 말라 하나님이 저기 있는 아이의 소리를 들으셨나니 (창세기 21:16-17)

그런데 여기서 한 가지 중요한 말씀을 볼 수 있다. 대성통곡한 것은 하갈이다. 그런데 하나님은 '그 어린아이의 소리를 들으셨다'고 한다. 무슨 말인가? 울기는 하갈이 울었는데 하나님은 그 울음소리를 이스마엘의 소리로 들으신 것이다. 이것이 바로 중보 기도이다. 하나님은 하갈의 처절한 울음소리 속에 있는 울음의 의미, 눈물의 사연을 아신 것이다. 통곡은 하갈이 했지만, 하나님의 눈과 귀는 이스마엘을 향해 있었다. 이것이 중보 기도의 의미이다. 주님도 예루살렘 여인들을 향하여 말씀하셨다. 나를 위하여 울지 말고 "너희와 너희 자녀를 위하여 울라"(누가복음 23:28)고 하셨다.

하갈의 방성대곡은 정감 기도의 대표적인 예이다. 하갈의 통곡과 눈물 속에는 지나간 세월에 대한 서러움과 증오, 미움과 좌절 등 인생의 모든 회한이 섞여 있다. 자기 자신의 무능에 대한 서러움, 야박한 사라에 대한 미움과 증오심, 자기를 끝까지 지켜 주지 못한 아브라함에 대한 서운함, 무력하게 죽어 가는 아들에 대한 연민의 정, 하갈의 마음속에서 끓어오르는 모든 복잡다단한 감정이 쓰디쓴 눈물로 흘러내렸고 통곡 소리로 메아리쳤다.

하나님은 그 눈물과 통곡 소리를 다 듣고 계셨다. 인간의 울음이 사람의 귀에 들리면 단순한 감정 전달로 끝나고 만다. 그러나 인간의 울음소리가 하나님 귀에 들리면 근본적인 변화가 일어난다. 하나님은 인간의 감정을 터치하여 상한 감정을 정감으로 바꾸신다. 감정이 생것이라면 정감은 정화된 감정이다. 하나님이 터치한 감정은 더 이상 감각적인 아픔을 느끼지 않는다. 오히려 승화된 감정으로 격이 달라진다. 마치 감정이 아오리사과의 신맛이라면 정감은 농익은 사과의 깊고 그윽한 단맛이다. 하나님은 통곡하는 하갈의 상한 감정을 정화된 정감으로 바꾸어 주셨다.

4) 브엘라헤로이-나를 보시는 살아 계신 분의 우물

하갈의 첫 번째 가출은 하갈의 어리석음으로 인한 것이었다. 사라가 하갈을 총애하여 몸종인 그를 아브라함에게 내주었다. 사라 나름대로 믿고 신뢰한 것이다. 그런데 하갈이 임신하자 여주인을 멸시하였다. 정말 좋은 관계에서 나쁜 관계로 바뀌는 것은 순식간이다. 사라의 질투로 하갈이 광야로 쫓겨나 헤매고 있을 때, 하나님이 샘물 곁에서 하갈을 만나 주셨다.

하나님은 광야에서 헤매고 있는 하갈에게 "네가 어디서 왔느냐"고 물으셨다. 이것은 단지 주소를 묻는 것이 아니고 하갈의 정체성을 묻는 질문이었다. 머뭇거리는 하갈에게 하나님은 "네 여주인에게 돌아가서 그 수하에 복종하라"(창세기 16:9)고 하셨다. 이것은 하갈의 정체성 즉 그녀가 여종임을 인정하고 자신의 정체성을 적극적으로 수용하라는 뜻이다.

하나님은 그 이후에 비로소 하갈이 낳을 아들의 이름을 지어 주시고 그 "씨가 크게 번성하여 그 수가 많아 셀 수 없게 하리라"고 약속하셨다. 하갈은 자기에게 나타난 여호와의 이름을 "나를 살피시는 하나님"이라 하였다. 자기를 눈동자처럼 지켜 주시는 하나님의 사랑에 감격한 하갈은 그 샘을 '브엘라해로이'라 불렀다. 그 의미는 "나를 보시는 살아 계신 분의 우물"이란 뜻이다.

성경을 보면 하나님은 때때로 우물 곁에서 사람들을 만나 주셨다. 아브라함의 종은 리브가를 우물가에서 만났다. 이삭도 우물을 파면서 하나님을 만났다. 야곱은 우물가에서 라헬을 만났으며, 모세는 우물가에서 십보라를 만났다. 사마리아 여인도 우물가에서 예수님을 만나 구원을 받았다. 하갈도 샘물 곁에서 하나님을 만나 구원을 얻었다.

광야에서 우물인 오아시스는 곧 생명이다. 물이 없으면 생존할 수가 없다. 몇 년 전 사막 교부들의 발자취를 따라서 이집트 사막을 순례한 일이 있다. 4-5세기 사막 교부들이 자리를 잡았던 곳은 모두 기본적으로 오아시스가 있다. 니트리아, 켈리아, 와디 알 나트룬같이 사막 교부들이 머물던 곳은 모두 오아시스가 있다. 특히 사막 교부의 아버지라 불리는 성 안토니(St. Anthony)가 머물던 콜줌산 아래의 성 안토니 수도원은 바위산 아래에서 흘러내리는 생수로 자그마한 채소밭을 가꾸고 있었다.

하갈이 두 번째 가출하였을 때, 약간의 떡과 물을 받아 가지고 나왔다. 아브라함이 베풀 수 있는 마지막 온정이었으리라. 그러나 그 물과 떡도 그리 오래 가지 못하고 곧 바닥이 나고 말았다. 낙심한 하갈은 아들과 마주앉아 대성통곡하였다. 그 울음소리를 하나님이 들으셨다. 하나님은 죽음 일보 직전에서 하갈과 이스마엘을 구원하셨다. 하나님이 하갈을 살리신 것은 두 가지 차원이 있다.

첫째, 낙심한 하갈과 이스마엘에게 미래를 약속하신 것이다. 지금은 이렇게 비참하지만 미래에는 큰 민족을 이룰 것이다. 현재만 바라보고 낙심하지 말고 소망 중에 미래를 바라보라 격려하셨다. 하나님은 오늘도 내일도 영원히 동일한 분이시다. 지금 여기까지 인도하신 '에벤에셀의 하나님'이 내일 저기까지 인도하시는 '여호와 이레의 하나님'이 되신다.

둘째, 지극히 현실적이란 점이다. 광야에서 물이 떨어져 목말라 죽게 된 하갈에게 샘물 곧 오아시스를 보여 주셨다.

하나님이 하갈의 눈을 밝히셨으므로 샘물을 보고 가서 가죽

부대에 물을 채워다가 그 아이에게 마시게 하였더라 (창세기 21:19)

방성대곡을 마친 하갈의 눈에 샘물이 보였다. 이 샘물은 없던 것이 새로 생긴 것이 아니라 이미 있었던 것이다. 그러나 하갈의 감정이 질풍노도처럼 들끓고 정신이 없었기 때문에 아무것도 볼 수가 없었다. 감정이 폭발하면 그야말로 눈에 뵈는 게 없다. 감정이 가라앉아야 보인다. 감정의 폭풍우가 지나야 비로소 이성이 눈뜨기 시작한다.

우리도 당황하면 뻔히 앞에 있는 것을 보지 못한다. 하갈이 한바탕 대성통곡을 하고 난 후, 하나님이 그 소리를 들으시고 미래를 약속하시자 하갈의 마음은 안정을 찾았다. 그 후에 하갈의 눈이 열려 오아시스를 본 것이다. 없던 것을 새롭게 만든 것이라기보다는 이미 있던 것을 보도록 해 주신 것이다. 무에서 유를 창조하시는 것도 기적이지만, 이미 있는 것을 알아보게 하시는 것도 기적이요 은혜이다.

하나님은 무에서 유를 창조하신 분이기에 없던 오아시스를 새로 만들어 주실 수도 있다. 그러나 때로는 이미 있는 것을 알아보게 하신다. 두 번째 가출 때, 물이 없어 죽어 가는 하갈의 눈을 열어 오아시스를 보게 하셨다. 어둔 눈을 열어 주시는 것, 이미 있는 것을 새롭게 보게 하시는 것, 이것도 하나님의 은혜임에 틀림이 없다.

눈물은 눈을 씻어 준다. 뿐만 아니라 마음과 영혼도 씻어 준다. 하나님은 인간이 흘리는 눈물로 그 영혼을 닦아 주신다. 영혼이 맑아지면 이전에 보지 못하던 것들을 새롭게 본다. 하나님이 인간 영혼을

감정 치유 기도

정화시키는 가장 좋은 방편이 바로 눈물이다. 눈물에는 영성이 있다. 방성대곡하며 흘린 하갈의 눈물은 곧 그녀의 영성이었다. 하나님은 그 눈물을 사용하셔서 하갈의 상한 감정을 씻어 주셨다. 나아가 눈을 열어 오아시스를 보게 하셨다. 눈물은 감정을 종감으로 정화시키는 영적 촉매제이다.

From Emotional Prayer to Affective Prayer

2.
야베스의 정감 기도

(역대상 4:9-10)

> 야베스가 이스라엘 하나님께 아뢰어 가로되
> 원컨대 주께서 내게 복에 복을 더하사 나의 지경을 넓히시고
> 주의 손으로 나를 도우사 나로 환난을 벗어나 근심이 없게 하옵소서
> 하였더니 하나님이 그 구하는 것을 허락하셨더라
> (역대상 4:10)

감정 치유 기도

1) 야베스, 그 비극적인 이름

목회를 하면서 가끔 갖는 기쁘고도 즐거운 고민이 있다. 간혹 나이 드신 장로님이나 권사님이 손주를 보게 되었다며 좋은 이름을 지어 달라는 부탁이다. 좋은 이름이란 부르기도 좋고 의미도 좋아야 한다. 그런 부탁을 받으면 이분이 목사를 작명가로 아는가 하는 의구심보다는 손주를 사랑하는 따사로운 마음을 느낀다.

부탁을 받으면 몇 가지 확인을 한다. 돌림자가 무엇인지? 돌림자를 넣을 것인지 아닌지? 여자인지 남자인지? 그리고 성경 이름을 원하는지 보통 이름을 원하는지? 몇 가지 궁금한 것을 확인하고 기도하며 나름대로 그 아이의 모습을 떠올려 본다. 그리고 앞으로 이런 삶을 살았으면 좋겠다는 마음을 담아 이름을 짓는다. 그리고 '이름짓기' 전문가가 아니기에 대략 5-10개 정도 이름을 주고 그 중에서 가족들이 상의하여 선택하기를 권한다. 이런 식으로 몇 번 이름을 지어 당첨된 일이 있다.

요즘 선호하는 신종 직업으로 네이미스트(Namist)라는 것이 있다. 혹은 브랜드 아이덴티티(BI) 디자이너라고도 한다. 소위 명품이나 유명한 브랜드 이름을 짓는 전문가이다. 누구나 들어도 아는 이름으로 '종가집 김치', '처음처럼', '힐스테이트', '후즈후', '엔제리너스' 같은 유명한 이름을 지은 이가 있다. 브랜드 네이밍(naming) 전문가인 손혜원이다. 영성에 관심 있는 사람이라면 들어 보았을 '모새골'(모두가 새로워지는 골짜기)과 '영성나무'라는 이름도 그가 지은 것이다.

예전엔 이름 짓는 사람을 작명가라 했다. 작명가는 사주를 따져 좋은 이름을 지어 주고 술값이나 얼마간의 돈을 받았다. 그런데 똑같이 이름을 짓는 직업인데 어떤 사람은 작명가라고 하지 않고 네이미스트 혹은 브랜드 아이덴티티 디자이너라고 한다. 느낌과 격이 다르다. 하나는 촌스럽고 구식 냄새가 난다면, 다른 하나는 세련되고 뭔가 있어 보인다. 똑같은 일인데도 이름 자체가 주는 이미지이다. 이처럼 이름에 따라 이미지도 다르고 의미도 달라 보인다.

그러기에 요즘도 부모들이 아이를 낳으면 좀 더 좋은 이름을 지어 주려고 애를 쓴다. 돌림자를 빼고 남은 한 자를 좋은 이름으로 지으려고 몇 날 며칠을 옥편을 펼쳐 든다. 혹은 순수 우리말 중에 좋은 이름을 찾으려고 사전을 뒤적인다. 혹은 인터넷 검색을 통해 이리저리 조합해 보기도 한다. 혹은 유명한 작명가에게 의뢰하기도 하며, 혹은 친지들에게 공모하기도 한다.

왜 이렇게 이름 한 글자 정하는 데 목을 매는가? 이름이란 한번 정하면 일수불퇴다. 물릴 수가 없다. 이름은 부모가 자녀에게 줄 수 있는 유일회적인 축복이며, 정신적인 선물이기 때문이다. 이름이란 죽을 때까지 평생 사용하는 영구적인 것이다. 아니 죽은 후에도 계속 사용된다. 물론 특별한 경우 법원에서 이름을 바꾸기도 하지만 그것은 번거로운 일이다.

이름을 짓는 것은 부모만의 유일한 특권이다. 이웃집 아이에게 이름을 지어 줄 수 없다. 오로지 내 아이에게만 가능하다. 이 세상에서 유일한 내 작품(?)에게 이름을 붙이는 일이 얼마나 황홀하고 즐거

감정 치유 기도

운 일인가? 나는 개인적으로 첫 아이는 내가 이름을 지었지만, 둘째, 셋째의 이름은 아내에게 이름 짓는 특권을 양도했다. 아이를 낳는 데 사실상 더 고생한 사람은 아내이기 때문이다. 일종의 답례랄까, 고마움의 표현이기도 하다.

오늘의 주인공은 야베스이다. 성경은 그의 탄생과 이름의 배경을 이렇게 설명한다.

> 야베스는 그의 형제보다 귀중한 자라 그의 어머니가 이름하여 이르되 야베스라 하였으니 이는 내가 수고로이 낳았다 함이었더라 (역대상 4:9)

야베스(Jabez)라는 이름은 '수고로이 낳았다'는 뜻이다. 야베스란 영어로 'pain'(고통)이라는 뜻이다. 많은 이름 중에 왜 하필이면 아들 이름을 '고통, 괴로움'이라고 불렀을까? 야베스란 이름엔 우리가 알 수 없는 사연이 있음을 짐작할 수 있다. 야베스란 이름은 어머니가 지어 주었다. 아들을 낳고 어머니가 이름을 붙여 준 것이 고통 덩어리, 괴로움이란 것이다.

이 이름을 보면 어머니가 야베스를 낳을 때 큰 고통을 겪으며 낳았을 거라고 짐작하게 된다. 라헬은 베냐민을 낳을 때 길에서 난산하여 낳으며 '베노니'(나의 슬픔의 아들)라고 외치며 죽어 갔다(창세기 35:18). 베노니가 베냐민으로 바꾸지만 베냐민이란 이름은 어머니인 라헬이 고통 중에 지은 것이다. 야베스도 어머니가 난산하며 낳았기에 이름을 고통, 괴로움이라고 지을 수 있다. 혹은 일부 성서학자들은 야베스가 유복자라고 한다. 아들을 낳았지만 아버지 없이 낳았기에 즐거움보다는 괴로움이 더 컸던 것이다.

어찌 되었든 '야베스'란 이름은 '차라리 낳지나 말 걸, 너를 낳은 것이 후회가 된다'는 탄식이기도 하고, '이제 네 인생 고생문이 훤하겠구나'라는 어머니의 한숨 소리로도 들린다. 어떤 부모가 자식에게 '나발'이나 '삼손'이나 '가룟 유다' 같은 이름을 지어 주려고 하겠는가? 모든 부모는 자식에게 좋은 이름을 지어 주려 한다.

예나 지금이나 이름은 대단히 중요하다. 이름은 그 사람의 인격과 성품, 운명 등을 암시하기 때문이다. 예컨대 야곱이란 이름은 '발꿈치를 잡은 자' 혹은 '속이는 자'인데 그 이름대로 형 에서를 속여서 장자의 축복을 가로챘다. 나오미는 두 아들에게 말론과 기룐이란 이름을 지어 주었다. 그런데 말론(Mahlon)은 '병약한', '약골'이란 뜻이고, 기룐은 '낭비하다', '수척하다'라는 뜻이다. 이상하게도 이름 그대로 두 사람 모두 젊어서 세상을 떠났다(룻기 1:1-5). 반면 솔로몬의 뜻은 '평화'인데 그 이름처럼 전쟁을 겪지 않은 왕이 되었다.

1993년 일본에서 재미있는 일이 있었다. 부모가 아들을 '악마'(惡魔)란 이름으로 출생 신고를 하였다. '악'과 '마' 모두 일본 인명 한자로 쓸 수 있는 상용 한자에 들어 있었기에 일단 수리되었다. 그러나 이를 이상하게 여긴 담당자가 법무성에 문의한 결과 아이 장래에 악영향을 미칠 수 있다는 이유로 부모의 작명을 친권 남용으로 판단하여 받아들이지 않았다.[27] 그러나 부모는 한사코 고집하여 비슷한 이름인 악마짱으로 올리고 말았다. 당시 이 일은 일본 언론에 이야깃거리가 되어 앞다투어 보도됐다. 그러나 그 뒷이야기에 따르면, 악마짱 부모는 사건의 파장으로 그 후 얼마 지나지 않아 이혼하였고, 십대가 된 악마짱은 아동 보호 시설에 입소했다고 한다.

인생이 꼭 이름대로 되는 것은 아니지만 이름의 중요성은 아무리 강조해도 지나치지 않다. 하기야 그 좋은 이름값을 하지 못하고 사는 사람들이 얼마나 많은가? 그러나 이름은 일단 좋게 짓고 볼 일이다.

2) 상한 감정이 정감 기도료

야베스는 자라면서 늘 '고통, 괴로움'이라고 불렸다. 형제도 친구도 엄마도 그를 '어이 고통! 괴로움아!'라고 불렀다. 그게 그의 이름이기 때문이다. 좋은 말도 계속해 들으면 싫증이 나는데 하물며 나쁜 말이랴. 어쨌든 야베스는 밤낮으로 'pain' 즉 '고통, 괴로움'으로 불렸다.

아마 야베스가 어릴 때는 그 이름의 의미를 잘 몰랐을 것이다. 그러나 점점 나이가 들면서 무언가 이상한 것을 느꼈다. 친구들이 자기 이름을 부르며 키득거렸다. 형제들도 자기 이름을 부르며 얼굴 표정이 뭔가 이상했다. 옛날 교복에 명찰을 달고 다니던 학창 시절에 친구 명찰을 보고 키득거리던 일이 누구나 있을 것이다. 실제로 '양아치', '함정임', '임신중', '허억', '감사용' 같은 이름이 있다.

조금 다른 이야기지만 우리나라 지명 중 재미난 이름이 있다. '방광리'는 전남 구례군 광의면에 있다. '방구 마을'은 광주 광역시 서구 화정동 방구 마을이다. '대가리'는 전북 순창군 풍산면 대가리이다. '우동리'는 경남 김해시 진영읍 우동리이다. '망치리'는 경남 거제시 일운면 망치리이다. '연탄리'는 충북 증평군 증평읍 연탄리이다. '고도리'는 전남 해남군 해남읍 고도리이다. 참 재미있는 이름이다.

아마도 서서히 철이 들 때쯤, 아니면 사춘기가 시작될 때쯤 야베스는 자기 이름이 심상치 않다는 것을 눈치채기 시작하였다. 자기 이름이 남들과 달리 유별나다는 것을 느끼기 시작했다. 그리고 거부감이 일어나기 시작했다. 왜 내 이름이 많고 많은 이름 중에 하필 야베스인가. 나는 내 이름처럼 한평생을 고통스럽게 살아야 하는가. '나는 고통덩어리로 살아야만 하는가'라는 심각한 질문이 마음 깊은 곳에서 시작되었다.

고통은 방황이나 좌절 혹은 탈선으로 나가게 한다. 야베스도 좌절과 탈선의 위기가 있었음에 틀림없다. 그러나 고통이 꼭 좌절이나 탈선으로 나가는 것은 아니다. 어떤 이는 고통을 성숙의 기회로 삼기도 한다. 가난하다고 다 탈선하는 것이 아니며, 부자라고 다 바르게 사는 것도 아니듯이 말이다.

고통이 좌절과 탈선으로 가느냐, 아니면 성숙으로 가느냐의 갈림길은 바로 기도에 달려 있다. 고통의 문제를 어떻게 받아들이고 수용하느냐에 따라서 탈선으로 가기도 하고 성숙으로 갈 수도 있다. 기차가 왼쪽이나 오른쪽으로 선로를 바꿀 때, 기차 선로를 움직여 바꾸듯이, 고통이 탈선으로 가느냐 아니면 성숙으로 가느냐는 기도에 달려 있다. 기도는 인생의 철로와 같다. 기도하는 방향대로 인생이 나아가며 기도하는 만큼 인생이 뻗어 나간다.

어느 날 야베스는 지금까지 살아온 인생을 기억하며 고통스러운 마음으로 기도하기 시작하였다. 자기 인생이 '고통', '괴로움'이라는 사실에 절망하며 기도하기 시작하였다. 성경은 야베스가 기도하는 모습을 이렇게 기록하였다. "야베스가 이스라엘 하나님께 아뢰어 이르되"(역대상 4:10). "아뢰어 이르되"라는 말은 매우 점잖은 표현이다. 이 말씀을 보면 마치 야베스가 점잖게 무릎을 꿇고 하나님께 작은 소리로 기도하는 것처럼 느껴진다.

그러나 영어 성경은 이것을 "Jabez cried out to the God of Israel"(NIV)로 표현한다. 이 표현을 보면, 야베스는 점잖게 기도한 것이 아니라 울부짖으며 격렬하게 기도한 것이다. 마치 화산이 폭발하듯이 그동안 쌓였던 서러움과 감정이 터져 나온 것이다. 생각해 보라. 오랫동안 야베스, 즉 고통, 괴로움이라 불리던 이름의 의미를 깨닫고, 자기 정체성에 대해서 절망하던 청년이 하나님 앞에서 자기 정체성을 찾아가며 흘리는 피눈물의 기도 소리가 하늘을 찌르지 않았겠는가.

그 몸부림의 기도가 목소리를 내리깔고 몸을 천천히 흔들며 드리는 점잖은 기도는 아니었을 것이다. 그 기도는 온몸을 격렬히 흔들며, 주먹을 휘두르며, 목에 핏대를 세우며, 소리를 고래고래 지르며 쏟아 내는 울부짖음이었음에 틀림없다. 아니 피를 토하는 울부짖음이었을 것이다. 인생은 누구나 한두 번 이런 기도를 할 때가 있다. 나

자신도 청년기에 갈 바를 알지 못해 방황할 때, 한얼산 기도원에 올라가 소나무를 붙들고 울부짖으며, 고래고래 소리치며 기도하던 일이 있었다. 피를 토하듯, 하늘로 솟구치듯, 온 산을 드높은 목소리로 휘감듯, 뿌리 깊은 소나무를 단숨에 뽑아 버릴 듯, 뜨거운 기세로 기도하던 일이 있었다.

그렇다. 누구나 인생의 한두 번은 남이 알지 못하는 나만의 고통으로 인해, 온밤을 하얗게 지새우며 기도할 때가 있다. 조그만 두 눈에서 어찌 그리 많은 물이 나오는지, 이 작은 몸뚱어리에서 화산 같은 뜨거운 열기가 어찌 그리 솟아오르는지 모를 때가 있다. 눈물이 폭포가 되고, 콧물이 강물이 되고, 목소리가 사자의 포효가 되는 것을 경험한다. 격한 감정이 울부짖는 기도 소리로 폭발할 때가 있다.

쌓였던 감정이 눈물로 폭발하는 순간에 영적 변화가 일어난다. 억울한 감정, 괴로운 감정, 상처받은 쓴 뿌리, 쓰디쓴 눈물이 통곡과 함께 다 쏟아지고 나면, 일종의 정화가 일어난다. 감정이라는 일차적인 아픈 느낌이 정화되어 정감이라는 성숙된 감정으로 변화한다. 정감이란 감정의 화학적 변화이다. 감정은 감정인데 그전과 똑같은 감정이 아니다. 뭔가 본질적으로 변화된 감정이다. 이것은 마치 단순한 '탄소 덩어리'가 '다이아몬드'로 변하는 것과 비슷하다. 감정의 질적인 변화는 바로 기도 중에 일어난다. 기도는 하나님의 신비가 임하는 시간이다.

이것은 기도 중 하나님의 터치가 일어날 때 가능하다. 그냥 소리치고 울며 기도한다고 다 그리 되는 것은 아니다. 예수님도 십자가를

감정 치유 기도

앞에 두고 골고다에서 기도하실 때 심히 두려운 감정에 휩싸이셨다.

> 내 마음이 심히 고민하여 죽게 되었으니 너희는 여기 머물러 깨어 있으라 하시고 (마가복음 14:34)

십자가의 심한 두려움 속에서 주님은 심한 통곡과 눈물로 기도하셨다(히브리서 5:7). 십자가의 잔이 오지 않기를 간구하셨다. 그 눈물의 기도는 하나님께 상달되었고 하나님은 두려워하는 주님의 마음을 위로하셨다. 주님이 기도하실 때 심히 고민하여 죽게 된 두려운 마음을 하나님은 평안의 정감으로 바꾸어 주셨다. 그제야 주님은 담대한 마음으로 십자가의 잔을 받으실 수 있었다.

이것이 기도의 신비이다. 감정이 기도 속에서 하나님의 터치를 받으면, 본질적 변화가 일어난다. 야베스의 감정 기도는 울부짖음으로 폭발하였다. 그는 울음만 드린 것이 아니라, 그의 상한 마음도 드렸다. 야베스의 울부짖음은 마치 폭풍우 같다. 그러나 폭풍이 지난 후 고요가 오는 것처럼, 울부짖는 기도가 끝난 후 그의 영혼엔 깊은 평안이 임하였다. 제자들이 탄 배가 광풍으로 휘몰아칠 때 주님이 잔잔하라고 말씀하시자 고요해진 것처럼, 야베스의 격한 감정도 고요해졌다.

타락한 인간의 감정에는 많은 불순물이 끼어 있다. 욕심, 탐욕, 시기, 나태, 자기 멸시, 교만 같은 불순물이 많다. 감정이 이런 불순물과 만나면 엄청난 폭발력을 갖는다. 마치 핵융합이 일어나듯 감정이 왜곡되고 삐뚤어진다. 그래서 사실을 사실대로 보기보다는 왜곡된 눈으로 보고 느낀다. 만사를 삐딱하게 보고 느낀다. 감정에 왜곡이 일어나는 것이다. 거울이 일그러지면 그 거울에 비치는 모든 것이 일그러져 보이듯, 타락한 인간의 본성에 모든 감정은 왜곡되어 느껴질 수밖에 없다.

따라서 감정이 이끄는 대로만 기도하면 큰 왜곡이 일어날 수 있다. 그러므로 감정은 이성의 지도를 받아야 한다. 무엇보다도 말씀과 성령의 인도를 받아야 한다. 본디 감정은 부드럽고 아름다운 것이나 타락으로 말미암아 감정도 변질되고 말았다. 그래서 감정이 순수하게 표현되기보다는 늘 왜곡되어 나타난다. 이런 왜곡된 감정을 사탄은 더 증폭시키고 인간을 더욱 타락하도록 부추긴다. 따라서 감정의 악순환이 계속된다. 왜곡된 감정이 순화되려면 말씀의 인도를 받으며 하나님의 터치를 받아야 한다. 다윗은 "하나님이여 내 속에 정한 마음을 창조하시고 내 안에 정직한 영을 새롭게 하소서"(시편 51:10)라고 탄원하였다.

감정을 정화시키는 강력한 힘이 눈물에 있다. 눈물은 단순히 상한 감정뿐만 아니라 영혼까지 정화시킨다. 우리는 가끔 실컷 울고 나면 마음이 차분히 가라앉는 것을 느낀다. 단순한 눈물도 마음을 정화시키는 힘이 있는데, 그것이 하나님 앞에서 흘리는 눈물이라면 그 정화력이 얼마나 크겠는가. 감정과 영혼을 정화시키는 눈물의 기도엔 영적인 힘이 있다. 곧 눈물의 영성이다. 영성이란 인간적이고 세상적인 불순물을 닦아 내는 것이다. 야베스는 통곡과 눈물로 상처 입은

감정 치유 기도

감정을 쏟아 내었다. 그 눈물의 기도는 야베스의 상한 감정을 정감으로 변화시켰다.

3) 지경을 넓혀 주소서

교인들이 이사하거나 새 사업장을 개업하면 심방을 한다. 심방하면서 가끔 성경 구절 액자를 선물한다. 성도들이 가장 좋아하는 성구 액자는 무엇일까? 성도들이 좋아하는 성구 액자 '베스트 5'는 대략 이렇다.

> 네 시작은 미약하였으나 네 나중은 심히 창대하리라 (욥기 8:7)

> 네가 들어와도 복을 받고 나가도 복을 받을 것이니라 (신명기 28:6)

> 여호와는 나의 목자시니 내게 부족함이 없으리로다 (시편 23:1)

> 사랑하는 자여 네 영혼이 잘됨 같이 네가 범사에 잘되고 강건하기를 내가 간구하노라 (요한삼서 1:2)

그리고 빼놓을 수 없는 것이 바로 야베스의 기도이다.

> 원컨대 주께서 내게 복에 복을 더하사 나의 지경을 넓히시고 주의 손으로 나를 도우사 나로 환난을 벗어나 근심이 없게 하옵소서 (역대상 4:10)

내게 복을 주시어 '지경을 넓혀 달라'는 성구 액자는 식당에서, 사무실에서, 집 거실에서 흔히 볼 수 있다. 정말 한국 성도들이 매우 좋아하는 성구로 마음 깊이 각인되어 있다. 감정의 폭풍우가 지난 후 고요함 속에서 야베스가 간절히 드린 기도가 바로 '지경을 넓혀 달라'는 기도였다.

대한민국 사람은 누구보다도 산을 좋아하는 민족이다. 아침마다 산을 오르는 사람들이 많다. 유명한 산악인도 많다. 세계 최초로 산악 그랜드 슬램이라는 대기록을 달성한 박영석이 있다. 산악 그랜드 슬램은 히말라야 8,000m봉 14좌와 7대륙 최고봉, 그리고 삼극지(에베레스트, 북극, 남극점)를 모두 등정하는 것을 말한다. 여성 산악인으로 처음으로 히말라야 8,000m급 14좌를 모두 오른 오은선이 있다. 이런 한국 사람이 가장 좋아하는 산은 무엇일까? 백두산? 한라산? 설악산? 아니다. 바로 '부동산!' 이란다.

지금 야베스가 지경을 넓혀 달라는 것은 단순히 부동산을 넓혀 달라는 기도는 아니다. 여호수아 이후 가나안을 정복하는 시대에 땅은 곧 생명과 마찬가지이다. 따라서 지경을 넓혀 달라는 기도는 영향력을 넓혀 달라는 것이다. 쉽게 말하면 이 기도는 한 마디로 '성공하게 해 주세요'란 기도이다. 단순히 땅을 넓혀 달라는 것이 아니라 활동 영역을 넓혀 달라는 것이다. 쉽게 말하면 학생은 '공부 잘 하게 해 주세요', 사업가는 '사업이 대박 터지게 해 주세요', 수험생은 '시험에 붙게 해 주세요', 결혼하지 않는 청년은 '결혼하게 해 주세요', 아기를 낳지 못한 부부는 '귀여운 아기를 주세요', 직장을 잡지 못한 사람은 '직장 좀 주세요'라는 기도이다.

이 기도는 본능적인 기도이다. 누가 가르쳐 주지 않아도 저절로 하는 기도이다. 모든 사람은 성공하고 싶고, 더 커지고 싶고, 더 성장하고 싶어 한다. 성공과 성장의 욕구는 본능적인 것이다. 이것은 하나님이 인간에게 주신 좋은 선물이다. 성장의 욕구가 없다면 어떻게 개인이 발전하고, 역사가 진보할 수 있겠는가. 하나님은 우리를 계속 자라게 만드셨다. 육체뿐만 아니라 정신과 영혼, 인간 관계 등 모든 면에서 계속 자라게 하셨다. 이렇게 성장하는 모습은 매슬로의 자아 실현을 위한 '욕구 단계'에서도 볼 수 있다.

지금까지 야베스는 움츠리고 주눅 들던 삶이었다. 이름부터 활짝 펴지 못했다. 이름이 고통, 메마름이었다. 늘 어두운 그림자가 따라다니는 인생이었다. 어머니와 형제들도 그를 긍정적으로 보지 않았다. 야베스는 성공할 수 없는 인생이었다. 무엇보다 그의 태생이 그러하였다. 우리는 흔히 '태생적인 한계'라는 말을 한다. 태어날 때부터 몸이 약하든지, 키가 작든지, 신분이 낮든지, 가난하든지, 육체적인 불구를 가지고 있을 때 사용하는 말이다. 적지 않은 이들이 소위 '태생적인 한계'로 인해 인생의 꽃을 한번 피워 보지 못하고 사라진다.

　야베스가 그런 사람이었다. 그는 태어날 때 유복자로 태어났다. 아버지의 얼굴을 본 적이 없다. 아버지로부터 남자가 무엇인지 보고 듣지를 못했다. 배운 것이 없었다. 무엇보다 부성애에 굶주린 사람이었다. 이름도 고통, 괴로움이란 어두운 이름이었다. 그가 자라면서 자기 처지를 알게 되면서 얼마나 많은 스트레스와 좌절감을 느꼈을까. 왜 나는 아버지가 없는가. 왜 나는 태어나면서부터 축복받지 못한 존재로 태어났을까. 나를 낳은 어머니도 나를 반기지 않는가. 야베스의 인생엔 늘 그림자가 따라다녔다.

　이제 청년이 되어 자기 정체성을 찾아가던 야베스는 지금까지와 다른 인생으로 살고 싶었다. 어깨를 펴고 싶었다. 보란 듯이 살고 싶었다. 그런 안타까움이 배어 있는 기도가 바로 '지경을 넓혀 주소서'란 기도이다. 이런 기도를 한 사람이 한둘이겠는가. 요즘도 수많은 사람들이 사실은 이러한 기도를 한다. 새벽마다 교회에서, 기도원에서 눈물로 드리는 기도의 대부분이 이 내용이다. '하나님, 나 성공하게 해 주세요. 어깨 좀 펴고 살게 해 주세요. 부자 되게 해 주세요. 좋은 대학 가게 해 주세요. 좋은 신랑, 아내 만나게 해 주세요….' 표현은 다르지만 사실 모두 같은 내용이다.

　야베스의 기도는 수천년 전에 했던 구식이 아니라 21세기에도 여전히 애용되는 기도이다. 왜냐하면 인간의 본성은 크게 변하지 않았기 때문이다. 비록 우리가 21세기의 첨단 과학 시대를 살고 컴퓨터와 스마트폰으로 무장하여 엄청 세련된 것처럼 여기나 인간의 본성은

감정 치유 기도

크게 변한 것이 없다. 자고로 해 아래 새것은 없는 법이다.

지경을 넓혀 달라는 기도는 외향적인 기도이다. 밖으로 뻗어 나가는 기도이다. 좀 더 크게, 좀 더 높이, 좀 더 빨리, 좀 더 많이, 좀 더 유명하게, 좀 더 실력 있게, 좀 더 인기 있게, 좀 더 아름답게, 좀 더 좋은 아파트에서, 좀 더 좋은 외제 차로, 좀 더 좋은 학군에서, 좀 더 좋은 일류 대학에서, 좀 더 좋은 외국인 회사에서 일하고 싶다는 기도이다. 이런 기도를 누구도 탓할 수 없고 사실 나쁜 것도 아니다. 이것이 인간의 본성이기 때문이다.

지경을 넓혀 달라는 기도는 욥기의 "네 시작은 미약하였으나 네 나중은 심히 창대하리라"는 것과 같은 것이다. 우리는 한 평이라도 지경을 더 넓히기 위해 얼마나 열심히 일하며 기도하는가. 월세에서 전세로, 전세에서 내 집으로, 아파트 18평에서 30평으로, 30평에서 50평으로, 프라이드에서 소나타로, 소나타에서 그랜저로, 그랜저에서 에쿠스로, 에쿠스에서 벤츠로 갈아 타기 위해 얼마나 기도하고 애를 쓰는가.

지경을 넓혀 달라는 기도가 결코 잘못된 것은 아니다. 그러나 문제는 우리의 기도가 대부분 여기에 머물러 있다는 것이다. 좀 더 부유해지고 유명해지고 높아져서 무엇을 하려는 것인지 '그다음'이 없다. 무엇을 위한 성공인지 진지한 고뇌가 없다. 단지 성공 그 자체를 위한 기도가 많다. 소유와 성공 그 자체를 위한 기도가 대부분이다. 만일 우리가 믿는 하나님이 이런 기도만 응답하는 분이시라면 곤란하지 않은가. 우리가 하나님을 산타클로스 할아버지나 하늘의 조달

청장으로만 여기고 기도한다면 참으로 곤란하지 않은가.

    하나님은 분명 복을 주기를 기뻐하는 분이시다. 따라서 우리가 눈물로 기도하며 열심히 일하면, 복을 주고 지경을 넓혀 주신다. 사실 아브라함을 부르신 것도 복을 주시기 위함이었다. 지금도 하나님은 복 주려고 우리를 부르셨다. 야베스의 기도처럼 복에 복을 더하신다. 갑절의 복을 주신다. 주되 만복을 주신다. 그러나 그다음은 더 중요하다.

4) 환난을 벗어나 근심이 없게 하옵소서

야베스의 위대함은 단순히 지경을 넓혀 달라는 기도로 그치지 않았다는 것이다. 많은 이들은 단순히 '지경을 넓혀 주세요'라는 기도에서 멈출 때가 많다. 그러나 우리 기도가 지경이 넓어졌다고 거기에서 멈추어서는 안 된다. 한 걸음 더 나아가야 한다. 한 걸음 더 깊은 곳으로 들어가야 한다. 바로 평안을 위한 기도이다. 이 세상에 수많은 사람들이 외적으로 성공한 것처럼 보이지만, 그들의 속은 썩어 문드러져 있을 때가 많다. 소위 유명 인사들의 숱한 소문이 단순히 그들만의 이야기는 아니다. 정도 차이가 있을 뿐이지 사실 우리 모두의 이야기가 아니겠는가.

    골프 황제 우즈란 이름을 모르는 이는 없을 것이다. 그는 수많은

사람들의 부러움의 대상이다. 그렇게 실력 있고, 돈 잘 벌고, 인기 있고, 가는 데마다 박수 받고, 매스컴이 따라다니고, 우즈가 쌓아 올린 높은 탑은 결코 무너지지 않을 것처럼 보였다. 그러나 어느 날 그 공든 탑이 무너져 버리고 말았다. 큰 파열음을 내며 폭삭 무너져 내렸다. 희대의 스캔들로 창피를 톡톡히 당하며 무너지고 말았다.

 왜 그럴까. 그 이유는 겉으로는 높은 탑을 지었지만 안으로 내실을 기하지 않았기 때문이다. 건축물을 높고 화려하게 짓는 것도 중요하지만, 더 중요한 것은 얼마나 견고하냐의 문제이다. 내면이 단단하지 않으면 언젠가 무너질 수 있다.

 현대 건축물은 모두 내진 설계를 한다. 내진 설계란 건물이 지진에 잘 견디도록 설계한 것이다. 건물을 단단하게 할 뿐 아니라 질기게 만들어 폭삭 무너지지 않게 해서 사람이 덜 다치고 대피할 수 있는 시간을 벌어 주는 것이다. 2010년 아이티 지진의 리히터 규모(Richter scale)는 7.0인데 나라 전체가 거의 폐허가 되었다. 지진에 대비해 건물을 짓지 않았기 때문이다. 리히터 규모 6.0과 7.0의 지진은 숫자로는 1의 차이지만, 지진이 가진 힘의 차이는 무려 32배에 달한다.

 우리 인생도 마찬가지다. 영혼의 내진 설계를 하지 않으면 언제 공든 탑이 무너질지 아무도 모른다. 예수의 테레사는 「영혼의 성」이란 책에서 인생의 내진 설계를 권한다. 그 방법은 바로 기도이다. 영혼의 성이란 중세 성에 비유한 인간의 내면세계이다. 중세 성은 흔히 밖에 물길(해자)이 있고, 그 안으로 외벽과 이어서 내벽이 있다. 성주가 있는 요새는 성 가장 깊은 곳에 위치해 있다. 중세의 성 구조처럼 인간의 영혼도 안으로 들어갈수록 핵심이 있다. 그래서 가장 깊은 영혼의 내면에서 하나님의 임재를 경험해야 한다. 그때 비로소 영혼의 무게 중심이 잡히고 안전할 수 있다.

야베스 기도의 탁월함은 지경을 넓혀 달라는 것에 있지 않다. 오히려 "주의 손으로 나를 도우사 나로 환난을 벗어나 내게 근심이 없게 하옵소서"라는 기도이다. 야베스는 내면세계의 중요성을 깨달은 사람이다. 아무리 겉모양이 화려하고 커도 내면세계가 무너지면 아무것도 아님을 안 사람이다. 그러기에 지경을 넓혀 달라는 기도 못지않게 내면의 평화를 구하였다. 환난을 벗어나 근심이 없게 하옵소서! 얼마나 깊고 의미 있는 기도인가. 이것은 성 프란체스코의 "평화를 구하는 기도" 못지않게 단순하지만 깊은 울림이 있다. 평화의 도구가 되기 전에 내가 먼저 평화를 누려야 되지 않겠는가.

찬송가 중에 "내 영혼의 그윽히 깊은 데서 맑은 가락이 울려 나네"라는 찬송이 있다.

1. 내 영혼의 그윽히 깊은 데서 맑은 가락이 울려 나네
   하늘 곡조가 언제나 흘러나와 내 영혼을 고이 싸네
2. 내 맘 속에 솟아난 이 평화는 깊이 묻히인 보배로다
   나의 보화를 캐내어 가져갈 자 그 누구랴 안심일세
3. 내 영혼에 평화가 넘쳐 남은 주의 축복을 받음이라
   내가 주야로 주님과 함께 있어 내 영혼이 편히 쉬네
[후렴] 평화 평화로다 하늘 위에서 내려오네

감정 치유 기도

그 사랑의 물결이 영원토록 내 영혼을 덮으소서

이 찬송을 부를 때마다 영혼 깊은 곳에서 잔잔히 흘러나오는 평화를 맛보게 된다. 아마 야베스가 이 찬송을 알았다면 그의 애창곡이 되었을 것이다. 샘물이 계속 흘러나와야 우물이 마르지 않는 것처럼, 우리 영혼의 깊은 곳에서 평화가 흘러나와야 복된 인생이 된다.

지경을 넓혀 달라는 기도가 '밖으로 향하는' 기도라면, 환난을 벗어나 근심이 없게 해 달라는 기도는 '안으로 향하는' 기도이다. 우리 기도는 두 가지 방향이 필요하다. 하나는 밖으로 향하는 외향적인 기도이고 다른 하나는 안으로 향하는 내향적인 기도이다. 전자가 일을 위한 기도, 성공을 위한 기도, 사회 생활을 위한 기도라면, 후자는 자기를 찾아가는 기도, 평안을 위한 기도, 본질을 추구하는 영적 기도이다.

사실 기도의 핵심은 하나님의 평화를 맛보는 것이다. 하나님의 은총을 영혼이 누리는 것이다. 하나님의 평화를 맛보지 못한 채 이 세상의 것을 아무리 많이 가진들 무슨 소용이 있겠는가. 그것은 주님 말씀처럼 어리석은 부자에 불과한 것이다. 주님의 평화를 맛보지 못하는 영혼은 "어리석은 자여 오늘 밤에 네 영혼을 도로 찾으리니 그러면 네 준비한 것이 누구의 것이 되겠느냐"(누가복음 12:20)라는 말씀의 주인공이나 다를 바 없다.

야곱은 얍복 강 기도에서 기도의 네 단계를 경험하였다. 첫째는 기도 응답으로 발등에 떨어진 뜨거운 불을 끄는 것이다. 당장 시급한 현안인 목숨을 구하는 것이다. 둘째는 자기 인식으로 자기가 누구인지 알아 가는 것이다. 야곱은 기도 중에 자기가 야곱, 곧 사기꾼임을 인식한다. 셋째는 사명 발견으로 새로운 이스라엘의 건설자가 된다. 그리고 마지막 네 번째가 바로 하나님의 평안을 누리는 것이다. 야곱은 그것을 브니엘, 즉 "하나님의 얼굴을 뵈었다"고 고백하였다.[28]

하나님은 야베스의 기도를 들어주셨다. 지경을 넓혀 달라는 기도와 평안을 구하는 기도를 들어주셨다. 하나님은 구하는 자의 기도를 들어주신다. 야베스는 태생적인 한계와 그 이름에서 오는 스트레스와 상한 감정을 울부짖는 기도 속에서 다 풀어냈다. 기도 중에 상한 감정이 하나님의 터치를 받자 거룩한 정감으로 성숙되었다. 상한 감정이 정감으로 바뀌자, 진짜 무슨 기도를 해야 할지 알게 되었다. 그리고 하나님의 평안을 구하였다.

만일 야베스가 상한 감정을 기도로 풀어내지 못했다면 그는 평생 이름 그대로 고통과 괴로움에 몸부림쳤을 것이다. 지금도 이 세상에 상한 감정을 끌어안고 사는 사람이 얼마나 많은가. 겉으로 보기에 화려하고, 세련되고, 엘레강스하고, 뷰티하고, 럭셔리하고, 인텔리처럼 보이나 홀로 있을 때 상한 감정의 늪에 빠져 허우적거리며 울부짖는 영혼이 얼마나 많은가. 당신은 어떠한가.

기도가 단순히 자기 필요를 구하는 수준에 그쳐서는 안 된다. 한 걸음 더 깊이 들어가야 한다. 머리로 드리는 기도, 이성적인 기도에서 한 걸음 더 깊이 들어가서 감정으로 드려야 한다. 나아가 감정이 정감으로 변화되는 것을 경험해야 한다. 기도는 하나님과 인간의 만남이다. 거룩하신 하나님을 만나면 우리 감정도 거룩하게 변화되어 정화와 성화가 일어난다.

보통 쇳덩어리도 강력한 자석을 만나면 자력이 생긴다. 어린 시절 말굽자석으로 자석 놀이를 해 본 적이 있을 것이다. 말굽자석에 못을 대면 주렁주렁 못이 이어 달려 대롱거린다. 강한 자력이 전달되기 때문이다. 기도도 마찬가지이다. 기도란 하나님의 거룩하심에 우리 영이 접촉하는 것이다. 우리의 상처받은 감정과 영혼이 거룩한 영이신 하나님을 접하게 되면 영혼이 정화된다. 다윗의 찢기고 상한 감정과 범죄한 영혼도 하나님을 만나자 정화되었다(시편 51:10).

하나님은 야베스의 기도에 모두 다 응답해 주셨다. 그의 지경을 넓혀 주셨고 그의 영혼에 평안을 허락하셨다. 유대인 전승에 의하면 야베스는 후에 위대한 랍비가 되었다고 한다. 야베스를 존귀한 자라고 부른 것은 예사로운 일이 아니다. 보통 성경에서 존귀한 자는 왕족이나 귀족 혹은 뛰어나게 훌륭한 사람을 지칭할 때 사용한다. 고통, 괴로움이란 이름의 야베스가 이런 복된 삶을 살 수 있었던 것은 바로 기도가 있었기 때문이다. 그저 단순한 한(恨)풀이식 감정 기도가 아니라 감정이 하나님 보좌까지 상달되는 정감 기도가 있었기 때문이다. 상한 감정이 하나님 앞에 상달되어 정감으로 변할 때 인생 자체가 변화된다.

From Emotional Prayer
to Affective Prayer

3.

한나의 정감 기도

(사무엘상 1:1-28)

> "
> 한나가 대답하여 이르되 내 주여 그렇지 아니하니이다
> 나는 마음이 슬픈 여자라 포도주나 독주를 마신 것이 아니요
> 여호와 앞에 내 심정을 통한 것뿐이오니 당신의 여종을 악한 여자로 여기지 마옵소서
> 내가 지금까지 말한 것은 나의 원통함과 격분됨이 많기 때문이니이다
> (사무엘상 1:15-16)
> "

감정 치유 기도

1) 내 이름은 한나

구약에 나타난 대표적인 정감 기도는 한나의 기도이다. 사무엘상 1장의 한나 이야기는 그 자체가 하나의 훌륭한 기도이다. 사무엘상에서는 한나의 가슴 아픈 사연과 그 상처가 감정을 어떻게 풀어 나가는지 잘 보여 준다. 한나는 스스로를 "나는 마음이 슬픈 여자"(사무엘상 1:15)라고 한다. 마치 주말 드라마 제목 같다. 그는 가슴뿐 아니라 마음과 영혼까지 아픈 여인이었다.

'한나'는 자비라는 뜻이다. 그러나 그의 기구한 인생 스토리를 보면, 그 이름을 한나(恨我)—한(恨)이 많은 나(我)—라고 불러도 무방할 것이다. 한나! 그 이름만 들어도 가슴 저리게 다가오는 서러움과 원통함 그리고 가련함과 눈물이 있다. 사람은 누구나 저마다 가슴 저린 사연을 안고 살아간다. 그 가슴 아픈 사연 중에 무엇보다도 쓰라린 것은 사랑의 갈등이리라. 두 여인이 한 지붕 아래서 갈등하며 사는 것처럼 힘든 일이 어디 있겠는가. 사라와 하갈이 그러했듯이 한나와 브닌나의 삶도 그러했다.

한나의 스토리를 생각할 때마다 주마등처럼 떠오르는 옛일이 하나 있다. 내가 어린 시절 자라났던 시골은 전깃불도 들어오지 않는 약 오륙십 호 되는 작은 농촌이었다. 동네 주민들이 많지 않아 웬만하면 누구네 집에 숟가락과 젓가락이 몇 개인지 알 정도였다. 소박한 농촌, 서로가 사랑하며 행복하게 살아가는 시골이었다. 마을 가운데로 휘돌아 흐르는 실개천은 참으로 많은 것을 제공해 주었다. 봄엔 찔레꽃 순과 아카시아 꽃을 따먹으며 뛰놀았다. 여름엔 물장구를 치며 송사리며 중태기(버들치)며 미꾸라지를 잡았다. 가을엔 가을걷이로 땀에 절은 농부들의 거친 몸을 닦아 주었다. 꽁꽁 얼어붙은 실개천에서 썰매를 타다 보면 어느새 추운 겨울이 지나갔다. 실개천은 사시사철 아낙네들의 빨래터요 휴식 공간이었다. 냇가 옆의 자그마한 우물은 온 동네 사람들의 식수원이었고, 동네 소문의 진원지기도 했다.

그 아름다운 고향을 생각하노라면, 지금도 가끔 기억나는 일이 하나 있다. 친구네 집에서 동네를 떠들썩하게 한 일이 벌어졌다. 사연인즉 친구 아버지가 얼마 전에 소실(小室)을 집에 들였다. 오랜 시간이 지나지 않아 한 지붕 아래 살던 본처와 소실 사이에 갈등이 시작되었다. 한번 시작된 질투의 불길은 쉬이 사그라지지 않았다. 분을 이기지 못한 조강지처가 급기야 농약을 들이키고 말았다. 사랑은 죽음같이 강하고 투기는 음부같이 잔혹하다(아가 8:6)고 했던가. 음독(飮毒)의 소문은 작은 동네에 순식간에 쫙 퍼져 나갔다. 몰려든 사람들 사이로 축 늘어진 조강지처를 등에 업고 부리나케 신작로를 향해 뛰어가던 친구 아버지의 당황하던 모습이 눈에 선하다. 한나를 생각하면 이상하게도 그때 그 모습이 빛바랜 흑백 사진처럼 어렴풋이 떠오른다.

한 지붕 아래 두 가족으로 살아가는 그 버거운 상황, 그 비련의 주인공이 바로 한나다. 무엇보다 힘들었던 일은 경쟁자 브닌나는 자식이 있는데 한나는 없다는 사실이다. 동등한 조건의 게임이 아니었다. 이미 한나가 지고 들어가는 불공정 게임이었다. 자식이 있는 여인과 자식이 없는 여인을 천칭에 달아 본다면 추는 당연히 자식이 있는 쪽으로 기울어질 것이다. 아들 하나의 무게가 때로는 태산보다 더 무겁다. 자식은 여호와의 기업이요 태의 열매는 그의 상급이라(시편 127:3)고 하지 않았던가.

한나와 한 지붕 아래 살던 브닌나는 보통내기가 아니었다. 브닌나는 때로 한나의 마음을 격분시키고 괴롭혔다. 두 여인의 관계를 성경은 적수라고 말한다. 두 여인은 한 남자를 두고 서로 다투는 단순한 라이벌이 아니라 적수와 대적이었다. 그만큼 갈등이 날카로웠다는 것이다. 말하자면 '웬수 중에 웬수'인 것이다. 늘 원수는 멀리 있지 않고 가까이 있는 법이다. 한 지붕 아래 있다.

브닌나는 거머리처럼 한나의 약점을 물고 늘어졌다. 손톱 밑을 뾰족한 대나무로 콕콕 찌르는 것보다 더 아픈 것이 약점을 찌르는 것이다. 드러내고 싶지 않은 약점만 골라 콕콕 찌르는 치사하고 잔혹한 인간들이 간혹 있다. 브닌나가 바로 그런 인간이었다. 브닌나는 한나의 치명적 약점인 자식 없는 아픔을 찌르고 또 찔러댔다. 그럴 때마다 한나는 울고 또 울었다. 자신이 열 아들보다 낫지 않느냐는 남편의 위로도 한낮 지나가는 바람일 뿐이었다. 무자식이 상팔자라는 말도 한나에겐 어울리지 않는 말이다. 자식을 안아 보지 못한 한나의 텅 빈 가슴을 그 무엇으로도 채울 수가 없었다.

한나는 마음이 슬픈 여인이었다. 자식을 낳지 못한 고통을 가슴 깊이 묻고 사는 여인이다. 유교적 도덕관이 지배하던 조선 시대에 소위 칠거지악(七去之惡)이 있었다. 칠거지악은 조선 시대에 남편이 아내를 정당하게 내쫓을 수 있는 일곱 가지 요건이다. 그 중 두 번째가 자식을 낳지 못하는 것(無子去)이다. 한나는 제 몸으로 낳은 자식을 가슴에 안고 젖 먹여 보지 못한 아픔을 가진 여인이다. 아마도 브닌나는 보란 듯이 가슴을 풀어 젖히고 아기에게 젖을 먹이고 뽐내며 한나에게 잔심부름을 시켰을 것이다. 슬픔이 한나의 가슴 속에 퇴적층처럼 차곡차곡 쌓여 갔다. 인간이란 모든 것을 가졌더라도 단 한 가지 없는 것이 더 크고 무거울 때가 있다. 자식이 바로 그런 존재다. 내 몸으로 낳은 자식이 없는 것이 얼마나 공허한지 아는 사람은 안다. 그 공허함을 운명처럼 안고 사는 여인이 한나이다.

2) 괴로움은 기도의 출입문

기도의 출발점은 다양하다. 때로는 감사한 일로, 때로는 답답한 일로, 때로는 슬픈 일로 인해 기도한다. 기도를 유발시키는 가장 강력한 것이 바로 상한 감정이다. 슬픔과 괴로움은 기도에 불을 붙이는 강력한 휘발성이 있다. 기쁨과 감사보다도 슬픔이 갖는 폭발력이 더 세다. 속상하고 서러운 마음에 울부짖으며 기도해 본 일이 있는가. 마음에 쌓인 상한 감정이 화산처럼 폭발하여 뜨거운 용암이 벌겋게 흘러내리듯 눈물 흘리며 기도해 본 일이 있는가. 하염없이 흘러내리는 눈물을 주먹으로 훔치며 기도해 보았는가.

하나님 앞에서 마음이 복받쳐 오르자 한나의 감정은 걷잡을 수 없이 소용돌이치며 분출되었다. 한나는 마음이 괴로워서 여호와께 통곡하며 기도하였다. 둑 터진 봇물처럼 눈물이 그치질 않았다. 혹시 어린 시절 밖에서 서러운 일을 당하고 집에 돌아와서, 다독거려 주는 엄마 앞에서 서러움에 복받쳐 울어 본 일이 있는가. 시댁에서 시집살이로 시달리다 친정에 와서 왈칵 눈물을 쏟아 본 일이 있는가. 그동안 한나의 마음에 쌓이고 쌓였던 서러움이 통곡과 눈물이 되어 하나님 앞에 쏟아져 내렸다. 종기가 곪아 터져 피고름을 쏟아 내듯이, 하나님 앞에서 상처받은 감정이 촛농처럼 녹아 내렸다. 감정의 밑바닥까지 다 드러내며 쏟아 놓았다. 이것이 바로 감정 기도이다.

시편 102편의 표제는 "고난당한 자가 마음이 상하여 그 근심을 하나님 앞에 토로하는 기도"이다. 이 시편에서 고난당한 저자는 상한 마음을 하나님께 토하고 있다. 마치 음식을 먹고 급체한 사람이 음식물을 토해 내듯이 말이다. 상한 감정을 있는 그대로 하나님께 토해 내는 것, 이것이 바로 감정 기도이다.

하나님 앞에서 상한 감정을 쏟아 놓는 것은 분노의 폭발이나 감정의 표출로 보인다. 우리는 전능하신 하나님께 인간의 어설픈 감정을 드러내는 것을 무례한 일이라고 생각한다. 어른들에게도 감정 표출을 자제하려고 얼굴빛을 조심하는데 감히 하나님께 있는 그대로 감정을 표출한다는 것은 상상하기도 힘들다. 그런 것은 아주 불경스럽게 보인다.

그러나 성경을 보면 믿음의 선배들은 상한 감정을 하나님께 쏟아 내었다. 있는 그대로 표출하였다. 하나님은 그것을 탓하지 않으셨다. 오히려 불쌍히 여기고 긍휼히 여기셨다. 하나님은 인격적인 분이시다. 그러기에 하나님도 감성적인 부분이 있으시다. 때로 하나님은 질투하며 분노하며 사랑하신다. 하나님과 우리 사이엔 지적인 공감대뿐만 아니라 감정적인 공감대도 있다.

문제는 방향성이다. 감정을 사람에게 쏟아 놓으면 불평과 원망이 된다. 그러나 하나님 앞에 쏟아 놓으면 그것은 기도이다. 비록 감정적인 불평과 원망일지라도 하나님은 기꺼이 받아 주신다. 체면 때문에 말하지 못했던 쑥스러운 감정도, 두려움으로 감히 말하지 못했던 불안도 하나님은 받아 주신다. 본디 기도란 원초적인 언어이다. 아프면 아픈 대로 미우면 미운대로 마음에 있는 그대로를 하나님께 아뢰는 것이 좋은 기도이다. 이렇게 감정이 실린 기도엔 진솔함과 간절함이 있다.

좋은 기도의 시작은 우리 마음속에 있는 것을 솔직히 하나님께 아뢰는 것이다. 때로는 그것이 투박하고 불경건해 보일지 몰라도 바른 기도의 시작이다. 우리 기도가 무력한 이유 가운데 하나는 너무

교양 있게 기도하기 때문이다. 마음속의 부글부글 끓는 감정과 느낌을 다 제거하고 매끈하고 점잖게 기도할 때가 많다. 이러한 기도는 정중한 모범 답안처럼 보이지만, 자칫 박제화된 기도가 될 수 있다. 물론 공적 기도는 형식을 갖추고 감정 표현을 절제해야 한다. 그러나 개인 기도는 감정에 충실한 것이 좋다. 감정 이입이 없는 기도는 뜨거움도 간절함도 없다. 내 마음이 뜨겁지 않은데 어찌 하나님 마음을 감동시킬 수 있겠는가?

한나는 마음이 괴로워서 통곡하며 기도하였다. 통곡은 상한 감정의 배출구이다. 소리쳐 통곡하면 감정적인 카타르시스가 발생한다. 통곡과 눈물은 상한 감정을 씻어 주는 신기한 힘이 있다. 여기서 중요한 것은 한나가 단순히 자기 서러움에 복받쳐 신세타령을 한 것이 아니라 하나님 앞에서 통곡했다는 것이다. 사람 앞에서 우는 것은 부끄러운 일이지만, 하나님 앞에서 우는 것은 기도이다. 부모가 자녀의 눈물에 약하듯이 하나님도 성도의 눈물에 약하시다. 하나님은 히스기야에게 "내가 네 기도를 들었고 '네 눈물'을 보았노라"(이사야 38:5)고 말씀하셨다.

한나는 통곡하며 오래 기도하였다. 한나가 오래 기도하는 동안에 소리는 잦아들고 입술만 움직이고 음성은 들리지 않았다(사무엘상 1:1213). 오래 기도하는 동안에 한나의 기도엔 몇 가지 변화가 일어났다. 즉 소리 기도가 침묵 기도로 바뀌었다. 통곡하던 기도가 후에는 입술만 달싹거리는 기도로 변하였다. 거침없이 쏟아 붓는 격한 감정도 분명 기도이다. 그것은 기도에 불을 붙이는 도화선 같다. 그러나 기도가 참기도 되기 위해서는 더 깊은 내면으로 들어가야 한다. 기도가 밖에서 안으로 들어가는 역동성을 가져야 한다. 그렇지 않으면 그것은 단지 감정풀이에 지나지 않을 것이다.

시인 신달자는 「나는 마흔에 생의 걸음마를 배웠다」는 책에서 격렬한 감정 기도의 경험을 이렇게 토로한다. 서른다섯 새파란 나이 그녀의 생일날, 집에서 남편과 함께 국수를 먹다가 남편이 "으—윽!" 외마디 소리와 함께 쓰러졌다. 뇌졸중이었다. 이때부터 그녀의 고난이 시작되었다. 쓰러진 남편의 병수발, 끝도 없이 몰려오는 세 아이의 뒤치다꺼리, 나이든 시어머니를 봉양하는 과정에서 그녀의 몸과 마음이 만신창이가 되었다.

그녀는 이런 환난을 준 하나님을 향하여 거칠게 격정을 쏟아 부으며 분노하였다. 그녀는 널뛰듯 긍정과 부정의 생각을 오르내리며 미친 듯이 외치고 절규하며 하나님을 원망하였다. 그녀는 하나님을 향하여 복싱하듯이 치고 두들기고 냅다 집어 던지고 아우성을 치며 감정적인 한(恨)을 풀어냈다. 그녀는 고백한다. 하나님은 그의 모든 투정을 고요히 받아 주셨다고. 그리고 눈물과 통곡을 쏟아 낸 절규 후에 고요와 침묵의 감격을 맛보았노라고. 그 고요함 중에서 그녀는 감정 기도와 정감 기도를 경험했노라고. 그녀는 처음 기도의 경험을 이렇게 고백한다.

감정 치유 기도

나는 무의식적으로 (성당의) 맨 뒷줄에 가만히 앉았다. 고개를 들었다. 십자가상이 보였다. 이상하게 눈이 마주친 것 같은 생각이 들었다. 그때부터. 나는 눈물을 흘리기 시작했다. 언제부터인지 왜인지 알 수는 없었다. 다만 나는 울고 있었다. 내 눈물이 너무 살이 쪄 우박 같기도 하고 굵은 소나기 같기도 했다. 그런 눈물을 흘려 본 것은 처음이었다. …
그 울음은 특별했다. 안으로 깊이깊이 농축되어 있는 내 설움이 한꺼번에 터지고 내가 꿀꺽 삼켜 버린 말에 대한 갑갑함이 다 강물처럼 풀려 넘쳐 나고 있었다. 나의 모든 침묵도 눈물이 되어 출렁거렸고 서른다섯 내 인생의 어둠도 모두 눈물이 되어 펑펑 쏟아지고 있었다. … 눈물은 눈에서만 나오는 게 아니었다. 온몸에서 천만 명의 울음을 내가 흘리는 것처럼 내 온몸에서 눈물이 쏟아져 내렸다. 주여! 주여! 주여! 내 입에서 주여라는 말이 불쑥 나왔다. 나는 울면서도 내가 왜 주여 하고 앉아 있는지 알 수 없었다. 그냥 울었다. 통곡했다. 나의 온몸은 눈물에 젖었고 내 말없는 기도는 눈물로 성당을 적시고 있었다.[29]

"괴로울 때 주님의 얼굴 보라"는 제목의 복음 성가가 있다. 이런 가사이다.

괴로울 때 주님의 얼굴 보라. 평화의 주님 바라보아라.
세상에서 시달린 친구들아 위로의 주님 바라보아라.
눈을 들어 주를 보라. 네 모든 염려 주께 맡겨라.
슬플 때에 주님의 얼굴 보라. 사랑의 주님 안식 주리라.

그렇다! 괴로움은 분명 힘든 일이다. 고통스런 것이다. 그러나 그리스도인에게 괴로움은 하나님께로 달려가는 지름길이다.

3) 한나의 서원 기도

때론 평범한 기도도 있고 때론 심각한 기도도 있다. 일상적인 식사 기도는 평범한 기도이다. 식사 기도를 너무 심각하게 하면 밥맛이 떨어진다. 그저 감사 기도를 하고 맛있게 먹으면 된다. 물론 40일 금식 기도를 하고 처음 음식을 대하는 기도는 다르겠지만 말이다. 그러나 때로 우리는 심각한 기도를 할 때가 있다. 정말 운명을 건 것처럼, 단 한 번의 기회인 것처럼 기도할 때가 있다.

서원 기도가 바로 그렇다. 서원 기도는 막다른 골목에서 드리는 기도이다. 더 이상 빠져나갈 길이 없을 때, 앞뒤가 완전히 막혀서 다른 선택의 여지가 없을 때, 하나님과 마지막 '쇼부를 보는' 기도이다.

일종의 빅딜 기도이다. '하나님께 모든 것을 걸고 드리겠으니, 하나님도 이것을 주십시요'라는 기도이다. '올인' 하는 기도, 모든 것을 거는 기도이다.

서원 기도가 모든 것을 거는 기도인 만큼 이 기도는 강력하다. 모든 것을 얻을 수도 있고, 모든 것을 잃을 수도 있다. 물론 전능하신 하나님이 우리의 연약함을 아시고 합력하여 선을 이루시지만, 서원 기도를 하는 입장에서는 모든 것을 거는 것이다. 그러기에 그만큼 간절하며 책임도 크다. 기도 응답을 받으면 반드시 그 약속을 지켜야 한다. 그렇지 않으면 하나님을 기만하는 것이다. 그러기에 성경은 서원 기도를 함부로 하지 말라고 경고한다.

> 네가 하나님께 서원하였거든 갚기를 더디게 하지 말라 하나님은 우매한 자들을 기뻐하지 아니하시나니 서원한 것을 갚으라 서원하고 갚지 아니하는 것보다 서원하지 아니하는 것이 더 나으니 네 입으로 네 육체가 범죄하게 하지 말라 천사 앞에서 내가 서원한 것이 실수라고 말하지 말라 어찌 하나님께서 네 목소리로 말미암아 진노하사 네 손으로 한 것을 멸하시게 하랴 (전도서 5:4-6)

서원 기도를 함부로 하는 것은 금물이다. 그러나 인생을 살다 보면 한두 번 서원 기도를 하지 않을 수 없는 절박한 일들이 누구나 있다. 서원 기도의 동기는 다양하다. 때로는 강력한 소원과 사명을 주셔서 하나님께 자신을 번제로 드리듯 기도할 수 있다. 이때 '주신 사명에 순종하겠으니 하나님도 이렇게 해 주세요'라고 기도한다. 때로는 하나님께서 우리 인생을 그런 절박한 상황으로 몰고 가셔서 서원 기도를 하지 않을 수 없는 형편을 만들기도 하신다. 때로는 모든 것이 막혀서 길이 없을 때 답답하여 드릴 수 있다.

영국의 슈퍼마켓 왕 구베이는 55년 전에 드린 서원 기도를 지켜 화제가 되었다.30) 제2차 세계 대전이 끝나고 영국 해군에서 전역한 앨버트 구베이의 재산은 양복 한 벌과 80파운드가 전부였다. 오갈 데 없는 27세의 가난한 청년 구베이는 기도했다. "주님, 저를 백만장자로 만들어 주시면 절반을 교회에 바치겠습니다." 그는 열심히 일했지만 실패를 거듭했다. 외국을 다니며 사업 아이디어를 얻은 그는 1965년 '퀵 세이브'(Kwik Save)란 할인점을 열었다. 다른 가게보다 물건을 싸게 팔려고 노력을 다했다. 이 사업은 대성공을 거뒀다.

이어 피트니스 체인점과 부동산 개발에 성공하면서 재산은 점점 불어났다. 하지만 그는 작업복을 입고 공사 현장에서 일하며 근면과 겸손함을 잃지 않았다. 55년 전 백만장자가 되길 기도했던 그는 이제 5억 파운드(약 8,500억 원)의 거부가 됐다. 영국 BBC는 82세의 구베이가 자신의 전 재산을 사회에 환원했다고 보도했다. 언론에서 구베이는 "젊은 시절 맺은 하나님과의 약속을 지키기 위해서"라고 헌납 이유를 밝혔다. 그의 약속처럼 헌납한 재산 중 절반은 교회가 운영하고

감정 치유 기도

있다.

한나는 막다른 골목에 다다랐다. 몇 년간 지속된 브닌나와의 감정적인 대립은 한나를 정서적으로 고갈시켰다. 그 가족은 매년 실로에 있는 여호와의 전을 찾아갔다. 어느 날 반복되던 순례의 일상이 깨졌다. 브닌나가 한나를 심하게 격분시킨 것이다. 속이 상한 한나는 울며 음식을 먹지 않았다. 남편이 아무리 위로하고 달래도 소용이 없었다. 답답한 마음을 주체하지 못한 한나는 여호와의 전으로 달려가 기도하기 시작했다.

한나는 마음이 괴로워서 통곡하며 기도하였다. 그 통곡 소리는 성막을 넘어 하늘의 하나님 보좌 앞까지 올라갔다. 통곡 소리가 때로는 사람의 마음을 움직이지만, 때로는 하나님의 마음을 감동시킨다. 하나님은 하갈의 방성대곡하는 울음소리를 들으셨다. 이스라엘의 신음 소리도 들으셨다. 한나는 통곡 소리와 함께 상한 감정을 올려 드렸다. 마치 옥합을 깨트린 여인처럼 마음을 깨트려 드렸다.

> 한나가 마음이 괴로워서 여호와께 기도하고 통곡하며 서원하여 이르되 만군의 여호와여 만일 주의 여종의 고통을 돌보시고 나를 기억하사 주의 여종을 잊지 아니하시고 주의 여종에게 아들을 주시면 내가 그의 평생에 그를 여호와께 드리고 삭도를 그의 머리에 대지 아니하겠나이다 (사무엘상 1:10-11)

한나는 서원 기도를 통하여 구체적으로 하나님께 요청하였다. 자기 고통을 호소하며 그 아픔을 풀어 달라고 기도하였다. 그 고통을 풀어 주는 표시가 바로 아들이었다. 한나는 자기의 오랜 소원을 가감 없이 아뢰었다. 한 걸음 나아가 자신이 생각하고 원하는 것을 하나님께 정확히 제시하였다. 그리고 자신이 감당할 역할도 서원하였다. 만일 아들을 주시면 그를 하나님께 바치겠다고 약속하였다. 그것을 속히 이루어 주시고 그것을 통하여 나를 시험해 보라고 도전하였다. 한나는 강력한 서원 기도를 드리며 결정적인 조치를 당장 취해 달라고 하나님을 압박하였다.[31]

하나님은 모든 기도에 응답하시지만 서원 기도에 신속히 응답하시곤 한다. 서원 기도는 죽으면 죽으리라는 기도이다. 하나님과 마지막 진검 승부를 두는 기도이다. 서원 기도란 자기의 필요를 분명하고 구체적으로 간구하는 것이며, 그것에 상응하여 자기도 이렇게 순종하겠다는 단호한 기도이다. 서원 기도는 무거운 기도인 만큼 진지하게 해야 한다.

4) 정감 기도-하나님 앞에서 심정을 통(通)한 것

가끔 교인들로부터 "목사님, 기도를 잘하려면 어떻게 해야 되나요"라는 질문을 받는다. 그러면 나는 역으로 그들에게 다시 묻는다. "어떤 기도를 잘하는 기도라고 생각하세요?" 그러면 다양한 대답이 나온다. 심금을 울리는 기도, 눈물을 짓게 하는 기도, 막힘없이 술술 드리는 유창한 기도, 폭포수같이 우렁찬 목소리로 드리는 기도, 성경 구절을 인용하며 드리는 기도 등 많은 대답이 나온다. 모두 맞는 말이다.

그러나 나는 가장 좋은 기도란 '하나님과 내 마음이 통하는 기도'라 생각한다. 아무리 기도 소리가 우렁차도 마음이 통하지 않으면 소용이 없다. 아무리 논리 정연하고 수려한 어휘를 사용해도 마음이 통하지 않으면 무슨 소용인가. 그러나 소박한 단어를 사용해도 마음이 통한다면 그것이 최고이다. 그 기도가 길든 짧든, 화려하든 소박하든 그보다 더 중요한 것은 마음이 통하느냐이다. 하나님 앞에 심정이 통하였느냐의 문제이다. 사람과의 대화도 장광설(長廣舌)보다 마음이 통하는 것이 더 중요하다.

한나는 격분한 마음에 통곡하며 몸부림치며 기도하였다. 통곡하며 드리던 기도 소리가 얼마간 시간이 흐르자 점점 잦아들었다. 그리고 입술만 달싹달싹 움직였다. 입술은 움직이는데 소리는 들리지 않았다. 아마 이런 기도를 누구나 해 보았을 것이다. 처음에는 소리치며 기도하지만, 한두 시간 지나다 보면 어느새 힘이 빠지고 지친다. 그 후엔 입술만 달싹거린다. 사실 소리는 없지만 기도는 더 깊이 진행되고 있다. 마음은 소리 없는 침묵 가운데 하나님의 보좌 앞으로 점점 더 빨려 들어간다. 기도의 줄이 잡히고 영혼이 하나님 임재 앞으로 나아가는 것을 느끼곤 한다. 이것이 침묵 기도의 강점이다.

침묵은 크게 두 가지가 있다. 하나는 외적 침묵이고 다른 하나는 내적 침묵이다. 외적 침묵이란 환경적인 고요함이다. 도심을 벗어나고 텔레비전이나 MP3로부터 벗어나야 한다. 외적 고요는 흔히 한적한 시골이나 산에 있다. 내적 침묵은 마음의 고요함이다. 외적으로 조용하다고 마음까지 다 고요한 것은 아니다. 내적 고요는 마음의 문제이다. 내적 고요가 있을 때 비로소 우리는 하나님의 음성을 들을 수 있다. 엘리야는 불이 지나고 바람이 지난 후 고요함 속에서 하나님의 세미한 음성을 들었다. 침묵 중에서 우리는 하나님의 세미한 음성을 듣는다.

소리가 잦아들며 침묵하는 과정은 흔히 밥 짓는 것과 비슷하다. 옛날 시골에서 무쇠솥에 밥을 지으려면, 쌀과 물을 적당히 솥에 넣고 불을 지핀다. 처음엔 불을 세게 땐다. 거센 불길에 달아오른 밥솥은 하얀 거품을 일으키며 끓는다. 펄펄 끓는 힘은 무거운 무쇠 솥뚜껑마저 밀어젖힌다. 밥이 끓기 시작하면 바로 불을 은근하게 줄여야 한다. 그러면 거센 김 소리와 거품이 잦아들면서 뜸이 들기 시작한다. 밥이 뜸 드는 시간은 끓을 때가 아니고 고요한 시간이다. 그 고요한 시간에 불기운이 밥알 속으로 깊이 스며든다. 이 시간에 쌀은 비로소 밥이 된다. 뜸 들일 때 불 세기를 잘못 맞추면 밥이 설든지 탄다. 제대로 된 밥을 짓는 비결은 바로 뜸 들이는 데 달려 있다.

감정 치유 기도

우리 기도가 제대로 된 기도가 되려면 기도에 뜸을 들여야 한다. 곧 침묵과 고요의 시간이다. 우리는 하나님을 향하여 들끓는 솥처럼 뜨겁게 소리치며 부르짖는 것도 필요하다. 그러나 그것이 기도의 전부는 아니다. 그것은 시작에 불과하다. 더 좋은 기도가 되려면 침묵이 필요하다. 기도에 뜸 들이는 시간, 내 영혼이 하나님 앞에서 조용히 잦아들며 기다리는 시간이 필요하다.

아벨라 테레사는 이런 기도를 '거둠의 기도'라 한다. 하나님은 때로 우리의 격한 감정을 거두어 가신다. 예리한 지성마저도 거두어 가신다. 역설적이게도 우리의 이성이나 감각이 지배력을 잃어 갈 때, 영혼은 그 잃어버렸던 본래 힘을 되찾는다. 그리고 마치 '집으로 돌아오라'는 어지신 목자의 부드러운 휘파람 소리를 듣게 된다.[32] 고요함과 침묵의 시간에 하나님은 우리를 찾아오신다. 소리쳐 기도할 때 인간적인 것들이 쏟아져 나가고, 침묵하는 동안에 하나님의 치유와 긍휼이 안으로 들어온다. 말과 침묵 사이에 엄청난 교류가 있다. 마치 밀물과 썰물처럼 내 상한 감정과 하나님의 은혜가 서로 교체된다.

한나는 하나님과의 깊은 만남을 "여호와 앞에 내 심정을 통한 것"이라 말한다. 하나님과 심정이 통하는 것! 이것이 바로 정감 기도의 핵심이다. 하나님과 내 심정이 통하는 것보다 더 좋은 기도가 어디 있겠는가. 하나님 마음과 내 마음이 서로 깊이 통하는 것, 이것이 진정한 기도이다. 이때는 말이 필요 없다. 오히려 말이 방해가 된다. 침묵 속에서 언어를 뛰어넘는 깊은 소통이 이루어진다. 이러한 깊은 기도 안에서 거친 감정은 정화되어 정감으로 변한다.

　감정이 정감으로 변하는 것은 마치 생쌀이 뜸 들어 밥이 된 것과 비슷하다. 불기운을 맛본 쌀은, 쌀은 쌀인데 이제는 단순한 쌀이 아니다. 쌀이 밥으로 변한 것이다. 감정도 마찬가지이다. 하나님의 터치를 받은 감정은 더 이상 같은 감정이 아니다. 단순한 감정이 아니라 질적인 정화가 일어난 감정, 즉 정감이다. 기도 속에서 감정이 정화된 사람들은 더 이상 감정적인 상처가 없다. 상흔은 있지만 아픔은 없다. 상한 감정이 치유되었기 때문이다. 금광석이 순금으로 정련되어 순도가 높아지듯이, 하나님 안에서 우리 감정과 영혼이 정화된다. 풀무와 도가니가 금을 정련하듯이 심정이 통하는 기도 중에 우리 상한 감정과 영혼은 정화된다.

ㄴ) 얼굴에서 근심 빛이 사라지다

기도 응답을 미리 확인할 수 있는 방법이 있을까. 그런 리트머스 종이가 있다면 얼마나 좋을까. 많은 이들이 기도하면서 이 기도가 응답될지 안 될지, 그렇다면 그 기준은 무엇일까 궁금해 한다. 기도 응답의 사인(sign)을 미리 알 수 있다면 얼마나 좋겠는가. 사실 많은 경우 기도를 하고도 응답받았는지 아닌지 확신할 수 없어서 애매할 때가 많다.

하나님이 언제 어떻게 응답하실지 알 수만 있다면 우리의 기도 생활은 한층 더 힘이 날 것이다.

기도 응답의 사인은 대개 기도하는 본인이 어느 정도 안다. 아! 이 기도가 하나님께 상달되는구나, 아니면 허공을 치는구나, 응답되겠구나, 아니구나, 어느 정도 감을 잡을 수 있다. 응답의 감을 미리 안다는 것은 모호한 면이 없지 않으나, 경험적으로 보면 대략 이런 것이다. 우선 기도의 몰입이다. 기도가 몰입되어 하나님의 임재를 깊이 경험한다면 그 기도는 상달된 것임에 틀림없다. 또는 마음의 평안이다. 아직 환경이 변한 것은 없지만, 왠지 하나님 주시는 평안이 마음 깊은 곳에서 흘러나올 때가 있다. 또는 어떤 말씀이 하나님이 내게 주시는 강력한 약속으로 믿어지는 경우다. 또는 영적 능력이 있는 이가 내 기도를 축복하며 중보해 줄 때이다.

한나는 기도에 깊이 몰입하였다. 기도할 때 분심이 생기지 않고 몰입할 수 있는 것은 큰 은혜이다. 한나가 기도에 깊이 몰입한 모습을 보고 엘리 제사장은 한나가 술 취한 것으로 오해했다. 그래서 엘리는 한나에게 술 취해 있지 말고 당장 포도주를 끊으라고 책망하였다. 그때 한나의 대답이 명언이다.

> 한나가 대답하여 이르되 내 주여 그렇지 아니하니이다 나는 마음이 슬픈 여자라 포도주나 독주를 마신 것이 아니요 여호와 앞에 내 심정을 통한 것뿐이오니 (사무엘상 1:15)

그렇다. 정말 슬픈 마음 가득 안고 기도에 몰입하면 한나처럼 오해받을 수도 있다. 남 보기에 지나치게 보일 수도 있다. 그러나 그런 것에 크게 신경 쓸 일이 없다. 기도란 하나님께 자기 마음을 드리고 심정을 통하는 것이기 때문이다. 예수님도 기도할 때 사람에게 보이려 하지 말고 은밀히 보시는 하나님께 하라고 권하셨다. 우리 기도가 힘이 없는 이유 중 하나는 너무 사람을 의식하며 기도하기 때문이다. 그런 기도에는 영적 힘이 없다. 한나는 깊이 기도하였다. 기도에 몰입하였다. 비록 엘리의 오해를 받았지만 하나님 보좌에 상달되는 기도였다.

'썩어도 준치'란 속담이 있다. 엘리가 비록 영감이 떨어진 노쇠한 제사장이었지만 한나의 말을 듣는 순간 그는 영적으로 깨달았다. 한나의 기도가 진심으로 드린 영적 기도임을 알았다. 하나님이 한나의 기도를 듣고 계심을 알 수 있었다. 그래서 엘리는 제사장의 영적 권위로 축복하였다.

> 엘리가 대답하여 이르되 평안히 가라 이스라엘의 하나님이 네가 기도하여 구한 것을 허락하시기를 원하노라 (사무엘상 1:17)

오늘날 영적 지도자들에게 이런 영적 권위가 있다면 얼마나 좋을까. "평안히 가라. 오늘 당신이 기도한 것을 하나님이 들으셨으니 응답될 것이다"라고 영적 권위로 말할 수 있다면 얼마나 좋을까. 아무리 문제가 있어도 엘리에게 그런 권위는 남아 있었다. 이 부분은 오늘날 영적 지도자들이 깊이 새겨 보아야 할 점이다. 그런 영적 권위가 교회 지도자들에게 아직도 있는가. 기도에 대한 그런 영적 지도력이 있는가.

엘리의 축복을 받은 한나의 마음엔 응답의 확신이 생겼다. 기도 응답의 확신 중에 영적 지도자의 조언과 축복은 매우 중요하다. 기도 응답에 대한 영적 지도자의 축복이란 소위 직통 계시를 받았다는 것이 아니다. 기도의 경험과 영적 경험이 풍부한 지도자가 믿음이 적은 이를 위하여 권면하며 격려하는 것은 중요하다. 이런 일이 있을 때 성도들의 기도 생활이 더욱 깊어지고 응답의 열매도 많아질 것이다.

얼굴은 마음의 창이다. 그래서 얼굴을 보면 어느 정도 사람의 속을 알 수 있다. 뭉크의 "절규"란 그림이 있다. 공포에 질린 괴기스런 표정과 타들어 버릴 것 같은 불안한 얼굴이 독특한 분위기를 자아낸다. 아름다운 그림이라 말할 수는 없지만 현대인의 내면을 불안한 얼굴로 잘 표현한 그림이다. 반면 모나리자의 미소는 평안함과 그윽함을 느끼게 한다. 앞에서 언급한 것처럼 「모나리자 미소의 법칙」을 쓴 디너는 모나리자도 100% 완벽하게 행복한 것은 아니고 모나리자의 미소 속에는 83%의 행복과 기쁨뿐 아니라 17%의 두려움, 분노, 슬픔이 있다고 해석한다.[33]

얼굴은 마음의 창이며 영혼의 거울이다. 따라서 기도 응답의 확신도 얼굴로 드러나게 된다. 기도 응답의 표현 중 하나는 얼굴이 펴지는 것이다. 우리는 얼굴색만 봐도 대충 그 사람의 속을 알 수 있다. 가인은 분노하여 얼굴색이 변했다. 본인과 하나님도 아실 정도로 안색이 확 변했다. 기도 응답의 좋은 사인 중 하나는 평안한 얼굴이다. 하나님이 주시는 평안과 확신으로 인해 얼굴에서 근심 빛이 사라진다. 얼굴에서 수색이 사라지고 염려가 사라진다. 아니 얼굴에서 사라진 것이 아니라 마음에서 사라진 것이다.

기도는 고도로 영적인 일이다. 우리 영혼이 영이신 전능하신 하나님을 만나는 것이다. 영적인 일인 기도는 육체와 연관이 있다. 우리는 기도할 때 몸을 통해서 기도한다. 먼저 기도하기 위해 시간을 내야 한다. 기도하기 위해 교회나 조용한 장소를 찾아간다. 그리고 생각하며 혹은 근심하며 혹은 울며 또는 말이나 침묵으로 기도한다. 이 모든 일들은 일차적으로 육체적이며 물리적인 일이다. 우리는 이렇게 몸을 통하여 점점 깊이 영으로 나간다. 그리고 마침내 영이신 하나님을 영적 상태에서 만나 뵙는다. 마치 야곱처럼 브니엘 곧 하나님의 얼굴을 뵙는 경험을 한다.

영으로 깊이 몰입해 들어갔다가 기도를 마치고 나면 우리 몸은 여전히 일상생활로 돌아온다. 그러나 이때 우리 몸은 이전과 이미 달라져 있다. 왜냐하면 하나님을 만나고 왔기 때문이다. 하나님을 만나기 전과 후, 기도 전과 후는 완전히 다르다. 기도 중에 하나님과의 만남이 깊을수록 그 육체에 하나님의 능력과 평안이 임한다. 영혼이 달라지면 몸도 달라진다. 영혼이 변화되면 얼굴도 변한다. 영적인 것은 몸으로 표현되고 드러나기 때문이다.

깊은 정감 기도 속에서 하나님의 평강을 맛본 한나의 얼굴에 다시는 근심 빛이 없었다. 상한 감정도 슬픔도 근심드 사라져 버렸다. 하나님을 깊이 만나기 전에 한나는 감정이란 감옥에 갇혀 지냈다. 그러나 깊은 기도 중에 감정의 응어리가 풀어지고, 하나님의 터치로 감정이 정감으로 변화되자 모든 것이 달라졌다. 한나는 더 이상 감정에 갇혀 있지 않았다. 영혼이 감정에서 자유로워지자 얼굴빛이 달라졌다. 영혼이 영적 자유를 맛보는 순간 그의 얼굴에서 근심 빛이 사라져 버렸다.

From Emotional Prayer to Affective Prayer

IV. 시편에 나타난 정감 기도

1. 목마른 사슴의 노래
2. 정직한 영을 새롭게 하소서
3. 다윗의 저주 기도와 정감 기도

From Emotional Prayer
to Affective Prayer

1.

목마른 사슴의 노래

(시편 42-43편)

> 하나님이여
> 사슴이 시냇물을 찾기에 갈급함같이
> 내 영혼이 주를 찾기에 갈급하니이다
> (시편 42:1)

감정 치유 기도

1) 낙타 신앙인과 사슴 신앙인

한국 사람에게 사슴 하면 두 가지가 생각날 것이다. 하나는 녹용이다. 사슴뿔이 몸에 좋다는 것은 상식이다. 한두 번은 녹용을 보약으로 먹어 보았을 것이다. 또 하나는 한국인이 애송하는 노천명 시인의 "사슴"이란 시이다.

> 모가지가 길어서 슬픈 짐승이여
> 언제나 점잖은 편 말이 없구나.
> 관이 향기로운 너는
> 무척 높은 족속이었나 보다.
>
> 물 속의 제 그림자를 들여다보고
> 잃었던 전설을 생각해 내고는
> 어찌할 수 없는 향수에
> 슬픈 모가지를 하고 먼 데 산을 쳐다본다.

녹용이 물질적인 사슴이라면, 노천명의 사슴은 정신적인 사슴이다. 그러나 시편 42편에 나타난 사슴은 영적인 상징이다. 사슴의 생태를 살펴보면, 시편 42편에서 왜 인생을 사슴에 비유했는지 알 수 있다. 우선 사슴은 매일 물을 마셔야 한다. 반면 낙타는 사막에서 물 없이도 3-7일까지 견딜 수 있다. 비유컨대 신앙인 중에는 낙타형 신앙인과 사슴형 신앙인이 있다. 낙타형 신앙인은 하나님의 은혜를 한 번 받으면 그것으로 오래 버티는 신앙인이다. 그러다 보니 성장이 더디고 사막처럼 삭막해질 수 있다. 반면 사슴은 매일 물을 마시지 않으면 견디지 못하는 피가 더운 동물이다. 그래서 사슴은 갈증을 많이 느낀다. 따라서 사슴 신앙인은 매일 물을 마시듯이 매일매일 열심히 주님을 찾는다.

또한 사슴은 높은 곳으로 올라가는 습성이 있다. 사슴은 풀을 먹고 쉴 때 전망이 좋은 높은 곳에 올라가기를 좋아한다. 높은 곳에서 아래를 내려다보며 무엇인가를 생각하는 사슴의 모습을 그려 보라. 뿔 달린 사슴의 자태가 얼마나 고고하고 우아해 보이겠는가. 예부터 사람들은 사슴을 상서로운 동물로 여겼고 또 동물 중에 귀족층으로 생각했다. 십장생 중 여섯 번째가 사슴이다. 우리 신앙인들도 사슴처럼 날마다 저 높은 곳을 향하여 나아간다. 바울은 위의 것을 찾으라고 이렇게 권한다.

> 그러므로 너희가 그리스도와 함께 다시 살리심을 받았으면 위의 것을 찾으라 거기는 그리스도께서 하나님 우편에 앉아 계시느니라 (골로새서 3:1)

또한 사슴은 아무 풀이나 먹지 않는다. 특히 독초 같은 것은 가려 먹고 약초와 삼 같은 것을 잘 골라 먹으며, 사슴은 신선들이 타고 다니는 영물로 여겨졌다. 생물학적으로도 사슴은 해마다 뿔이 돋아

나 자라서 굳었다가 떨어지고 이듬해 봄에 다시 돋아나길 거듭하기에 장수, 재생, 영생을 상징하는 강한 생명력을 지닌 동굴로 여겼다.

한국 교회 성도들이 즐겨 부르는 복음 성가 중에 "목마른 사슴 시냇물을 찾아 헤메이듯이"라는 곡이 있는데, 바로 시편 42:1 말씀을 기초로 한 것이다. 이 시편은 특별히 고라 자손들로 구성된 성가대가 곡을 붙여 부른 유명한 노래이다. 이 주제가 독특하여 남을 향한 것이 아니라, 자신의 영혼에게 각성을 촉구하고 분발하기를 요구한다. 한번 조용히 복음 성가를 읊조려 보기 바란다. 나를 정말 목마른 사슴처럼 생각해 보면서….

고라 자손은 독특한 사람들이다. 고라는 모세의 사촌 형제이다. 그러나 광야에서 모세를 대적하다가 250명이 죽임을 당했다. 그러나 다행히도 고라의 아들들은 죽지 않았다. 아버지의 영적 반란에 동참하지 않았기 때문이다. 오랜 세월이 흐르면서 고라 자손 중에 걸출한 인물들이 등장하였다. 선지자 사무엘은 고라의 아들 아비아삽의 후예이다(역대상 6:34-37). 다윗과 솔로몬 시대 성전에서 찬송의 직분을 맡았던 헤만은 사무엘의 손자이다.

다윗은 음악에 큰 관심이 있었다. 다윗은 "언약궤가 평안을 얻었을 때에 다윗이 여호와의 성전에서 찬송하는 직분을 맡긴 자들은 아래와 같았더라"(역대상 6:31). 즉 찬양대의 기원이 다윗에게서 유래한 것이다. '이 아래의 무리'는 33절부터 나오는 찬양대원의 명단이다. 그 중에서 특히 세 명은 구약에서 유명한 음악가였다. 그들은 헤만(역대상 6:33), 아삽(역대상 6:39), 에단(역대상 6:44)이다. 헤만이 중심 인물이며 아삽과 에단은 각각 헤만의 우편과 좌편에서 직무를 도왔다.

150편의 시편 중에 열두 편이 놀랍게도 '고라' 자손과 연결되어 있다(시편 42-49, 84-85, 87-88편). 그 중에 가장 대표적인 것이 바로 42편이다. 42편은 "하나님이여 사슴이 시냇물을 찾기에 갈급(渴急)함같이 내 영혼이 주를 찾기에 갈급하니이다"로 시작함으로 하나님을 깊이 사모하는 마음을 잘 드러낸다. 갈급하다란 말은 '열망하다, 간절히 바라다, 갈망하다'는 의미며, 2절의 '갈망'은 '목마르다, 갈증나다'는 의미이다. 갈급하다란 단어를 두 번 연속적으로 사용하며 갈망이란 단어를 더함으로 사슴이 얼마나 목마른지 강하게 나타내고 있다.

사람이 갈증을 가장 많이 느낄 때가 바로 2% 물이 부족할 때라고 한다. 체내의 물을 5% 정도 잃으면 반 혼수 상태에 빠지며, 12%를 잃으면 생명을 잃는다고 한다. 청량 음료 중에 2%라는 광고 문구를 달고 나온 음료수가 많다. 바로 갈증을 느끼는 순간을 포착한 것이다.

우리 인간은 영·혼·육의 존재이다. 따라서 육체의 갈증이 있듯이 정신적인 목마름도 있다. 정신적인 목마름은 학문이나 문화 그리고 자유에 대한 목마름으로도 나타난다. 한 시대를 풍미했던 김지하 시인의 "타는 목마름으로"란 시를 우리는 잘 안다. 자유와 민주주의를 갈망하는 목마름을 시인은 이렇게 절규했다.

숨죽여 흐느끼며
네 이름을 남 몰래 쓴다.

감정 치유 기도

타는 목마름으로
타는 목마름으로
민주주의여 만세.

그러나 우리 인생이 더 심각하게 목마른 것은 물보다도 자유보다도 더 근원적인 것이 있다. 바로 영의 목마름이다. 인간은 근본적으로 영적인 존재이기에 영생의 물을 마시지 않으면 영혼과 육체까지도 메마르게 된다. 목말라 헤매는 가여운 사슴의 모습을 예레미야는 이렇게 지적한다.

내 백성이 두 가지 악을 행하였나니 곧 그들이 생수의 근원되는 나를 버린 것과 스스로 웅덩이를 판 것인데 그것은 그 물을 가두지 못할 터진 웅덩이들이니라 (예레미야 2:13)

2) 낙심과 불안에 떠는 영혼

우리 몸에 물이 부족하여 갈증을 느끼면 몸이 나른해지고 힘이 빠진다. 탈수 증상을 손쉽게 알아볼 수 있는 방법은 혀가 말랐는지 보면 안다. 혀는 항상 촉촉해야 되는데 혀가 바짝 말라 있다면 탈수 증상이 시작됐다는 신호이다. 갈증을 느끼는 것 또한 탈수 증상이다. 탈

수 현상이 나타나면 몸에서 다양한 증세가 나타난다. 예컨대 갈증, 불쾌감, 식욕 감소, 운동 수행 능력 감소, 구토감, 무력감, 체온 조절 능력 상실, 맥박 증가, 호흡 증가, 정신 집중 장애, 현기증, 혼돈, 극심한 무력감 같은 증세를 느낄 수 있다.

목마른 사슴이 바로 이런 고통을 당하고 있는 것이다. 그런데 목마른 사슴은 이런 육체적인 갈증뿐만 아니라 영적인 고통도 호소한다. 목마른 사슴은 영적이고 감정적인 갈증을 다음과 같이 호소한다.

> 내 영혼아 네가 어찌하여 낙심하며
> 어찌하여 내 속에서 불안해 하는가 (시편 42:5, 11; 43:5)

사슴의 목마름이 얼마나 강렬한지 동일한 호소를 세 번이나 반복한다. 시편 42편에 두 번과 43편에 동일한 말씀이 반복된다. 그만큼 목마름이 심하다는 것이다. 시편에서 목마른 사슴의 갈증은 낙심과 불안으로 나타난다. 영혼이 낙심하는 것, 영혼이 속에서 불안해 하는 것이 목마름의 핵심적인 현상이다. 낙심(落心)은 일이 바라던 대로 되지 않아 마음이 우울해지고 풀이 죽은 상태이다. 흔히 우리는 낙심이 클 때 낙심천만(落心千萬)이라 말한다. 우리는 인생을 살면서 몇 번이고 낙심해 본 일이 있다. 어쩌면 지금 이 글을 읽고 있는 분 중에도 낙심천만인 분도 있을 것이다. 낙심! 마음이 뚝 떨어져서 모든 일에 의욕을 잃고 그냥 멍하게 있어 본 일이 누구나 있다.

낙심한 마음! 즉 의욕이 떨어지고 소망이 떨어진 마음을 다시 제

감정 치유 기도

자리에 붙이는 일은 쉽지 않다. 시험에 낙방하고 낙심한 자녀의 축 처진 어깨, 애인한테 차이고 삶의 의욕을 잃어버리고 비틀거리는 자녀의 뒷모습, 직장에서 쫓겨나 갈 곳 없어 허공만 바라보는 남편의 공허한 눈길…. 우리 주변 어디서나 낙심한 사람들을 볼 수 있다. 아니 때로는 나 자신이 바로 그런 사람이다. 목마른 사슴이 먼 곳에 있지만은 않다. 남은 알지 못하지만 나 자신은 안다. 때로 내가 바로 목마른 가여운 사슴인 것을.

낙심에 대한 이야기가 있다. 어느 날 사탄이 경매 시장을 열었다. 사탄은 걱정, 두려움, 욕망, 슬픔, 자랑, 교만, 쾌락, 허영 같은 물건을 팔기 위해 사람들을 불러모았다. 그런데 상품 진열대 한쪽에 "세일하지 않음"이라는 낡은 꼬리표를 단 물건이 있었다. 구매자들은 궁금해서 왜 이 물건은 팔지 않느냐고 물었다. 사탄은 "다른 물건은 충분한 여분이 있지만, 이 물건은 내가 가지고 있는 것 중에서 가장 유용한 것으로 하나밖에 없어 매우 비싸다"고 말했다. 구매자들은 호기심이 일어서 그 물건이 무엇인지 보여 달라고 요청했다. 마지못해 사탄은 상자를 열고 그 물건을 보여 주었다. 그 물건의 이름은 바로 '낙심'이었다.

그렇다. 사람이 낙심하면 모든 것이 끝이다. 마음이 나로부터 뚝 떨어져 나갔는데 무엇을 할 수가 있겠는가. 낙심한 사람들에겐 의욕도 없고 미래도 없다. 낙심이 심하면 스스로 목숨을 끊기도 한다. 항우 같은 천하장사도 사면초가가 되자 낙심하여 스스로 목숨을 끊고 말았다.

낙심 뒤에 따라오는 것이 불안이다. 불안은 마음에 안정감이 없는 것이다. 낙심 즉 마음이 어디론가 떨어져 나갔으니 불안한 것은 당연하다. 사실 우리의 일상은 불안과의 끊임없는 싸움이다. 누군가를 만날 때, 새 일을 시작할 때, 운전을 할 때, 시험을 치를 때, 심지어는 가족과 휴일을 보낼 때도 불안감은 언제나 있다. 문제는 지나친 불안이다. 적당한 불안감을 갖지 않은 사람은 아무도 없다. 다만 몸과 마음에 치명적인 상처를 주는 심각한 불안감을 갖게 되면 순식간에 삶이 무너질 수 있기에 조심해야 한다.

옛 선조들은 불안한 마음을 다스리는 치심(治心)의 방법을 다양하게 추구했다. 그 방법은 독서를 통한 마음의 안정, 차(茶)와 다도를 통한 마음 가라앉히기, 산에 심취하여 자연과 벗하기, 마음 맞는 친구들과 어울려 수다를 떨며 불안을 떨치기, 화초를 가꾸며 더불어 마음을 가꾸기, 사군자 그리기, 악기를 연주하며 마음을 다스리기 등 다양한 방법이 있다. 이러한 방법은 지금도 부분적으로 유효하다.

그러나 중요한 것은 불안을 일시 회피하거나 모면하는 것이 아니라 이기는 것이다. 진정으로 불안을 이기려면 불안을 정면으로 대면해야 한다. 불안한 마음을 깊이 들여다보면, 내가 왜 이렇게 불안한지 원인이 대략 보인다. 그 원인은 다양할 것이다. 병 걱정, 돈 걱정, 불확실한 미래, 자녀의 불투명한 미래, 세무 사찰, 뜬소문, 험담, 실연, 실력의 한계, 원인 모를 속 쓰림 등 다양하다. 불안이 다가올 때 조용히 귀 기울이고 눈여겨보면 대략 불안의 원인을 알 수 있다. 그리고 많은 경우 막연한 불안, 까닭을 알 수 없는 불안일 수 있다. 근거 없는 불안이 불안을 더 키우기도 한다.

낙심과 불안에 떨고 있던 고라 자손은 불안을 떨치기 위해 적극적인 방법을 제시한다.

> 너는 하나님께 소망을 두라 그가 나타나 도우심으로 말미암아
> 내가 여전히 찬송하리로다 (시편 42:5, 11; 43:5)

그렇다. 불안을 극복하는 가장 좋은 방법은 하나님께 소망을 두는 것이다. 불안은 근본적으로 내 약함에서 온다. 연약한 나를 보면 볼수록 불안이 가중된다. 여기서 인식과 관점의 전환이 필요하다. "그래, 나는 어차피 불안한 존재야, 나는 어차피 연약한 존재야." 그 사실을 솔직히 인정하고 대신 전능하신 하나님을 바라보는 것이다. 마치 흔들리는 배가 닻을 내리듯이 내 불안한 마음의 닻을 하나님께 던지는 것이다. 우리가 닻을 그분께 내리면, 그분은 우리의 불안한 마음을 단단히 잡아 주실 것이다.

3) 사슴이 목마른 이유

"핑계 없는 무덤 없고, 이유 없는 비만 없다"는 말이 있다. 한 다큐프로그램에서 비만인 집단과 일반 집단 간의 차이점을 여러 실험을 통

해 보여 주었다. 두 집단에게 똑같은 크기의 방에서 식사를 하고 장소를 이동하지 않은 채 자유 시간을 주었다. 신기하게도 두 집단의 행동이 판이하게 달랐다. 천천히 식사를 마친 정상 집단은 허리를 세우고 바른 자세로 앉아 주변 사람들과 대화를 하거나 텔레비전을 시청했다. 반면 비만 집단은 무서울 정도로 빠르게 식사를 하고 바로 드러눕거나 벽에 기대어 늘어진 자세로 자유 시간을 보냈다. 그 중 대부분은 잠을 청했다. 이 사소한 행동에서 비만 집단의 이유가 밝혀졌다.

그렇다. 모든 일에는 나름대로 이유가 있다. 사슴의 영혼이 목마른 이유는 무엇일까. 그 첫 번째 이유는 사람들의 비방 때문이었다.

> 사람들이 종일 내게 하는 말이 네 하나님이 어디 있느뇨 하오니 내 눈물이 주야로 내 음식이 되었도다 내가 전에 성일을 지키는 무리와 동행하여 기쁨과 감사의 소리를 내며 그들을 하나님의 집으로 인도하였더니 이제 이 일을 기억하고 내 마음이 상하는도다 (시편 42:3-4)

목마른 사슴이 원한 것은 맑은 물이었다. 그러나 지금 목마른 사슴이 마시는 것은 눈물이다. 3절에서 목마른 사슴은 내 눈물이 주야로 내 음식이 되었다고 탄식한다. 생수 대신 눈물이 음식이 된 이유는 사람들이 그를 비아냥거리기 때문이다. 그 비아냥은 다름 아니라 "네 하나님이 어디 있느냐"는 것이었다. 그는 이전에 성일을 지키며 무리들과 함께 기뻐 노래하며 하나님 집으로 올라갔다. 그들의 앞에

서서 성전으로 그들을 인도하였다. 그 일을 생각하면 마음이 더 상하고 눈물이 난다. 왜냐하면 지금은 상황이 그렇지 않기 때문이다.

쉽게 말하면 이런 얘기다. 이전에 사람들을 전도하여 교회로 인도하고, 하나님 믿으면 복 받는다고 권하고 간증하였다. 그의 간증과 전도를 듣고 많은 이들이 교회로 나왔다. 그때는 정말이지 살맛이 났다. 가정의 일도 잘 풀리고, 아이들도 공부를 잘하여 대학도 척척 들어가 주었다. 사업도 번성해서 하는 일마다 대박이었다. 그 은혜를 힘입어 더욱더 열심을 내었다. 그러던 어느 날 갑자기 일이 꼬이기 시작했다. 사업이 기울고, 아이들이 반항하고, 몸에는 무서운 질병마저 들게 되었다. 갑자기 하늘이 먹구름으로 뒤덮여 버렸다. 동서남북을 가릴 수 없게 되었다.

그러자 사람들이 뒤에서 숙덕거리는 소리가 들려왔다. "저거 봐, 저 사람 믿음 엉터리 아니야? 혼자 그렇게 잘난 척하고 잘 믿는 척하더니, 왜 저래. 애들은 왜 그 모양이야. 사업도 부도가 났다며. 아마 믿음도 가짜였나 봐. 그러니까 저 모양이지. 안 그래? 하나님이 저 집안을 포기하셨나 봐." 그에게 하나님이 함께 계시지 않는 것 같은 일들이 일어난 것이다. 형통하기보단 불통하고, 건강하기보단 병들어 신음하는 모습에서 결코 하나님의 은총을 찾아볼 수가 없다. 그 모습을 보고 사람들이 수군거리는 것이다.

믿는 이들에게 가장 가슴 아픈 것은 이런 말을 듣는 것이다. "야! 네 하나님이 어디 있냐? 살아 계신다면 한번 보여 줘 봐. 야, 네 꼬락서니 보니 하나님이 계시긴 어디 계시냐. 하나님이 살아 계시면 잘 믿는 너를 이 모양으로 만들었냐. 그런 하나님이라면 난 안 믿겠다. 야, 안 그래? 너나 계속 잘 믿어라." 이런 비아냥을 들을 때 믿는 이들의 애간장은 타들어 간다. 애석하게도 지금 보이는 형편은 그들의 지적대로 본이 안 된다. 사업은 망하고, 몸은 병들고, 자식들은 속을 썩이고…. 바로 이런 고난 중에서 시편 기자는 눈물을 흘리며 목말라하고 있다. 10절에도 같은 말씀이다.

> 내 뼈를 찌르는 칼같이 내 대적이 나를 비방하여 늘 내게 말하기를 네 하나님이 어디 있느냐 하도다 (시편 42:10)

대적자가 조롱하며 끊임없이 말한다. "네 하나님을 보여 줘 봐. 그러면 믿을게. 야, 그런데 네 꼬락서니 보니 아닌 것 같아. 하나님 안 계신 것 같아." 이런 말은 날카로운 비수가 되어 내 뼈를 찌르고 마음을 쑤신다. 손톱 밑만 찔러도 고통을 참기 어려운데, 날카로운 칼로 뼈와 마음을 쑤시니 얼마나 아프겠는가?

"하나님이 안 계신 것 같아"라는 말은 하나님의 부재를 말한다. 우리는 때로 하나님이 나와 함께 계시는 임재를 경험한다. 그러나 때로는 하나님의 부재(不在)도 경험한다. 하나님의 부재 경험은 엄청난 아픔이다. 물이 없을 때 목마름을 느끼듯이, 하나님의 부재를 경험하면 깊은 영적 갈증을 느낀다. 하나님이 계시지 않는 것처럼 느껴지는 상황, 마음의 느낌, 그런 어려운 형편이 겹치면 그야말로 깊은 영적 침체로 빠져든다. 영혼에 어둔 밤이 임한 것이다. 지금 시편 저자는 갑자기 어려워진 상황, 그로 인한 사람들의 비아냥거림, 나아가 하나님의 부재를 경험하며 목마른 사슴처럼 쓰디쓴 눈물만 마시고 있는 것이다.

4) 기도는 기억을 타고 흐르다

'하나님 부재'라는 절망적인 상황에서 벗어날 길은 없는가? 정말 이대로 내 인생이 끝나는 것인가? 내 믿음의 결국이 이것이란 말인가? 목마른 사슴은 안절부절못하며 헤쳐 나갈 길을 찾는다. 구하고, 찾고, 문을 두드리면 열린다. 마침내 목마른 사슴은 한 줄기 희망의 빛을 발견하였다.

그것은 바로 '과거를 회상'하는 일이었다. 곰곰이 기억을 되살려 보니, 하나님이 함께하셨던 일들이 분명히 있었다. 그때 하나님이 기도에 분명 응답해 주셨다. 기도 응답의 체험이 분명히 있다. 그때는 내 영혼이 강건했다. 나도 한때는 펄펄 날았던 적이 있었다. 가슴이 뜨거웠던 때가 있었다. '아! 나에게도 전성기가 있었구나.' 갑자기 그 옛날이 그리워진다. 그 뜨거웠던 전성기를 기억하며 저자는 이렇게 고백한다.

내 하나님이여 내 영혼이 내 속에서 낙심이 되므로 내가 요단

> 땅과 헤르몬과 미살산에서 주를 기억하나이다 (시편 42:6)

그렇다. 하나님은 나를 요단 땅에서 만나 주셨다. 또 헤르몬과 미살산에서 하나님을 만난 분명한 체험이 있다. 우리는 요단 땅, 헤르몬, 미살산을 정확히 알 수 없다. 그러나 저자 자신은 분명히 그 장소를 기억하고 있다. 그 장소뿐만 아니라 그곳에서 만나 주셨던 하나님의 손길과 그 상황이 한 편의 드라마처럼 뇌리를 스친다. 아! 그 황홀했던 믿음의 추억이 깃든 장소. 그 일을 아무리 세월이 흘러도 결코 잊을 수 없는 귀한 장소이다. 영혼의 고향이었다.

그렇다. 인간은 기억의 존재이다. 인간은 기억이라는 도구를 통해 현재를 뛰어넘어 과거로 날아간다. 그리고 그때 그 장소에서 하나님 만났던 추억을 다시 한 번 되살릴 수 있다. 이것이 기억이 주는 은총이다. 기억은 단순한 과거 회귀가 아니라 은총 회복의 통로이다. 저자는 기억이라는 도구를 통하여 하나님의 부재감과 거리감을 떨쳐 버리기로 마음먹는다.[34] 하나님의 은혜를 강렬히 경험했던 과거를 회상하는 것은 매우 중요한 일이다. 과거가 없는 사람은 현재도 없다. 저자는 은혜로운 과거를 회상함으로 현재의 어려움을 이겨 나가고 있다.

과거를 기억하는 것은 현실 도피가 아니다. 하나님은 어제나 오늘이나 영원히 동일하신 분이다. 시간을 초월하시는 영원한 분이다. 그러나 인간은 유한한 시간의 존재이기에 지나간 과거보다는 늘 현실이 크게 보인다. 인간이 오늘만 살다 보면 소중한 것을 잊을 수가 있다. 즉 과거가 주는 유익함이다. 자칫 낭만적인 추억은 현실 도피의 창구가 되지만, 정확한 과거 회상은 때때로 현실을 극복하는 힘이 된다. 왜냐하면 과거의 경험이 오늘을 지탱하고 극복하도록 격려하기 때문이다. '아! 내가 과거에 이런 일도 이겨 냈는데, 이것을 못 이겨 내겠는가. 아! 하나님이 나를 과거에 이렇게 구원해 주셨는데 지금도 도와 주시지 않겠는가'라는 기대와 소망을 갖게 된다.

기억은 하나님의 은총이다. 과거에 우리를 도우신 하나님의 은총을 기억하는 것이 하나도 없다면 어떻게 오늘을 살아갈 수 있겠는가. 과거에 대한 신앙의 기억은 다시 한 번 기도하도록 우리를 격려한다. 기억은 기도의 유용한 도구이다. 지금 저자는 과거 요단 땅과 헤르몬과 미살산에서 자기를 만나 주셨던 하나님을 기억하고 있다. 그리고 그 기억을 다리 삼아 다시 한 번 하나님께 나아간다. 현재는 낙심천만한 일이 있지만 과거에 자신을 도우셨던 하나님이 지금도 살아계심을 의지한다.

16세기 가톨릭 종교개혁자이며 영성가였던 이냐시오는 「영신수련」에서 기억력의 역할을 매우 강조한다. 특히 죄 묵상에서 기억력을 적극적으로 활용하기를 권한다.[35] 천사들이 범죄한 것을 기억하고 이해해 보라고 한다. 이러한 기억 작용을 통하여 묵상이 더 깊어진다. 묵상은 아무런 근거 없이 그냥 공상하는 것과 다르다. 무엇인가 묵상거리가 있어야 된다. 즉 묵상의 주제가 필요하다. 그 묵상의 주제를 잡는 데 기억력이 중요한 역할을 한다.

전기가 전선을 타고 흐르듯이, 때로 기도는 기억을 타고 흐른다.

따라서 하나님에 대한 기억이 많은 것은 축복이다. 기도 응답에 대한 기억이 많을수록 좋다. 신앙의 전성기에 대한 추억이 많을수록 좋다. 중·고등부나 대학부 또는 청년기에 뜨거웠던 신앙의 체험이 분명하다는 것은 축복임에 틀림없다. 그 좋은 시절을 신앙적으로 아무런 사건도 없고 감동받을 일도 없이 그냥 맹송맹송 보냈다면 얼마나 무미건조한 일인가.

지금도 늦지 않았으니 무엇이든 신앙의 추억거리 혹은 기도의 추억거리를 만들도록 시간과 땀을 쏟아 보라. 수련회도 참가해 보고, 기도원도 찾아가 보고, 맹렬하게 성경 공부도 해 보고…. 신앙의 기억거리를 만들어 보라. 그리하면 영혼이 풍성해질 것이다. 혹 미래 어느 날 낙심하고 불안할 때, 시편 저자처럼 요단 땅, 미살산을 기억하며 기도할 수 있을 것이다. 낙심하고 불안할 때 신앙적으로 무엇인가 기억할 곳이 있는 사람은 복된 영혼이다.

나는 개인적으로 '기도' 하면 기억나는 몇몇 장소와 그곳에 얽힌 사연이 나름대로 있다. 무엇보다 구원의 확신을 갖게 되었던 오정목 회관을 기억하면 늘 마음이 새로워진다. 대학 일학년 되던 해 10월 1일. 당시 10월 1일은 국군의 날로 공휴일이었다. 선배에게 끌려간 선교 단체에서 그날도 예외 없이 성경 공부를 하였다.

로마서 1장 17절을 강의하던 간사님이 모든 학생에게 눈을 감으라고 하더니 "구원의 확신 있는 사람 손 들어!"라고 말했다. 힐긋 곁눈질하여 보니 약 1/3 정도만 손을 들었다. 그러자 간사님은 다시 열심히 구원의 도리를 설명하였다. 그 순간 그렇게 애타게 찾고 찾던 구원의 확신이 깨달아졌다. "아하! 그렇구나." 마치 헝클어져 있던 많은 퍼즐 조각이 거대한 손에 의해 한순간에 맞아 떨어지는 느낌이었다. 구원의 확신 이후 성경을 보는 눈이 열리고 기도가 확실히 달라졌음을 지금도 기억한다.

청년 때 기도에 불이 붙어 금식 기도 한다고 친구들과 어울려 찾던 오산리기도원, 한얼산기도원, 주미산기도원이 기억에 새롭다. 무엇보다 영성을 공부하며 말씀 묵상 기도를 훈련받았던 캐나다 구엘프(Guelph)의 로욜라하우스가 지금도 눈에 선하다. 로욜라하우스는 수십만 평의 드넓은 들판에 위치한 영성 훈련 센터이다. 개인이 사용하는 방은 침대 하나, 책상 하나, 옷장 하나뿐인 소박한 묵상 공간이다. 그곳에서 복음서를 묵상하며 나는 다시 한 번 살아 계신 인격적인 주님을 만났다. 그때 만나 뵈었던 주님의 깊은 고독과 자비로우심, 십자가의 고난과 부활의 능력을 기억하노라면, 다시 한 번 기도의 세계로 깊이 몰입하게 되며 마음이 뜨거워진다. 로욜라하우스는 내게 잊을 수 없는 영혼의 고향이다.

4) 하나님의 얼굴을 구하다

시편 42편과 43편의 경우 사실상 한 시편으로 보아야 한다. 표제도 같거니와 반복되는 후렴도 동일하다. 이 시편의 구조를 이렇게 볼 수

있다.[36]

1. 시편 42:1-5   a. 애가(1-4절)
                b. 후렴(5절)
2. 시편 42:6-11 a. 애가(6-10절)
                b. 후렴(11절)
3. 시편 43:1-5   a. 기도(1-4절)
                b. 후렴(5절)

요단 땅과 헤르몬과 미살산에서 만났던 하나님을 기억한 저자는 다시 한 번 힘을 내어 기도를 시작한다. 하나님께 기도하기로 작정한다. 기도는 때로 의지적인 작용이다. 기도는 분명 영적인 일이지만 동시에 전인적인 작용이다. 일차적으로 몸이 움직여야 기도가 되고 나아가 정신 작용을 동반한다. 이때는 지성적인 작용과 감정적인 작용도 함께 움직인다. 더불어 때로는 의지적인 결단이 필요하다. 아무리 기도하고 싶어도 몸이 따라가지 않으면 소용이 없다. 때로 의지적으로 결단하고 몸을 움직여 기도해야 한다. 다윗은 새벽을 깨우기로 결심하는 모습을 이렇게 고백한다.

하나님이여 내 마음이 확정되었고 내 마음이 확정되었사오니
내가 노래하고 내가 찬송하리이다 내 영광아 깰지어다
비파야 수금아 깰지어다 내가 새벽을 깨우리로다 (시편 57:7-8)

감정 치유 기도

감정과 의지는 묘한 역학 관계가 있다. 상한 감정은 의지를 약화시킨다. 마음이 상하거나 기분이 나쁘면 의지가 제대로 작동하지 않는다. 기분이 상하면 흔히 "에이, 될 대로 되라고 해"라며 자신을 내팽개친다. 마치 고장난 브레이크처럼 의지가 작동하지 않는다. 그냥 방치하고 포기하고 만다. 이것은 마치 악성 바이러스를 먹은 컴퓨터가 제대로 작동하지 않는 것과 같다. "기분 나쁘면 천국도 가지 않는다"는 말처럼 기분과 감정이 기도에 미치는 영향은 심각할 정도로 크다.

사실 우리 자신도 기분이 나쁘면 기도할 마음이 싹 가실 때가 있다. 기도해야 됨을 알면서도 마음이 마음대로 움직여지지 않는다. 또한 교회에서 기분 나쁘다고 함부로 기도하는 경우도 종종 볼 수 있다. 기도가 아니라 화풀이처럼 험한 말을 쏟아 낼 때도 있다. 십여 년 전 섬기던 교회에서 주일 예배 시간에 한 장로님이 대표 기도를 참으로 뜨겁게 하였다. 웅변조의 길고도 뜨거운 기도는 주로 목사님을 향한 화풀이였다. "당신, 한번 잘 들어 둬"라는 말이었다. 시간을 재어 보니 17분이었다. 세상에! 전무후무한 그 대표 기도를 지금도 기억한다.

마음이 낙심되고 불안으로 가득 찬 시편 저자는 기도를 하지 못하고 탄식만 하고 있다. 그러다 어느 순간 하나님 만났던 과거를 기억하자 신기하게도 기도할 힘이 생겨났다. 이웃의 비난으로 상했던 감정을 하나님께 쏟아 놓기 시작했다. 그 기도는 먼저 원수를 겨냥한다. 저자는 대적으로부터 자기를 구원해 달라고 강청한다. 하나님이 자기 억울한 일의 변호사가 되어 달라고 호소한다(시편 43:1). 나는 무력하니 공의로우신 하나님이 대신 그의 손을 봐 달라고 울부짖는다.

이런 기도를 해 본 일이 있는가. "하나님! 내 대신 그 사람 손 좀 한번 봐 주세요!" 그리고 마음속으로 그 사람을 욕하고 저주하며 정말 하나님이 그의 코를 납작하게 만들어 주시길 기도해 본 일이 있는가. 지금 저자는 하나님이 공의로운 심판관이 되셔서 그 사람 손을 봐 주시길 고대하고 있다. 이런 기도에는 흔히 감정의 전이가 일어난다. 원수를 증오하던 감정이 나에게서 하나님께로 옮겨 간다. 마치 동대문에서 뺨 맞고 남대문에 가서 화풀이하듯이, 원수를 향한 나의 상한 감정과 속상함이 하나님을 향한 눈물과 탄식이 될 때가 있다.

이러한 감정의 전이가 일어나면, 내 마음에서 상한 감정은 사라지고 대신 하나님이 주시는 위로가 임한다. 상한 감정 대신 정화된 감정 즉 정감이 임하게 된다.

상한 감정은 의지를 무력화시키나 정화된 감정 즉 정감은 의지를 강화시킨다. 정감이란 하나님의 감동을 받은 감정이기에 그 속에 이미 하나님의 능력이 임했기 때문이다. 감정은 내 기분대로 움직이지만, 정감은 하나님의 감동을 따라 움직인다. 감정은 원수의 얼굴을 노려보지만, 정감은 원수의 얼굴을 넘어 하나님의 얼굴을 구한다. 목마른 사슴처럼 낙심과 불안으로 헐떡이던 저자는 드디어 하나님의 얼굴을 갈망한다.

> 내 영혼이 하나님 곧 살아 계시는 하나님을 갈망하나니
> 내가 어느 때에 나아가서 하나님의 얼굴을 뵈올까 (시편 42:2)

감정 치유 기도

하나님의 얼굴을 뵙는 것이 기도의 결론이다. 원수의 얼굴이 아무리 사나워도 하나님의 얼굴을 뵐 수만 있다면 두려울 것이 없다. 야곱은 에서의 얼굴 보기를 두려워하였다. 20년 세월이 흘렀어도 형의 얼굴을 보기가 두려워서 얍복 강에서 밤을 지새며 기도하였다. 그날 밤 기도 중에 야곱은 하나님의 얼굴을 보았다. 그리고 야곱은 그곳을 브니엘-하나님의 얼굴-이라 불렀다. 하나님의 얼굴을 본 야곱은 담대히 형 에서를 만날 수 있었다. 그에게 더 이상 두려움이나 불안은 없었다. 하나님의 얼굴을 보고도 살아났는데 그까짓 인간의 얼굴 보기를 두려워하겠는가.

그렇다. 우리는 나를 못살게 구는 사람의 얼굴을 보면 낙심과 불안이 일어난다. 마음이 흔들린다. 낙심과 불안은 점점 감정을 혼란스럽게 하며, 감정은 점점 악화되어 나 자신을 감정의 늪으로 몰고 간다. 상한 감정은 기도할 의지마저도 무력화시킨다. 그러나 상한 감정이 눈물이 되고 탄식이 되어 하나님께 상달되면 상황이 반전된다. 무엇이든 하나님의 손길이 닿으면 근본적인 변화가 일어난다. 무에서 유를 창조하시듯, 흙에서 인간을 창조하시듯, 하나님의 손길이 닿으면 상한 감정은 정감으로 변한다.

From Emotional Prayer to Affective Prayer

2.

정직한 영을 새롭게 하소서

(시편 51편; 사무엘하 11-12장)

> 하나님이여
> 내 속에 정한 마음을 창조하시고
> 내 안에 정직한 영을 새롭게 하소서
> (시편 51:10)

감정 치유 기도

1) 세상에서 가장 맛있는 사과

세상에서 가장 맛있는 사과는 무엇일까? 얼마 전 일본을 뒤흔든 사과 사건이 있었다. 소위 '기적의 사과' 이야기다. 기무라 아키노리란 농부가 농약과 비료를 전혀 쓰지 않고 순수 자연 농법으로 최고의 사과를 만들어 낸 감동 스토리다. 숱한 고비를 넘기고 10여 년 만에 드디어 자연의 힘만으로 사과가 열렸다.

기적의 사과라는 별칭은 도쿄의 한 레스토랑에서 얻은 것이다. 그곳의 주방장이 스프 재료로 쓰고 남은 사과를 냉장고 위에 그냥 두었다가 1년이 지난 후 우연히 냉장고 위에서 오그라든 채 썩지 않은 것을 보았다. 그 후로 이 사과를 '기적의 사과'라 불렀다고 한다. 이 사과는 온라인에서 3분 만에 품절되었고, 이 재료로 만든 수프를 먹으려면 1년을 기다려야 한다.

그러나 이 사과보다 더 맛있는 사과를 먹은 사람이 있다. 바로 하와와 아담이다. 하와는 인류 역사상 최초로 사과를 먹은 사람이다. 그것도 에덴 동산에서 하나님 몰래 훔쳐 먹었다. 훔쳐 먹는 사과가 제일 맛있다는 속담이 있다. 맞는 말이다. 훔쳐 먹는 물이 달고, 훔쳐 먹는 떡이 맛있는 법이다. 하와는 사람의 사과가 아니라 하나님의 사과를 훔쳐 먹었으니 얼마나 맛있었겠는가. 하나님의 눈치를 보며 들키지 않게 살금살금 사과를 몰래 따서 한 입 베어 뜨고, 그 맛이 너무 황홀해서 아담에게도 건넸다. 아담 역시 훔친 사과를 한 입 베어 먹고 그 맛에 도취해 버렸다. 이 세상에서 가장 맛있는 사과를 먹은 사람이 바로 아담과 하와이다.

    그러나 공짜 점심은 없는 법이다. 다 대가를 치르기 마련이다. 아담과 하와가 금단의 사과를 훔쳐 먹은 대가는 실로 엄청났다. 그들이 치른 사과 값은 에덴 동산에서의 추방이었다. 아담은 땀 흘려 노동해야 했으며, 하와는 해산의 고통을 당해야 했다. 무엇보다도 하나님의 얼굴을 더 이상 볼 수 없었다. 사과를 먹고 그들이 얻은 것은 고작 무화과 나뭇잎으로 만든 허름한 옷과 가죽으로 만든 옷 한 벌이 전부였다. 그리고 벌거벗은 몸뚱이를 보는 부끄러움이었다. 사과 값치고는 너무나 비싼 값을 혹독하게 치르고 말았다.

    아담의 후예인 다윗도 아담만큼이나 값비싼 수업료를 내는 일을 벌이고 말았다. 어느 해 봄이었다. 다윗의 군대는 당시 관습을 따라 이웃 부족과 전쟁을 하였다. 전쟁은 영토를 넓힐 뿐만 아니라 양식과 물건도 빼앗는 연례 행사였다. 부하 장수들이 전장에 나갔지만 다윗은 궁전에 남아 있었다. 이젠 국가가 안정되어 웬만큼 굴러가고 있었다. 중요한 전쟁도 아니기에 일일이 왕이 전장의 선두에 설 필요도 없었다. 좀 여유를 갖고 느긋하게 지내도 별 문제될 것이 없었다.

    이제 다윗도 '배가 부르고 등도 따습게 된' 것이다. 사람들은 이때를 흔히 안정기 혹은 전성기라고 부른다. 그렇다. 안정기는 모든 인간들이 추구하는 바람직한 이상향이다. 고난과 환난을 벗어나서 좀 여유 있게 쉬고 싶은 것이다. 사실은 이때가 위기이지만, 우리는 이때를 위기라고 생각하지 않는다. 오히려 전성기라고 생각한다. 사도 바울은 섰다고 생각할 때 넘어질까 조심하라고 경고했지만, 그것은 우리와 상관없는 말로 들린다. 다른 사람은 몰라도 나는 넘어지지 않는다고 확신한다.

'우심뽀까'란 말이 있다. "우리 심심한데 뽀뽀나 할까"란 말이다. 다윗이 바로 그런 상황이었다. 국정은 안정되고, 힘은 남아돌고, 심심하던 차에 다윗 눈에 아리따운 여인이 나타났다. 어느 날 나른한 오후가 지난 저녁 무렵. 다윗은 침상에서 낮잠을 늘어지게 자고 난 후, 길게 한숨을 토하고 왕궁을 슬슬 거닐고 있었다. 어슬렁거리며 잠을 깨우고 있는 다윗의 눈을 확 깨우는 그림이 보였다. 저녁 석양빛에 한 여인이 목욕을 하고 있었다. 노곤한 다윗의 눈에 석양빛을 받은 여인은 눈부시게 아름다워 보였다. 요즘 말로 S라인의 몸매인데다 석양녘 조명발까지 받은 것이다. 다윗은 즉시 사람을 보내어 그가 누구인지 알아냈다. 밧세바였다.

그 후의 일은 일사천리로 신속하게 진행되었다. 다윗은 즉시 전령을 보내어 왕명을 전했다. 밧세바는 지체없이 다윗 앞에 대령하였다. 그리고 두 사람은 한 침대에 눕게 되었다. 훔쳐 먹는 사과가 달다는 말처럼 다윗은 달콤한 한 밤을 즐겼다. 잠언은 말한다. "도둑질한 물이 달고 몰래 먹는 떡이 맛이 있다"(잠언 9:17). 그날 밤 다윗이 그러했다. 모든 일이 그야말로 순식간에 진행되었다. 아무것도 거칠 것이 없었다. 다윗은 이런 일쯤이야 왕으로서 한번 해도 괜찮은 일이라고 생각했을 것이다. 잠언은 아내를 샘물에 비유한다.

네 우물의 물을 마셔라. 네 샘에서 솟는 물을 마셔라. 어찌하여 네 샘을 바깥으로 흘려 보내고 그 물줄기를 거리로 흘려 보내느냐? 그 물은 너 혼자 마셔라. 다른 사람과 함께 마시지 마라. 네 샘터가 복된 줄 알아라. 젊어서 맞은 아내에게서 즐거움을 찾아라. 사랑스러운 네 암노루, 귀여운 네 암사슴, 언제나 그 가슴에 파묻혀 늘 그의 사랑으로 만족하여라. 아들아, 어찌 탕녀에게 빠지며 유부녀를 끼고 자겠느냐? 야훼께서는 사람의 발자국 하나하나 살피시니 사람의 일이 그의 눈길에서 벗어날 수 없다. 악인은 제 잘못에 걸리고 제 죄의 올무에 얽매인다. (공동번역, 잠언 5:15-22)

타락한 인간은 늘 더 단 것, 맛있는 것을 찾는다. 정상적인 것보다 소위 스릴 있는 것을 즐긴다. 훔쳐 먹는 사과가 맛있듯이 다른 여인과 몰래 잠자리를 하는 것이 더 짜릿하다고 생각한다.

현대 사회는 문학과 예술의 이름으로 이런 것을 부추기며 그런 분위기를 연출한다. 그러기에 많은 현대인들이 그저 배고플 때 밥 먹고, 술 고플 때 술 먹는 것처럼, 성(性) 고플 때 성을 먹는 것으로 생각한다. 현대는 술 권하는 사회를 넘어, 성 권하는 사회로 이미 들어섰다. 그러나 분명한 것은, 죄는 죄다. 아무리 사람들이 "그것은 낭만이에요. 그것은 문학이고 예술일 뿐예요"라고 소리를 높여도, 죄가 문학의 이름이나 예술의 이름으로 정당화될 수 없고, 탕감받을 수도 없다. 하나님이 죄라 하시면 그것은 죄일 뿐이다.

2) 악은 악을 부르고

다윗은 하룻밤의 즐거움을 잊고 지냈다. 그런 일이야 왕 다윗에게 대수로운 일이 아니었다. 그러나 얼마 후 밧세바로부터 신경 쓰이는 전갈이 날아왔다. 그날 이후 임신했다는 것이다. 그러나 산전수전 다 겪은 다윗에게 그런 일은 식은 죽 먹기나 마찬가지였다. 다윗의 머리는 잽싸게 돌아갔다. 즉시 전령을 전쟁터로 보내어 밧세바의 남편 우리아를 특별 휴가로 불러들였다. 그동안 수고했으니 집에 가서 좀 쉬라는 것이다. 그야말로 성은이 망극한 일이다. 그러나 일이 다윗 마음대로 굴러가지 않았다. 충직한 우리아는 끝내 집에 들어가지 않았고, 다시 다윗의 밀서를 손에 쥔 채 전쟁터로 돌아갔다. 그리고 다윗의 밀지대로 전쟁터에서 전사하고 말았다. 커다란 음모였다.

이 모든 일은 일사천리로 진행되었다. 어느 누구도 이 일을 눈치채지 못했다. 그러나 일이 눈덩이처럼 점점 커져 버렸다. 순간적인 정욕은 간음이 되고 간음은 살인이 되었다. 욕심이 잉태한즉 죄를 낳고 죄가 장성한즉 사망을 낳은 것이다(야고보서 1:15). 우리는 여기에서 놀라지 않을 수 없다. 그렇게 순수했던 다윗이 언제 이렇게 교활하고 잔인한 인간이 되었는가. 불쌍한 사람을 돌보고 그들의 친구가 되었던 그가 어느새 약자의 등쳐 먹는 **뻔뻔한 불량배**가 되었는가.

무엇이 다윗을 이렇게 변질시키고 말았을까. 다윗의 생애에 두고두고 잊을 수 없는 세 사람이 있다면 골리앗, 밧세바, 압살롬일 것이다. 골리앗과 밧세바, 두 사람은 아주 대조적이다. 한 사람은 거대한 장수이고, 한 사람은 부드럽고 아름다운 여인이다. 한 사람은 다윗에게 구국의 영웅이라는 명예를 안겨 주었지만, 한 사람은 성적 타락과 살인이란 수치를 안겨 주었다. 다윗이 골리앗을 만났을 때는 무명의 신인이었지만, 밧세바를 만났을 때는 모든 사람의 존경을 받는 왕이요 인생의 전성기였다. 바로 그때 문제가 일어난 것이다. 다윗이 배부르고 등이 따스운 때였다.

성경은 지혜로운 인생이 살아 생전에 하나님께 구해야 할 두 가지 기도를 알려 준다.

> 내가 두 가지 일을 주께 구하였사오니 나의 죽기 전에 주시옵소서 곧 허탄과 거짓말을 내게서 멀리 하옵시며 나로 가난하게도 마옵시고 부하게도 마옵시고 오직 필요한 양식으로 내게 먹이시옵소서 혹 내가 배불러서 하나님을 모른다 여호와가 누구냐 할까 하오며 혹 내가 가난하여 도적질하고 내 하나님의 이름을 욕되게 할까 두려워함이니이다 (잠언 30:7-9)

이 말씀은 인간이 얼마나 나약한 존재인지를 잘 그려 준다. 인간은 거짓말에서 자유로울 수가 없다. 인류의 조상 아담과 하와가 거짓말쟁이였다. 그 후손인 우리 역시 크게 다르지 않다. 다만 거짓말이 다양해지고 교묘해졌을 뿐이다. 영화사 20세기 폭스의 연구에 의하면, 남자가 여자보다 거짓말을 두 배나 더 많이 한다고 조사됐다.

영국인 2,000명을 대상으로 실시한 설문 조사 결과에 따르면,

남녀 모두가 가장 흔히 하는 거짓말은 "응, 아무 일 없어, 괜찮아"이다. 또한 "미안, 전화 온 줄 몰랐어" "지금 밖이거든" "그리 많이 마신 거 아냐" "그렇게 비싼 거 아냐" 등이 남녀 모두에게 해당하는 10대 거짓말에 포함됐다.

이밖에 남녀 응답자의 83%는 "부인·남편 등이 거짓말하면 금방 티가 난다"고 답했다. 하지만 보디랭귀지 전문가인 리처드 뉴먼은 "흔히들 상대방이 거짓말할 때면 얼굴과 눈길을 피하리라 생각하지만 사실은 이와 정반대"라고 말했다. 오히려 자신의 말이 정말이라는 것을 확신시키기 위해 되레 바른 자세로 똑바로 쳐다본다는 것이다. 남녀가 자주 하는 10대 거짓말은 다음과 같다.[37]

남성

1. 아무 일 없어, 괜찮아.
2. 이게 마지막 한 잔이야.
3. 당신 엉덩이가 그리 크게 보이지 않는데?
4. 전혀 몰랐어.
5. 휴대 전화 배터리가 나갔어.
6. 미안, 전화 온 줄 몰랐어.
7. 그리 많이 마신 거 아냐.
8. 지금 밖이거든.
9. 그렇게 비싼 거 아냐.
10. 차가 막혀서….

여성

1. 아무 일 없어, 괜찮아.
2. 이거? 새것 아냐. 좀 된 건데….
3. 그렇게 비싼 거 아냐.
4. 세일하기에 샀어.
5. 지금 밖이거든.
6. 그게 어디 있는지도 몰라. 손도 댄 적 없어.
7. 그리 많이 마신 거 아냐.
8. 아, 머리 아파.
9. 내가 버린 것 아닌데….
10. 미안, 전화 온 줄 몰랐어.

어쩌면 이런 거짓말이야 애교로 봐줄 수 있을 것이다. 그러나 다윗이 한 거짓말은 애교로 봐주기에는 너무나 심각했고 의도적이었다. 자기 부하의 아내를 강제로 범하고 그것을 은폐하려고 그 남편마저 계획적으로 살인하였다. 전쟁이라는 합법을 가장한 일종의 청부살인이었다. 악은 악을 부르며, 악이 점증된다. 악인은 악을 점증시킴으로 악에 도취하고, 그럼으로써 악을 잊으려 한다. 마치 마약이 더 강력한 마약을 부르고, 술이 더 강력한 술을 부르듯이, 악은 더 강한 악을 불러들인다. 악의 악순환이다. 다윗도 작은 악을 은폐하기 위해 더 큰 악을 저지르는 악의 악순환에 빠져들고 말았다.

감정 치유 기도

3) 텔릭스 쿨파

꼬리가 길면 잡히는 법이다. 다윗의 범죄는 누구도 알지 못하는 완전 범죄처럼 보였다. 오직 당사자인 다윗과 밧세바만 알 뿐이다. 그러나 성경은 다윗의 악행이 사람 앞에, 아니 하나님 앞에서 결코 감추어질 수 없음을 강조한다. 다윗은 나름대로 은밀하고 교묘하게 밧세바를 만났지만 그 흔적이 고스란히 남아 있었다. 마치 은밀한 개인의 통화 내용이 통화 기록에 남는 것처럼, 범인의 지문이 현장에 남는 것처럼, 다윗의 악행 흔적도 여러 곳에 남아 있었다.

그 흔적은 '보내니'라는 단어에 지문처럼 남아 있다. 사무엘하 11장에는 '보내어'라는 단어가 무수히 반복된다. 다윗은 처음 밧세바가 누구인지 알아보도록 사람을 '보냈다.' 그다음 전령을 '보내' 밧세바를 궁으로 불러들였다. 그 후 밧세바는 다윗에게 사람을 '보내어' 자기가 임신한 사실을 알렸다. 이 소식을 들은 다윗은 요압에게 전령을 '보내어' 우리아를 자기에게 보내라 하였다. 다윗은 우리아를 자기 집으로 보내려 했지만 거듭 실패하였다. 그러자 다윗은 우리아의 손에 밀서를 쥐어 주고 다시 요압에게 '보냈다.' 밀서에 의해 우리아는 전장터 앞에 보내졌고 급기야 밀서의 지시대로 죽고 말았다. 이 사실을 요압이 다윗에게 전령을 '보내어' 보고하였다. 다윗을 중심으로 사람들이 오간 흔적이 마치 사막에 뱀이 지난 자국처럼 드러난다.

'보내다'라는 단어가 결정적으로 쓰인 곳은 사무엘하 12장이다. 그전에는 사람들만 서로 오갔다. 사람들이 오고 간 것을 모두 안 사람은 다윗뿐이다. 다른 사람들은 각자 분리되어 사건의 진상을 단편적으로만 알 수밖에 없었다. 그러기에 다윗이 안심했을지도 모른다. 사무엘하 11장에서 다윗의 악행은 모두 정리되고 은폐되었다. 그러나 바로 그 순간 다윗에게로 한 사람이 보내졌다. 하나님께서 '보낸' 사람이었다.

> 야훼께서 예언자 나단을 다윗에게 보내셨다. (공동번역, 사무엘하 12:1)
>
> 그러자 이제는 여호와께서 다윗에게 예언자 나단을 전령으로 보내셨다. (현대인의 성경, 사무엘하 12:1)

드디어 하나님께서 나단을 다윗에게 '보내셨다'. 하나님께서 예언자를 보내자 모든 상황은 반전되었다. 다윗의 모든 은폐가 드러나기 시작하였다. 나단은 짧지만 강한 펀치를 다윗에게 날렸다. 한 마을에 양이 많은 큰 부자가 살고 있었다. 어느 날 친구가 찾아오자 부자는 자기 양을 잡지 않고 암양 새끼 한 마리만 기르는 가난한 이웃 사람의 양을 빼앗아 친구를 대접하였다. 이 말을 들은 다윗은 매우 분개하며 소리쳤다. "살아 계시는 여호와 앞에 분명히 맹세하지만 그런 녀석은 마땅히 사형을 받아야 한다"(사무엘하 12:5). 바로 그때 나단이 결정타를 다윗에게 날렸다.

이때에 나단이 다윗에게 말하였다. "당신이 바로 그 사람이요!"

Then Nathan said to David, "You are the man!" (NIV, 사무엘하 12:7)

다윗은 그 펀치 한 방에 나가떨어지고 말았다. 다윗은 나단에게 모든 것을 실토하며 고백하였다. "내가 여호와께 죄를 범하였습니다"(사무엘하 12:13). "내가 하나님께 죄를 지었습니다"란 고백은 자기 비하가 아니다. 자기를 괴롭히는 절망의 외침이 아니라, 소망이 가득한 선언이다. 그 이유는 자기에게 절망하고 하나님께 소망을 두는 것이기 때문이다.

아우구스티누스가 한 말로 여겨지는 라틴어 어구 "펠릭스 쿨파"(*felix culpa*)란 말이 있다.[38] "오 행복한 죄여" "복된 죄여"라고 번역되는 이 말만큼 역설적인 죄 고백은 없다. 이 고백은 특히 서구 교회 전통에서 부활절 전야제(Easter Vigil)에 종종 암송되는 구절이다.

"오, 복된 죄여! (*felix culpa*)
너로 말미암아 우리가 위대한 구세주를 얻을 수 있게 되었도다!"
O felix culpa quae talem et tantum meruit habere redemptorem!

죄(罪)가 복될 리는 없지만, 역설적으로 그 죄로 인하여 구원의 복을 누리게 되었기 때문에 "오, 복된 죄여"라고 고백하는 것이다. '구원받은 행복한 죄인'이라고 할 수 있다. 사도 바울도 일찍이 이와 비슷한 말을 하였다.

> 율법은 범죄를 증가시키려고 끼어들어 온 것입니다. 그러나 죄
> 가 많은 곳에, 은혜가 더욱 넘치게 되었습니다.
>
> (새번역, 로마서 5:20)

유진 피터슨은 그리스도인이 해야 될 가장 중요한 임무는 '죄를 피하는 것이 아니라 범한 죄를 인지하는 것'이라고 말한다. 이 말은 우리가 죄를 피하는 것, 짓지 않는 것은 결국 불가능한 일이기 때문이다. 물론 그렇다고 죄 짓는 것이 정당화될 수는 절대로 없다. 죄를 짓지 않는 것보다 더 중요한 것은 죄를 인정하고 고백하는 것이다.

> 만일 우리가 우리 죄를 자백하면 그는 미쁘시고 의로우사 우
> 리 죄를 사하시며 우리를 모든 불의에서 깨끗하게 하실 것이
> 요 (요한일서 1:9)

그렇다! 죄를 짓지 않는 것 못지않게 중요한 것은 우리의 죄를 솔직히 고백하는 것이다. 이때 우리는 죄책감에서 해방되며 하나님의 용서를 경험한다. 동이 서에서 먼 것처럼, 주홍빛 같은 죄가 흰 눈같이 되는 것을 죄 고백에서 맛본다. 다윗은 나단의 경고를 듣고 자기 죄를 인지하였다. 그리고 자기 죄를 고백하며 울부짖는다.

> 무릇 나는 내 죄과를 아오니 내 죄가 항상 내 앞에 있나이다
> 내가 주께만 범죄하여 주의 목전에 악을 행하였사오니 주께서

감정 치유 기도

> 말씀하실 때에 의로우시다 하고 주께서 심판하실 때에 순전하시다 하리이다 내가 죄악 중에서 출생하였음이여 어머니가 죄 중에서 나를 잉태하였나이다 (시편 51:3-5)

4) 우슬초로 나를 씻으소서

죄를 인지하고 고백한 사람은 어떻게 하든 죄로부터 자유하길 갈망한다. 왜냐하면 죄가 나를 주장하기 때문이다. 사탄은 우리로 하여금 죄를 짓게 하고 또 그 죄책감에 붙잡혀 시달리게 한다. 사탄은 죄의 사슬로 우리를 옭아매어 인간을 왜소하게 만들고 비인간화시키며 절망하게 한다. 사탄의 전략은 죄의 악순환이다. 이 악순환에 한번 빠지면 빠져나가기가 쉽지 않다. 마치 조직 폭력단에 한번 발을 들여놓으면 발을 빼기가 쉽지 않은 것과 마찬가지이다. 죄와 죄책감의 악순환이 계속된다. 그것은 거대한 소용돌이 같아서 여간해서 빠져나올 수 없다.

그러나 죄책감을 강하게 느끼는 것은 좋은 현상이다. 이것은 마치 몸이 병들었을 때 통증을 강하게 느끼는 것과 마찬가지다. 사람은 통증을 느껴야 의사를 찾아간다. 사람은 웬만큼 아프지 않고는 의사를 찾지 않는다. 몸에 통증이 심해야 비로소 의사를 찾는다. 마찬가지로 죄책감을 크게 느낄수록 하나님을 찾을 가능성도 높아진다.

그러나 현대인들은 어찌하든지 죄책감을 느끼려 하지 않는다. 죄책감을 회피하려 한다. 죄책감을 심리 현상이나 호르몬 문제나 정신신경학적으로 해석하여 면죄부를 주려 한다. 또한 다양한 문화나 예술이란 이름으로 죄책감을 빗겨 나가려 한다. 그러나 죄책감이 죄로부터 기인한 것을 인정하고 정면으로 대면하는 것은 매우 중요하다. 이것은 마치 통증을 피하려고 모르핀을 맞는다고 병이 없어지는 것이 아닌 것처럼, 일시적으로 죄책감을 회피한다고 해서 죄가 없어지는 것이 아니다.

때로 죄를 정면으로 대면하는 것은 매우 중요하다. 죄에 대해 깊은 묵상을 권했던 이냐시오는 「영신수련」에서 묵상의 첫 주제로 죄를 제시한다. 그는 우선 타락한 천사의 범죄와 아담의 원죄 그리고 인간이 범한 죄를 묵상하라고 한다. 또한 자신의 죄를 깊이 묵상하며 나아가 지옥을 묵상하라고 한다.

특히 지옥을 묵상할 때는 오감을 사용하기를 권한다. 상상의 눈으로 지옥의 길이와 넓이와 크기를 상상해 본다. 귀로 지옥에서 통곡하며 울부짖는 소리를 들어 본다. 후각으로 연기와 유황이 타며 썩는 냄새를 맡아 본다. 미각으로 눈물과 양심의 가책의 쓰라림을 맛본다. 촉각으로 얼마나 뜨거운 불길이 영혼을 휩싸고 있는지 느껴 본다.[39] 이렇게 오감을 통하여 총체적으로 지옥을 묵상하고 나면 지옥이 얼마나 두려운 곳인지 느낄 수 있다.

지옥에 대한 두려움이 크면 클수록 죄에 대한 두려움과 거부감도 커진다. 그 두려움 때문에 지옥에 가지 않으려고 죄를 거부하게 된

다. 칼뱅도 회개의 동기는 하나님을 두려워하는 데서 시작된다고 한다. 인간이 하나님의 최후의 심판을 두려워하고 지옥을 두려워할 때 비로소 죄를 미워하고 무서워하게 된다. 인간의 타락한 마음은 무디고 완고해서 날카롭게 찔리지 않으면 죄를 자각하지 못한다. 따라서 회개도 하지 않는다.[40] 지옥의 두려움이 영혼을 엄습할 때 비로소 인간은 회개하게 된다.

다윗은 나단의 메시지를 통하여 자기 죄를 알게 되었다. 자기의 행위가 하나님 보시기에 악한 죄임을 자각하고 자기의 죄를 인정하며 두려워하였다. 다윗은 자기 죄의 근원을 찾기 시작하였다. 그 죄의 뿌리가 얼마나 깊은지 다윗은 "자기가 죄악 중에 출생하였고, 어머니가 죄 중에서 자기를 잉태하였다"고 고백한다. 곧 자기의 출발이 죄라는 것이다. 자기 존재 자체가 죄와 깊이 결부되어 있음을 인정한다. 이 깊은 죄책감 속에서 다윗은 두려워 떨며 하나님의 자비를 요청한다.

> 나를 주 앞에서 쫓아내지 마시며 주의 성령을 내게서 거두지 마소서 (시편 51:11)

이 깊은 두려움만큼이나 다윗은 용서와 회복을 갈망하게 된다. 자기 죄를 용서받지 못한다면 주님 앞에 다시 설 수 없기 때문이다. 그 큰 두려움으로 다윗은 죄 용서받기를 갈망하며 투르짖는다.

> 우슬초로 나를 정결하게 하소서 내가 정하리이다

나의 죄를 씻어 주소서 내가 눈보다 희리이다 (시편 51:7)

우슬초는 성경에서 정결 예식에 사용되던 식물이다. 일부 서양 학자들은 우슬초를 바위 틈에 나는 이끼로 생각하지만, 출애굽기를 보면 우슬초(אזוב 에조브) 묶음으로 어린 양의 피를 적시어 문설주와 인방에 뿌리라고 하였다(출애굽기 12:22). 그래야 죽음의 사자가 그 피를 보고 넘어가기 때문이다. 우슬초에 피를 적시어 뿌리는 것을 보면 우슬초는 줄기와 잎이 있는 식물임에 틀림없다. 성경의 우슬초는 한국에 없는 식물이다. 3월 말이나 4월 초 아직 꽃이 피기 전이므로 잔털이 많고 줄기가 부드러워 양의 피를 묻혀 뿌리기에 적합하다. 우슬초는 이스라엘 사람들에게 향신료로 쓰이기도 한다.

우슬초가 성경에서 일차적으로 사용된 것은 정결 의식 때이다. 레위기는 나병 환자가 정결하게 되는 날에 그 사람을 제사장에게로 데려가서 진찰을 받도록 했다. 그의 나병 환부가 나았으면, 제사장은 그 정결함을 받을 자에게 정결한 새 두 마리와 백향목과 홍색 실과 우슬초를 가져오게 하였다. 새를 산 채로 백향목과 홍색 실과 우슬초와 함께 가져다가 흐르는 물 위에서 잡은 새의 피를 찍어 나병에서 정결함을 받을 자에게 일곱 번 뿌리며 정하다고 말하였다(레위기 14:2-7).

우리아의 몸에서 피를 본 다윗은 나단의 메시지를 통하여 자기의 죄를 자각하였다. 왕으로서 이 정도는 해도 괜찮은 일이 아니고 하나님 앞에 큰 범죄임을 깨달았다. 그 죄로 인하여 자기가 하나님 앞에서 쫓겨날 수도 있음을 알고 두려워 떨었다. 하나님께서 자기에게서 주의 성령을 거두어 가실 수도 있음을 알고 긴장하였다. 그리고 피 묻은 손을 깨끗이 씻으려고 우슬초를 찾았다. 조상들이 우슬초의 피 뿌림을 통하여 죄를 용서받은 것처럼 다윗 자신도 용서받기를 눈물로 간청하였다.

나) 정직한 영을 새롭게 하소서

시편 51편의 표제는 "다윗이 밧세바와 동침한 후에 선지자 나단이 다윗에게 왔을 때"이다. 나단이 다윗을 찾아온 시기가 언제인지 정확히 알기는 어렵다. 밧세바 사건이 있은 직후나, 우리아가 전사한 직후나, 불륜의 아이가 태어난 때는 아닌 것 같다. 일부 구약학자는 밧세바 사건으로부터 적어도 열두 달은 지난 후라고 본다.[41] 하나님은 나단을 보내실 시기를 저울질하고 계셨다. 하나님은 죄의 맷돌을 천천히 가신 후에 적당한 때 나단을 보내셨다. 하나님의 타이밍은 정확하다.

나단이 나타나기 전까지 다윗은 그리 큰 죄책감을 느끼지 못한 것 같다. 왕으로서 그럴 수도 있다고 여겼다. 그러나 나단이 나타나자 모든 것이 일순간에 뒤집어지고 말았다. 무심했던 다윗의 마음에 죄책감이 폭풍우처럼 몰려들기 시작했다. 그 죄책감의 무게로 인해 다윗의 영혼은 질식당하며 신음하였다. 그 고통을 다윗은 이렇게 토로한다.

> 내가 입을 열지 아니할 때에 종일 신음하므로 내 뼈가 쇠하였도다 주의 손이 주야로 나를 누르시오니 내 진액이 빠져서 여름 가뭄에 마름같이 되었나이다 (시편 32:3-4)

시편 32편의 표제는 "다윗의 마스길"이다. 마스길이란 '교훈'이란 뜻으로 이 시편은 특별한 교훈을 위해 지은 것이다. 그렇다. 다윗은 죄로부터 엄청나게 값비싼 교훈을 얻게 되었다. 엄청난 수업료를 내고 죄의 무서움을 배우게 되었다. 그 일차적인 수업료가 바로 무거운 죄책감이다. 다윗은 죄책감으로 종일 신음하며 뼈에서 진액이 빠져나가는 고통을 당하였다. 정말로 죽을 지경이었다. 마치 맥베드가 죄책감에 시달리며 "오! 아라비아 향수를 다 가지고도 이 손 하나 말끔히 할 수 없는가? 이것을 파내 버릴 망각제는 세상에 없는 것일까?"라고 탄식하는 것과 비슷하다.

다윗이 죄로부터 배운 두 번째는 죄로 인한 두려움과 자기 파괴 현상이다. '나는 못된 놈이다. 내가 이것밖에 되지 않는가'라는 심한 자괴감과 자기 멸시를 느꼈다. 요즘 젊은 사람들 말로 하면 자기 자신에 대해 엄청나게 쪽팔린 것이다. 자기 멸시와 모멸감은 자기를 무너뜨리는 독소이며 상한 감정이다. 이런 감정이 생기면 모든 것에 의욕이 없고 방황하게 된다. 목표가 사라지고 모든 것이 될 대로 되라는 자기 포기가 일어난다. 그는 불안정했고, 자기의 무가치함 때문에 불안해했다. 다윗의 영혼에 기쁨이 없었고, 구원의 즐거움도 사라졌다. 자원하는 심령도 사라졌다(시편 51:1-12). 모든 것이 텅 비었고 무기력해졌다. 자기 자신에 대해 상한 감정으로 몸살을 앓고 있다.

바로 그 시점에서 다윗은 절규하듯 기도한다.

> 하나님이여 내 속에 정한 마음을 창조하시고 내 안에 정직한 영을 새롭게 하소서 나를 주 앞에서 쫓아내지 마시며 주의 성령을 내게서 거두지 마소서 (시편 51:10-11)

하나님은 부르짖는 영혼의 절규를 들어주셨다. 하나님은 나단을 통하여 "내가 범죄하였노라"고 고백하는 다윗에게 죄 용서를 허락하셨다.

> 여호와께서 당신의 죄를 사하셨나니 당신이 죽지 아니하려니와 (사무엘하 12:13)

아마 다윗은 나단이 방문했던 날 밤에 시편 51편을 썼을 것이다. 나단이 짧지만 강력한 결정타를 날리고 돌아간 다음 다윗은 홀로 남았다. 그동안 양심 깊은 곳에서 불안불안하던 일이 기어코 터지고 만 것이다. 마치 곪아 터진 종기를 차마 짜내지 못하고 끙끙거리던 어느 날, 의사가 쥐어짜자 그 곪은 종기가 터지면서 깊이 박힌 근이 뽑히고 선혈이 낭자한 것 같다. 그러나 종기를 짜내고 나면 한동안 욱신거리고 아프지만, 곧 통증이 가라앉고 시원한 느낌이 있다.

아마 다윗의 감정이 그러했을 것이다. 거듭된 범죄와 은폐로 인해 불안하던 영혼이 나단의 지적으로 곪은 종기가 터지듯 회개의 영이 터져 버렸다. 회개의 영이 터지자 그동안 상한 감정으로 웅크리고 있던 영혼이 햇살을 받은 것처럼 맑아진다. 자기 혐오, 자기 멸시, 자괴감, 자기 부정, 하나님의 멸시를 받는 느낌 같은 어두움이 사라졌다. 두려움과 불안, 불면증과 가슴 억눌림이 사라지고 구원의 기쁨이 회복되었다. 상한 감정이 치유된 것이다. 이전에는 억눌려 어두운 감정이었지만, 이제는 치유받아 새로워진 정감이 되었다. 정직한 영으로 새롭게 되었다.

요즘 사람들이 많이 걱정하는 일 중의 하나가 소위 중금속 중독이다. 조개, 물고기, 낙지, 쌀, 과일 등에 중금속이 많이 함유되어 인체에 서서히 중금속이 누적되고 있다고 한다. 간혹 태아의 인체에도 중금속이 많다는 보도에 걱정하는 산모들도 있다. 중금속에 오염되면 치명적인 어려움이 있다. 일본에서 발생했던 이따이이따이병의 원인도 중금속 오염이었다. 그런 이야기를 들을 때마다 나는 한 가지 특별한 음식을 권한다. 바로 도토리묵이다. 도토리 1g이 중금속 폐수 3.5톤을 정화할 수 있다고 한다. 도토리묵은 각종 공해로 중금속에 오염된 몸에 좋은 건강식이다.

우리 영혼도 죄로 오염되곤 한다. 죄로 오염된 것이 심각할수록 영혼에 통증이 심하다. 감정이 많이 상한다. 구원의 즐거움이 사라지고 하나님이 자신을 멸시하신다는 느낌으로 좌불안석이다. 토설치 않은 죄로 가슴이 답답해지고 죄책감으로 잠을 이루지 못한다. 살아도 산 것이 아니고, 잠을 자도 자는 것이 아니다. 이렇게 영혼과 감정이 고통당할 때, 유일한 치유책은 자기 죄를 토설하는 것이다. 마치 음식에 체했을 때 먹은 것을 다 토하고 나면 시원해지는 것과 같은 이치다. 죄 역시 토설하고 고백하고 나면 영혼이 시원해진다. 그리고 죄책감에서 자유롭게 된다. 상한 감정이 치유되며 정감으로 성숙해진다.

다윗은 밧세바의 간음 사건과 우리아의 살인 사건 그리고 그것을 은폐하는 과정에서 그 영혼이 어두워졌고 감정이 두려움에 떨었다. 그러나 나단의 지적으로 죄를 인정하고 고백하자 그의 모든 것은 변하였다. 어두움이 사라지고 빛이 임했다. 불안이 사라지고 평안이 임했다. 자기 멸시가 사라지고 자존감이 회복되었다. 상한 감정이 성숙한 정감으로 변화되었다. 마치 도토리가 중금속 오염을 정화하듯이 눈물의 회개 기도가 죄로 찌든 영혼과 억눌린 감정을 새롭게 하였다.

From Emotional Prayer
to Affective Prayer

3.

다윗의
　　저주 기도와
정감 기도

(시편 109편)

> 그의 연수를 짧게 하시며
> 그의 직분을 타인이 빼앗게 하시며
> 그의 자녀는 고아가 되고 그의 아내는 과부가 되며
> 그의 자녀들은 유리하며 구걸하고
> 그들의 황폐한 집을 떠나 빌어먹게 하소서
> (시편 109:8–10)

감정 치유 기도

1) SOS-하나님 잠잠하지 마세요

미국 케이블 MSNBC 방송은 오바마 미국 대통령을 저주한 목사를 '최악의 인물'로 선정하여 화제가 되었다. 오바마를 공개 비난한 주인공은 LA 카운티 부에나팍 제일침례교회(Buena Park First Baptist Church) 와일리 드레이크 목사이다. 드레이크는 기도하는 중에 오바마 대통령이 빨리 지구를 떠나도록 기도하였다. 오바마가 악을 행하는 자이므로 "연수를 짧게 하소서"라고 기도하였다. 이 기도는 많은 파장을 일으켰다.

자신이 최악의 인물로 비난을 받자 드레이크는 "누구든 우리가 기도하는 것에 문제를 삼는다면 시편 109편을 쓴 저자에게 항의해야 할 것"이라고 일축하였다. 그는 그 기도의 근거로 시편 109편을 인용했다고 말했다. 동시에 그는 오바마 대통령을 위한 자신의 기도 가운데 98%는 긍정적이라고 말했다. 드레이크는 극소수 정당인 '아메리칸 인디펜던트' 소속으로 부통령에 출마했던 사람으로, 오바마 대통령이 당선된 직후 오바마의 미국 시민권을 문제 삼아 소송을 제기했던 인물이다.[42]

우리는 성경을 읽다가 가끔 당혹할 때가 있다. 성경에 이런 내용도 있는가, 이런 내용을 기록해도 괜찮은가 하는 민망한 내용이나 도를 넘는 내용이 간혹 있기 때문이다. 그 중에 하나가 바로 시편 109편이다. 시편 109편을 읽다 보면 아무리 화가 나도 그렇지, 저주가 너무 심하다는 느낌을 지울 수가 없다. 그것도 저자가 바로 다윗이기에 받는 충격이 더 크다. 하나님의 마음에 합한 사람, 겸손하고 온유한 사람, 자기 죄를 아파하며 눈물짓는 사람이 어떻게 이런 막말과 시정잡배 같은 저주를 퍼부을 수 있을까? 참으로 이해하기 힘들다.

특별히 예수님의 말씀 중에 "너희 원수를 사랑하고 너희를 박해하는 사람을 위하여 기도하라"(마태복음 5:44)는 말씀과 십자가에 달려 돌아가시면서 자신을 죽이는 사람들을 위해 기도하신 것(누가복음 23:34)을 생각하면 그렇다. 더욱이 산상보훈의 다음 말씀을 생각하면 시편 109편을 입에 올리는 것조차 난감해진다.

> 눈은 눈으로, 이는 이로 갚으라 하였다는 것을 너희가 들었으나 나는 너희에게 이르노니 악한 자를 대적하지 말라 누구든지 네 오른편 뺨을 치거든 왼편도 돌려 대며 또 너를 고발하여 속옷을 가지고자 하는 자에게 겉옷까지도 가지게 하며 또 누구든지 너로 억지로 오 리를 가게 하거든 그 사람과 십 리를 동행하고 네게 구하는 자에게 주며 네게 꾸고자 하는 자에게 거절하지 말라 또 네 이웃을 사랑하고 네 원수를 미워하라 하였다는 것을 너희가 들었으나 나는 너희에게 이르노니 너희 원수를 사랑하며 너희를 박해하는 자를 위하여 기도하라 (마태복음 5:38-44)

그러나 분명히 시편 109편은 다윗이 하나님께 드린 기도이다. 그것도 아주 간절한 마음으로 드린 저주 기도다. 그냥 넋두리하는 정도

감정 치유 기도

가 아니라, 하나님의 이름을 위하여 이루어지길 갈망하였다. 다윗의 마음이 얼마나 간절하고 조급했던지 1절부터 "하나님이여 잠잠하지 마옵소서"라고 급하게 하나님을 부르고 있다. 숨넘어가는 소리로 하나님의 도움을 요청하고 있다.

요즘 말로 한다면 SOS 구조 요청이나 119 긴급 구호 요청을 한 것이다. 인간은 누구나 이 땅에서 사는 동안 가끔 긴급하게 하나님께 구조 요청을 할 때가 있다. 하나님을 믿지 않는 사람도 이름 모를 신에게 도움을 요청하곤 한다. 인간이란 그리 단단한 존재가 아니어서 갑작스런 위기를 만나면 신을 찾을 수밖에 없는 연약함이 있다. '하나님 도와 주세요'라고 영적인 SOS를 친다. 인간은 누구나 사는 동안 정말 긴급한 상황에서 신의 도움을 간청하곤 한다. 넓은 의미에서 이것 역시 기도이다.

인간은 하나님의 도움 없이는 살 수 없는 존재다. 건강하고 잘 나갈 때는 누구의 도움도 필요 없는 것처럼 느끼나 조그만 역경을 만나면, 하나님의 도움을 요청할 수밖에 없는 약한 존재이다. 사막 교부였던 존 카시안(John Cassian)은 한평생 "하나님이여 나를 건지소서 여호와여 속히 나를 도우소서"(시편 70:1)라고 기도하였다. 그 위대한 교부도 매일매일 하나님의 도움을 요청하였다. 종교개혁자인 마르틴 루터는 "우리는 모두 거지다. 그건 사실이다"라고 말하였다.[43] 그리고 이틀 후에 루터는 죽었다. 인간은 하나님께 매달리는 존재란 말이다.

다윗은 아주 긴급하게 하나님의 응답을 기다리며 기도한다. 하나님이 잠잠하실까 봐 애가 탄다. 하나님이 듣지 않고 천천히 응답하실까 봐 조급해 한다. 마치 성미 급한 아이가 엄마에게 새 옷을 사 달라고 말하고는 조금도 참지 못하고 뒤를 졸졸 따라다니며 계속 보채는 것과 비슷하다. "하나님 잠잠하지 마시고 빨리 응답해 주세요." "하나님 뜸 들이지 마시고 빨리 도와 주세요." 이렇게 강청한다. 하나님의 긴급 개입을 요청하는 SOS 기도이다.

2) 다윗의 저주 기도

그런데 문제는 다윗이 그렇게 긴급하게 기도한 내용이 상대방에 대한 저주라는 점이다. 이는 실로 충격이 아닐 수 없다. 상대방을 축복하는 기도가 아니라 저주하는 기도를 그것도 지체하지 말고 빨리 응답해 달라고 요청한다. 우리는 다윗의 기도 내용에도 놀라지만 다윗의 조급함에도 놀라지 않을 수 없다. 다윗이 상대방을 향해 저주하며 악담을 터뜨리는 것을 기도라 할 수 있을까? 조금 길지만 다윗의 저주 기도를 있는 그대로 들어 보기로 하자.

> 악인이 그를 다스리게 하시며 사탄이 그의 오른쪽에 서게 하소서 그가 심판을 받을 때에 죄인이 되어 나오게 하시며 그의 기도가 죄로 변하게 하시며 그의 연수를 짧게 하시며 그의 직분을 타인이 빼앗게 하시며 그의 자녀는 고아가 되고 그의 아

> 내는 과부가 되며 그의 자녀들은 유리하며 구걸하고 그들의 황폐한 집을 떠나 빌어먹게 하소서 고리대금하는 자가 그의 소유를 다 빼앗게 하시며 그가 수고한 것을 낯선 사람이 탈취하게 하시며 그에게 인애를 베풀 자가 없게 하시며 그의 고아에게 은혜를 베풀 자도 없게 하시며 그의 자손이 끊어지게 하시며 후대에 그들의 이름이 지워지게 하소서 여호와는 그의 조상들의 죄악을 기억하시며 그의 어머니의 죄를 지워 버리지 마시고 그 죄악을 항상 여호와 앞에 있게 하사 그들의 기억을 땅에서 끊으소서 (시편 109:6-15)

다윗의 기도를 읽다 보면 눈을 어디에 두어야 할지 모를 지경이다. 다윗은 원수의 뿌리를 완전히 제거해 달라고 기도한다. 이 땅에서 그 흔적조차 없어지기를 구한다. 일찍이 성경에서 이렇게 지독한 기도를 본 일이 없다. 아니 사람들 기도 중에도 이런 험악한 기도를 들어 본 적이 없다. 이런 저주를 사람에게 하면 칼부림이 날 것이다. 그런데 다윗은 이런 기도를 하나님께 진지하게 아뢰고 있다.

다윗이 이런 지독한 기도를 하는 것은 그만큼 마음이 아프다는 것이다. 사람이란 몸이 아프면 끙끙대며 신음한다. 몸에 상처가 나면 피가 뚝뚝 떨어진다. 마찬가지로 마음이 상처를 입으면 눈물이 나온다. 그러나 마음의 상처가 심하여 감정이 찢어지면 피눈물이 나온다. 몸이 아프면 신음하듯 감정이 상하면 탄식과 저주가 나온다. 몸이 아픈 만큼 신음이 커지듯이 감정이 상한 만큼 탄식과 저주 소리가 커진다. 이것이 인간이다.

　먼저 다윗은 상대방에게 영적인 저주를 퍼붓는다. 사탄이 늘 그의 오른쪽에 서게 해 달라고 청원한다. 하나님이 오른쪽에 서 계셔도 시원치 않을 텐데, 사탄이 오른쪽에 늘 서 있으니 얼마나 두렵고 무서운 일인가. 또한 그가 기도하는 것마다 죄로 변하게 해 달라고 청원한다. 우리의 기도는 대부분 쓴물을 단물로 바꾸어 달라는 것이다. 그런데 다윗은 원수의 기도가 무엇이든 죄로 변하게 해 달라고 한다. 그가 무엇을 기도하든 그것을 아예 보지도 듣지도 말고, 모조리 죄로 여겨 응답하지 말라는 것이다. 아니 그 기도를 죄로 여겨서 징벌을 내리라는 것이다. 하늘에서 심판의 유황불을 내리라는 것이다.

　다윗은 원수의 생명을 단축시켜 빨리 죽게 해 달라고 기도한다. 인간의 기본적인 욕구는 장수이다. 옛사람도 십장생 그림을 그리며 장수를 기원했고, 21세기 현대인이 운동을 하고 보약을 먹으며 정기적으로 건강 검진을 하는 것도 장수를 고대하기 때문이다. 현대인은 120세까지 산다는 희망을 부르짖으며 앞으로 진군하고 있다. 이런 판국에 '빨리 죽으라'는 것은 사람에게 큰 저주이다. 좀 심하게 말하자면 그 '웬수'를 당장 죽게 해달라는 기도이다. 정말 심한 기도이다.

　나아가 원수의 가족을 저주한다. 그의 자녀는 고아가 되고 아내는 과부가 되라고 저주한다. 나아가 고아가 된 자식들이 망한 집에서조차 쫓겨나 유리방황하며 구걸하기를 원한다. '빌어먹을 놈'이란 욕이 있다. 우리가 화가 나면 무심코 던지는 말인데 정말 심한 욕이다. 이 욕은 말 그대로 비렁뱅이, 즉 비럭질하는 거지가 되라는 저주이다.

다윗은 원수의 자식들이 비렁뱅이가 되기를 소원한다. 고리대금업자가 그의 소유를 다 빼앗아 가라는 것이다.

요즘 사회에 문제가 되는 것이 사채다. 사채의 이자율이 살인적으로 높기 때문이다. 몇 년 전에 사채 400만 원 때문에 악덕 사채업자들의 시달림을 받은 20대 여대생 사건이 있었다. 급전이 필요했던 여대생은 친구와 함께 사채업소 사무실을 찾았다. 길거리에서 무료로 나눠 주는 생활 정보지의 대출 광고를 보고 찾아간 것이다. 400만 원을 빌려 주는 데 상환 기간은 90일(3개월)이었다. 이자는 100만 원당 30만 원이었고 매일 52,000원씩 일수로 갚는다는 조건이었다.

그러던 중 먼저 300만 원 사채를 빌려 쓴 친구까지 잠적해 버리자 자기 빚 400만 원에 300만 원이 더해져 원금 700만 원에 그동안 붙은 이자까지 계산해서 2002년 12월경 1,000만 원을 넘어섰다. 그리고 2004년 2월, 전체 빚은 1억 2000만여 원. 사채단의 교묘한 이자법으로 400만 원이 2년도 채 못 돼 30배가 되어 1억 2,000만여 원으로 불어났다. 결국 그녀는 사채단의 협박을 받으며 성매매를 강요당하는 지경에 이르고 말았다. 불법 사채 시장의 끔찍한 결과를 보여 준 사건이었다.

다윗이 얼마나 분노하는지, 원수의 재산이 거덜 나고 사채업자들이 그 재산을 빼앗아 가기를 원한다. 세상에 아무리 원한이 많아도 이런 저주는 심한 것이다. 그러나 다윗의 분노는 여기서 멈추지 않는다. 한 걸음 더 나아간다. 고아가 되고 재산을 다 잃어버리고 집에서 쫓겨나 거지가 된 그 자식들의 대가 끊어지기를 구한다. 아예 그 후손의 씨가 말라 버리기를 간구한다. 대가 이어지면 2-3대 후에 다시 복구할 수도 있다. 그러니 아예 씨를 말려 버려 달라는 것이다. 잔인하기 그지없다. 그리고 후대에 그들의 이름마저도 기억하는 이가 하나도 없기를 원한다. 아예 역사의 기억 속에서 사라지기를 간구한다.

그리고 그들의 조상들의 죄도 잊지 말라고 요청한다. 그의 어머니의 죄를 잊지 말라고 간구한다. 다윗의 저주는 전방위적이다. 원수가 단명하기를 구한다. 그가 땀흘려 일군 재산이 순식간에 날아가기를 구한다. 그것도 잔인하게 고리대금업자에 걸려서 단 한푼도 남지 않고 완전히 빼앗아 가기를 구한다. 나아가 그 자손이 고아가 되고 거지가 되어 유리방황하며 고생하다가 마침내 그 후손마저 씨가 말라 버리기를 구한다. 아예 사람들의 기억 속에서, 역사의 기록 속에서도 완전히 사라지기를 구한다.

실로 다윗의 저주는 완벽하다. 그 원수가 도저히 빠져나갈 틈이 없을 정도로 촘촘히 얽어매고 있다. 마치 저인망 그물로 샅샅이 밑바닥까지 뒤지듯이 완벽한 저주를 퍼붓는다. 이것은 기도가 아니라 분명 저주이다. 다윗이 이런 끔찍한 저주를 하면서 두려움이 없었을까. 정말 이런 저주가 상대 원수에게 임하기를 원했을까. 이런 기도도 하나님이 노여워하지 않고 받으신다고 생각했을까. 또 다윗의 간청대로 응답하시리라고 기대했을까.

분명한 사실은 이 저주가 다윗의 기도라는 것이다. 다윗은 진심으로 기도했다. 눈물을 흘리며 아픈 마음으로 간구했다. 하나님이 자신의 아픔을 풀어 주시기를 청원하였다. 하나님의 마음에 합한 사람인 다윗의 입에서, 아니 마음에서 이런 기도가 가능한 것일까. 우리는 이런 기도를 입 밖으로 내기는커녕 생각만 해도 두려워진다. 누군가를 그렇게 저주하는 것 자체를 하나님 보시기에 온전치 못한 것으로 여기기 때문이다. 그런 저주 기도가 그에게 임하기 전에 오히려 내 머리에 임할까 봐 두려워 그런 기도를 감히 엄두도 내지 못한다. 하나님의 진노가 오히려 내게 임할까 봐 두렵기 때문이다. 그런데 다윗은 이 저주 기도를 담대히 하나님께 드리고 있다.

3) 누구를 향한 저주인가?

다윗이 이처럼 작심하고 저주하며 기도하는 그 사람은 누구일까. 그가 누구이기에 다윗이 이처럼 치를 떨며 악담하는가. 그가 다윗에게 무슨 손해를 얼마나 끼쳤기에 이리도 저주하는가. 다윗은 그 이름을 정확히 밝히지 않는다. 그러나 분명한 것은 그 상대가 없지 않다는 것이다. 아무런 상대가 없는데 괜히 허공에 대고 욕하고 저주한 것은 아니다. 분명히 누군가를 염두에 두고, 그 기도가 그에게 이루어지기를 기도한 것이다.

  그 저주의 대상은 누구일까. 칼뱅은 그 사람을 도엑으로 보았다.[44] 도엑은 '염려한다'는 뜻으로 사울의 신하요 목자장이다(사무엘상 21:7). 이방인 에돔 사람으로 사울의 신하가 된 것을 보면 사울의 절대적인 신임을 받은 것으로 보인다. 유진 피터슨은 도엑을 '사울의 근위대 대장'으로 본다. 요즘 말로 하면 '사울의 비밀 경찰 대장' 정도 되는 사람이다.[45] 도엑의 일생은 놉에 있던 제사장 아히멜렉과의 관계에서 그 운명이 결정되었다.

한때 다윗은 사울의 칼날을 피하여 놉 땅으로 피신하였다. 다윗은 놉에서 아히멜렉으로부터 떡을 받고 골리앗의 칼을 받아 갔다. 불행하게도 바로 그 현장에 도엑이 있었다. 도엑은 이 모든 일을 사울에게 일러바치고 말았다. 그로 인해 무고한 제사장 85명과 놉에 살던 많은 남녀노소와 소, 양까지 모두 살해되었다. 이는 도엑의 어리석은 밀고와 사울의 분노가 빚어 낸 참극이었다. 제사장을 죽이라는 사울의 명령에 이스라엘 사람들이 움직이지 않자, 이방인 도엑이 제사장들을 학살하였다.

이러한 학살 사건을 전해 들은 다윗은 격한 분노로 도엑을 저주하며 기도하였다. 그것이 바로 시편 52편으로, 그 표제가 '에돔인 도엑이 사울에게 이르러 다윗이 아히멜렉의 집에 왔다고 그에게 말하던 때에'라고 되어 있다.

포악한 자여 네가 어찌하여 악한 계획을 스스로 자랑하는가 하나님의 인자하심은 항상 있도다 네 혀가 심한 악을 꾀하여 날카로운 삭도같이 간사를 행하는도다 네가 선보다 악을 사랑하며 의를 말함보다 거짓을 사랑하는도다 간사한 혀여 너는 남을 해치는 모든 말을 좋아하는도다 그런즉 하나님이 영원히

너를 멸하심이여 너를 붙잡아 네 장막에서 뽑아 내며 살아 있
는 땅에서 네 뿌리를 빼시리로다 (시편 52:1-5)

신약에서 베드로는 시편 109편이 유다를 가리키는 것으로 보았다(사도행전 1:20).

이 사람이 불의의 삯으로 밭을 사고 후에 몸이 곤두박질하여 배가 터져 창자가 다 흘러나온지라 이 일이 예루살렘에 사는 모든 사람에게 알리어져 그들의 말로는 그 밭을 아겔다마라 하니 이는 피밭이라는 뜻이라 시편에 기록하였으되 그의 거처를 황폐하게 하시며 거기 거하는 자가 없게 하소서 하였고 또 일렀으되 그의 직분을 타인이 취하게 하소서 하였도다 (사도행전 1:19-20)

다윗의 분노를 이처럼 끌어오르게 하는 대적자가 누구인지 정확히 알 수는 없다. 다윗이 이름을 밝히고 있지 않기 때문이다. 그러나 다윗의 여러 정황으로 보면 그 유력한 대적자는 도엑일 수도 있지만, 사울일 수도 있다. 다윗과 사울만큼 끈질긴 악연도 없다. 다윗과 사울은 처음엔 좋은 인연으로 만났지만 시간이 지날수록 관계가 악화되었다. 사울은 거머리처럼 다윗을 따라붙었다.

다윗의 도피 생활은 대략 이러하다. 첫 번째, 사울은 자기 앞에서 수금을 타는 다윗에게 창을 던졌으나 다윗이 피하였다. 그러자 사

울은 다윗을 천부장으로 강등시켜 쫓아 버렸다(사무엘상 18:10-13). 두 번째, 사울이 딸 미갈을 아내로 맞는 조건으로 블레셋 사람 100명을 죽이고 그 목을 가져오게 하였다. 다윗을 죽이려는 시도였으나 실패하였다. 세 번째, 요나단과 신하에게 살인 명령을 내렸으나 요나단의 보호와 설득으로 살아날 수 있었다. 네 번째, 요나단의 설득으로 다시 사울 앞에서 수금을 탈 때 창을 던져 죽이려 했으나 역시 실패하였다.

그 후 다윗은 라마의 사무엘에게 피신하였다. 그러나 사울이 다윗을 잡으러 오자 도망하면서 본격적인 도피 생활이 시작되었다. 다윗의 도피 생활(사무엘상 1:1-30:30)은 대략 이러하다. 놉으로 피함(사무엘상 21:1-9), 가드로 피함(사무엘상 21:10-15), 아둘람으로 피할 때 그의 온 가족과 사울의 밑에서 환난당한 자 400명이 모여들었다. 유다 산골로 피함(사무엘상 23:1-13), 십(산골)으로 피함(사무엘상 23:14-23), 마온으로 피함(사무엘상 23:24-28), 엔게디로 피함(사무엘상 23:29-24:22), 바란 광야로 내려감(사무엘상 25:1), 갈멜로 피함(사무엘상 25:2-44), 하길라 산으로 피함(사무엘상 26:1-25), 그리고 블레셋 지방의 가드(사무엘상 27:1-4)로 피하였다.

사울은 집요하게 다윗을 추격하였다. 다윗을 죽이지 않고는 마음이 편할 수 없었다. 이렇듯 집요한 사울의 칼날을 피해 도망 다닐 때마다 다윗은 하나님께 원통한 마음을 시편으로 기도하였다. 이런 맥락으로 본다면 시편 109편도 사울을 생각하며 울부짖는 기도일 수도 있다.

감정 치유 기도

4) 나는 석양 그림자 같고 메뚜기 같습니다

사울의 끊임없는 추격을 받는 다윗은 한 번도 두 다리를 쭉 뻗고 잠을 잘 수가 없었다. 언제 어디서 자객의 칼이 날아올지 모르기 때문이다. 다윗은 늘 죽음에 대한 불안을 달고 살았다. 아마 그래서 시편 23편에서 '사망의 음침한 골짜기를 다닌다'고 고백했는지도 모른다. 이런 불안정한 삶 때문에 다윗은 평범한 일상의 즐거움과 행복을 거의 누릴 수가 없었다.

인간은 누구나 일상의 소소한 즐거움과 행복을 원한다. 어떤 이들은 행복이란 거창한 철학이나 형이상학에서 온다고 여긴다. 혹은 로또 당첨 같은 뜻밖의 횡재에서 온다고 생각한다. 틀린 말은 아니지만, 행복이란 대부분 소소한 일상에서 나온다. 어깨를 짓눌렀던 오십견의 통증이 살그머니 사라지고 홀가분한 느낌을 가질 때, 마음이 통하는 친구와 가을 햇살이 드는 커피숍에 앉아 커피를 마시며 수다를 떨 때, 늘 공부에 뒤처져 불안하던 아이가 100점 만점의 시험지를 들고 달려올 때, 혹은 친구의 마음이 담긴 성구나 격려의 문자가 날아올 때, 우리는 일상에서 소소한 행복을 맛본다.

많은 사람이 꿈꾸는 복권 당첨이 행복이 아님을 많은 사례에서 볼 수 있다. SBS TV "그것이 알고 싶다"에서 "벼락부자, 그 후–부자라서 행복합니까?"를 방송한 일이 있다. 로또 당첨 및 신도시 개발 등으로 벼락부자가 된 사람의 '그 후' 뒷이야기를 다루었다. 한 씨 부부도 형편은 넉넉지 않았지만 금슬은 좋았다. 하지만 로또 170억에 당첨된 후 부인은 남편이 일을 그만두고 노는 데 정신이 팔린 것이 못마땅했다. 남편은 친정 식구들에게만 돈을 쓰는 아내를 보며 화를 냈다. 결국 이 부부는 9개월 만에 합의 이혼했고, 그 뒤로도 소송을 거치며 서로에게 깊은 상처를 남겼다. 벼락부자가 된 사람들의 뒷이야기는 대부분 행복하기보다는 불행한 모습이었다.

행복이란 너무 지나치게 넘치지도 모자라지도 않는 상태인 것 같다. 앞에서, 모나리자가 83%만 행복하다고 말한 에드 디너의 「모나리자 미소의 법칙」을 언급했다. 모나리자의 얼굴에도 17% 정도의 우울과 근심이 숨어 있었다면, 대적자에게 쫓겨 다니며 괴로워하던 다윗의 얼굴은 어떠했을까. 몇 %가 행복하고 몇 %가 어두웠을까. 다윗은 자신의 불안하고 어려운 형편을 이렇게 고백한다.

> 나는 가난하고 궁핍하여 나의 중심이 상함이니이다 나는 석양 그림자같이 지나가고 또 메뚜기같이 불려 가오며 (시편 109:22-23)

다윗의 몸과 마음은 많이 상해 있다. 어디에도 가련한 몸을 의지할 데가 없다. 마음도 낙심되고 감정은 깊은 곳까지 갈가리 찢기어 있었다. 어느 날 다윗은 지친 몸과 상한 감정을 끌어안고 지는 해를 물끄러미 바라보고 있었다. 갑자기 스산한 바람과 함께 다윗의 마음에 주체하지 못할 우울과 슬픔이 복받쳐 오른다. 아! 인생이란 무엇인가? 왜 허구한 날 이렇게 고생만 해야 하는가? 하나님은 어디에 계시는가? 이 상처받은 마음과 영혼을 어떻게 치유할 수 있는가? 다윗은 사위어 가는 저녁 해거름을 보며 깊은 탄식을 토하였다. 다윗은 석양녘에 길게 드리워진 자기 그림자를 바라보며 이렇게 기도드렸다. '내 인생은 석양의 그림자같이 지나갑니다'(시편 109:23).

길게 늘어선 석양 그림자를 생각만 해도 다윗의 서글픔이 진하게 묻어난다. 다윗은 자기의 인생을 석양녘에 쉬이 사그라지는 그림자처럼 느끼고 있다. 동시에 바람에 힘없이 밀려가는 메뚜기처럼 느낀다. 힘없이 바람 부는 대로 밀려다니는 메뚜기 같은 인생, 부평초처럼 어느 한 곳에 뿌리를 내리지 못하고 이리저리 밀려다니는 다윗, 사울이 온다는 소식만 들어도 썰물처럼 도망쳐야 하는 다윗의 불안한 마음, 누군가 낯선 인기척만 들려도 숲속으로 숨어 들어가는 개구리 같은 다윗의 처량함, 그 불안하고 애달픈 마음을 다윗은 이렇게 고백한다.

> 나는 가난하고 궁핍하여 나의 중심이 상함이니이다 (시편 109:22)

다윗은 말할 수 없이 깊은 마음의 상처를 받았다. 상한 감정이 마음 밑바닥까지 스며들었다. 언제 덮칠지 모르는 죽음에 대한 불안, 까닭없이 미워하는 사울을 향한 분노, 언제 끝이 날지 모르는 고난에 대한 두려움, 일상의 평안을 누리지 못하는 불편함, 모든 것이 뒤섞여 다윗의 마음을 휘저어 놓고 있다. 감정이 상처를 입었다. 자기가 자기를 봐도 석양 그림자처럼 쓸쓸하다. 갈 곳 없는 메뚜기처럼 다윗의 상한 감정은 외롭기만 하다. 이러한 감정의 상처 속에서 피눈물을 흘리듯이 절규하는 호소가 바로 시편 109편의 저주 기도이리라. 이런 저주라도 쏟아 내지 않으면, 그마저도 마음을 지탱할 수가 없기 때문이다.

4) 하나님의 손으로 하신 일을 보이소서

밥물이 펄펄 끓고 나면 뜸을 들이듯이, 들끓는 감정을 화산처럼 쏟아 내고 나면, 얼마간 고요함이 찾아온다. 마치 태풍 후의 고요함 같은 허허로움이 찾아온다. 이런 경험을 누구나 해 보았을 것이다. 기도원에서 애통한 마음으로 목이 쉬도록 한두 시간 부르짖어 기도하고 나면 육체적으로 기진맥진해진다. 부르짖으며 들끓던 감정을 다 토하고 나면 무엇인가 시원함을 느끼며 감정적으로 숨통이 트인다. 부르짖음과 통성 기도를 통해서 상한 감정이 어느 정도 뿜어져 나갔기 때문이다. 부르짖는 기도는 상한 마음을 일정 부분 치유시킨다.

감정의 격랑이 지나고 나면 조금은 안정된 마음으로 생각을 할 수 있다. 감정이 폭발할 때는 이성이 작동하지 못한다. 감정의 폭발력이 워낙 크기 때문에 이성이 제 역할을 할 수가 없다. 수증기의 압력이 세면 그것을 통제할 수 없다. 일단 김을 빼고 난 후에 조작해야 한다. 사람이 감정을 폭발시킬 때도 비슷하다. 한번 쌓인 감정이 폭발하면 물불을 가리지 않는다. 그냥 저질러 놓고 본다. 스팀 아웃(steam out)! 김을 빼고 난 후에야 이성적인 생각이 돌아간다. 격한 감정 폭발로 한번 일을 저질러 놓고, 그 일 때문에 땅을 치며 후회하는 이들이 얼마나 많은가.

감정 기도의 특징도 비슷하다. 쌓였던 감정이 한번 폭발하면 그 누구도 감정을 제어할 수 없다. 감정 폭발과 더불어 자기가 끝장나도 좋겠다는 폭발력이 있다. 감정에 한번 휘둘리면 앞뒤가 없다. 감정은 휘발성이 매우 강하다. 그냥 감정이 이끄는 대로 충실하게 소리 지르고, 욕하고, 저주하고, 분노하고, 때려 부수고, 집어 던지고, 주먹을 휘두르고, 삿대질을 하고, 발길질을 해야 한다.

때로는 감정의 밑바닥까지 철저히 쏟아 내는 것이 오히려 좋다. 감정의 찌꺼기를 남겨 두면 두고두고 찜찜할 뿐이다. 다윗은 저주 기도를 통해서 그 누구도 흉내낼 수 없는 정도로 강력하게 감정을 폭발시킨다. 전무후무할 정도로 강렬하고 높은 강도로 감정을 발산시키고 있다. 그 불길이 너무 뜨거워 영혼마저 사를 듯하다.

상한 감정을 저주 기도라는 형태로 토하지 않으면 사람의 마음은 질식될 수 있다. 상한 감정은 나름대로 독기를 가지고 있다. 독기를 발산하지 않으면 마음과 영혼이 상하고 만다. 이것은 마치 신장이 망가져 요산을 처리하지 못하면, 요독이 온몸에 퍼져 몸이 망가지는 것과 같은 이치이다. 신장이 정상적으로 작동하지 못하면 인공 투석을 해서라도 요산을 제거해야 된다. 그렇지 않으면 요독으로 몸이 망가지고 결국 목숨을 잃고 만다. 상한 감정도 독기가 있어서 발산시키지 않으면 마음과 영혼을 파괴하고 만다. 만병의 근원이 상한 감정 곧 스트레스이다.

다윗의 저주 기도에서 중요한 것은 다윗의 기도가 단순한 감정 폭발로 끝나지 않았다는 것이다. 다윗이 그저 본능을 따라 감정을 폭발시켰다면 그도 우리와 별반 다를 게 없을 것이다. 그러나 분명히 다윗의 기도는 우리의 것과 다르다. 다윗은 감정을 폭발시킨 것으로 끝나지 않고 한 걸음 더 나아간다. 감정을 넘어서 더 깊은 곳까지 나아간다. 감정을 넘어서 영혼의 깊은 곳을 향해 나아간다. 마치 테레사의 기도가 일 궁방에서 칠 궁방을 향해 점진적으로 나아가듯이 점점 깊은 영의 세계로 나아간다.

그것은 바로 하나님의 임재를 구한 것이다. 그는 하나님의 은총을 구한 것이다. 다윗은 하나님의 얼굴을 구했다. 다윗은 이렇게 부르짖었다.

> 여호와 나의 하나님이여 나를 도우시며 주의 인자하심을 따라 나를 구원하소서 이것이 주의 손이 하신 일인 줄을 그들이 알게 하소서 주 여호와께서 이를 행하셨나이다 (시편 109:26-27)

하나님 앞에 감정을 다 쏟아 놓은 다윗은 기진맥진한 자기 영혼을 하나님의 인자하신 손으로 구원해 주시기를 구한다. 하나님의 자비로우신 손으로 상한 감정을 보듬어 주시기를 청한다. 옛날 시골 할머니의 손을 약손이라고 했다. 배탈이 나면 할머니 손으로 배를 슬슬 문지르면서 아이를 어르곤 했다. 그러면 어느새 배 아픈 것이 감쪽같이 낫고 생생하게 뛰어놀던 기억이 있다. 그야말로 할머니 손은 약손이고 만병통치였다. 다윗은 마치 배 아픈 어린아이가 할머니의 손을 기다리듯이, 자비로우신 하나님의 손길을 구하고 있다.

그리스 신화에 '미다스의 손' 이야기가 있다. 황금을 좋아하던 미다스 왕의 손이 닿는 모든 것은 황금으로 변했다. 우리는 이 이야기처럼 '감정 치유의 연금술사'를 꿈꿀 수 있다. 우리는 상한 감정이 한두 번의 상담으로 치유되기를 기대한다. 상처난 감정이 한두 번의 안수 기도로 치유되기를 기대한다. 혹은 뇌 과학의 이름으로 뇌 신경조직을 조절하여 상처난 감정을 누그러뜨릴 수 있다고 기대한다. 혹은 호르몬의 투약으로 감정 조절을 할 수 있다고 믿기도 한다. 아니면 마인드 콘트롤이나 심령 치유를 통해서 상처받은 감정이 치유되기를 기대한다. 나름대로 유익함이 있을 것이다. 의학과 과학의 힘으로 인간의 약한 부분을 치유하는 것은 좋은 일이다. 그러나 그 무엇으로도 상처 입은 감정을 온전히 치유할 수 없다는 것이 안타깝지만 현실이다.

근본적인 치유는 오로지 하나님 한 분밖에 없음을 고백하지 않을 수 없다. 흔히 주식에서 바닥을 치면 다시 올라간다는 말이 있다. 이런 원리는 감정의 치유에도 적용될 수 있다. 상한 감정을 완전히 토해 내면 그다음에 치유가 가능해진다. 그런데 문제는 그 감정의 토로를 사람에게 하지 말고 하나님께 하라는 것이다. 상한 감정을 사람에게 토하면 당장은 시원할지 몰라도 뒷수습이 안 될 때가 많다. 속을 보인 수치심이 남기 마련이고, 또 말이란 돌고 돌기 때문에 감정의 악순환이 일어나기가 쉽다. 사람에게 감정을 토로하는 것은 약간의 유익밖에 없다.

그러나 우리의 상한 감정을 하나님께 다 털어놓는 것은 매우 유익한 일이다. 하나님은 주홍같이 붉은 죄도 흰 눈같이 씻어 주신다. 하나님은 인간의 연약함을 누구보다도 잘 아신다. 인간의 감정이 얼마나 연약하고 깨어지기 쉬운 질그릇 같은지 잘 아신다. 다윗은 누구보다도 하나님의 자비로우심과 전능하심을 많이 경험한 사람이다. 영혼과 이성뿐만 아니라 감정까지도 새롭게 하시는 분임을 알고 있다.

다윗은 하나님 앞에서 자기의 상한 감정을 하나도 남김없이 쏟아 놓았다. 저주 기도라는 형식을 빌어서 밑바닥까지 다 털어놓았다. 그리고 자기의 마음을 그리도 아프게 했던 사람의 손으로부터 보호해 주시기를 호소하고 있다.

> 여호와 나의 하나님이여 나를 도우시며 주의 인자하심을 따라 나를 구원하소서 그들은 내게 저주하여도 주는 내게 복을 주소서 그들은 일어날 때에 수치를 당할지라도 주의 종은 즐거워하리이다 (시편 109:26, 28)

하나님은 눈물을 웃음으로, 재를 화관으로 바꾸어 주시는 분이다. 탄식이 변하여 찬송이 되게 하신다. 다윗은 하나님의 오묘한 섭

감정 치유 기도

리의 손길을 분명히 알고 있었다. 사람들의 저주를 복으로 바꾸어 주시는 분임을 믿었다.

아이들 놀이에 '반사'라는 것이 있다. 누군가 자기에게 욕을 하면 손바닥을 내밀고 "반사"라고 말한다. 그러면 오던 욕이 손바닥에 반사되어 다시 그 사람에게 되돌아간다는 놀이다. 다윗은 하나님이 그런 분임을 알고 있었다. 적대자가 자기를 저주하여도 하나님이 '반사'가 되셔서 자기는 해를 입지 않고 그 당사자가 해를 입을 것이다. 이러한 하나님의 역사를 믿었기에 다윗은 즐거워할 수 있었다. 다윗은 악인이 저주를 받고 의인이 회복될 것을 이렇게 기대한다.

> 이것이 주의 손이 하신 일인 줄을 그들이 알게 하소서
> 주 여호와께서 이를 행하셨나이다 (시편 109:27)

이 말씀은 저주 기도의 백미라 할 수 있다. 저주 기도의 핵심은 단순히 상대를 저주하는 데 있지 않다. 더 중요한 것은 자기 회복이다. 상대방이 저주를 받아 망하게 되었다고 내 감정이 치유되는 것은 아니다. 원수가 망하면 한동안 속이야 시원하겠지만 감정 치유는 별개의 문제다. 보다 중요한 것은 상처 입은 내 감정이 치유되는 것이다. 내가 치유되고 회복되어 행복해져야 한다. 그렇지 않다면 원수가 아무리 저주를 받은들 무슨 소용이 있겠는가. 상처 입은 내 영혼의 치유, 그것이 어떻게 가능한가. 그것은 바로 '하나님이 이 일을 행하셨다'는 믿음에서 나온다.

그렇다. 하나님이 내 원한을 들으셨다는 믿음, 하나님이 내 원수를 갚아 주시리라는 믿음, 하나님이 내 저주 기도마저도 들어 주시리라는 믿음, 하나님은 악인에게 벌을 주시며 의인에게 상을 주신다는 믿음, 피눈물과 쓰라린 감정을 하나님은 아신다는 믿음, 이 세상 무엇으로도 고칠 수 없는 상처 입은 내 영혼을 치유하실 분은 하나님뿐이라는 믿음, 모든 것이 합력하여 선을 이루신다는 믿음, 그 믿음의 기도가 하나님께 올려질 때 비로소 치유와 회복의 역사가 나타난다.

하나님은 눈물을 닦아 주시는 분이다. 하나님은 인생의 탄식과 한숨 소리를 들으신다. 하나님은 피눈물이 뚝뚝 떨어지는 상처난 감정을 어루만져 주신다. 눈물로 기도하는 사람들의 상한 감정을 정화시켜 정감으로 바꾸어 주신다. 상처 입은 영혼을 새롭게 하며 정화시키는 능력이 오직 하나님께만 있다. 하나님은 만물을 새롭게 하시는 분이다. 상한 감정이 하나님의 긍휼하신 터치로 정화되어 정감으로 바뀔 때, 우리는 비로소 진정한 영적 자유(spiritual freedom)를 누릴 수 있다.

Appendix

부록

감정 치유 기도의 실제

본문의 내용과 연관하여 일상에서 실천해 볼 수 있는 감정 치유의 3가지 실제를 소개합니다.

I. 자기 감정 다루기

사람은 인격적인 존재다. 따라서 인간에겐 이성과 감정과 의지가 있다. 우리는 매일 이런저런 감정을 느끼며 살아간다. 그러나 대개 하루 일상을 뒤돌아보면, 밝고 긍정적인 감정과 느낌보다는 어둡고 부정적인 감정을 느끼고 그것 때문에 속상할 때가 많다.

다음에 생각나는 대로 감정에 관련된 단어를 적어 보라. 이상하게도 긍정적인 감정 언어보다는 부정적인 감정 언어가 더 많음을 알 수 있을 것이다. 이것은 두 가지 의미가 있다. 하나는 우리 감정이 긍정보다는 부정적 감정에 익숙해 있다는 증거이다. 다른 하나는 우리 현실이 그렇다는 것이다. 즉 현실이 긍정적이기보다는 어둡고 부정적인 면이 더 많다는 방증이기도 하다. 어찌 되었든 감정에 관련된 단어를 적어 보면 우리 감정의 폭이 더 넓

Appendix
부록

어지고 깊어질 것이다. 그리고 대처할 기본 자세가 만들어진다. 적을 알면 이길 수 있기 때문이다.

1. 긍정적 감정 목록 만들기(생각나는 대로 써 보라)
[예] 기분 좋음, 상쾌, 하늘을 나는 기분, 비행기, 우쭐댐, 으스댐, 박력, 웃음, 여유 만만, 여행, 무지개, 미래, 아름다움, 사랑, 낭만, 미소, 용서, 화해, 인정, 성공…
[적용] 긍정 감정 목록 중에 갖고 싶고, 느끼고 싶은 단어를 3개 정도 선택하여 마음에 담고 음미한다.

2. 부정적 감정 목록 만들기(생각나는 대로 써 보라)
[예] 짜증, 분노, 화, 열 받음, 뚜껑 열림, 보기 싫음, 밥맛 없음, 우울, 회색, 두려움, 공포, 근심, 걱정, 어쩌나, 혹시, 질투, 시기, 싸가지, 후줄근, 섭섭함, 노여움, 눈물…

3. 부정적 감정 인정하기
1) 부정적 감정을 인정하고 응시하기
   내 안에 있는 부정적이고 어두운 감정을 인정하고, 그것을 거부하거나 억압하지 말고 그 감정의 실체가 무엇인지 조용히 응시해 보자.

감정 치유 기도

2) 그 감정에 이름을 붙이기

내 안에 있는 부정적 감정의 실상을 좀 더 자세히 들여다보고 그것에 어울리는 이름을 붙여 보라. 예컨대 후회, 분노, 억울함, 우울, 소외감, 섭섭함… 같은 이름이다. 이름을 붙여 보면 감정의 실체를 알게 되어 처리하기가 쉽다.

3) 그 감정이 나에게 미치는 영향을 생각하고 인정하기

내 안에 있는 부정적 감정이 나에게 어떤 영향을 주는지, 또 앞으로 어떤 영향을 줄 수 있을는지 곰곰이 생각해 보라.

4. 부정적인 감정의 뿌리(원인) 살펴보기

1) 외적 동기 살펴보기

지금 내가 느끼는 부정적인 감정이 왜 생겼는지 그 원인을 생각해 보라. 예컨대 친구의 자식(돈) 자랑 때문에, 상사 꾸지람 때문에, 몸이 아파서… 등이다.

2) 내적 원인 살펴보기

부정적 감정이 느껴지는 것은 외적 자극에 의한 것일 뿐만 아니라 내 안에 깊이 감추어진 그 무엇, 열등감, 우월감, 자존심, 섭섭함 같은 것들이 있기 때문이다. 그 내적 동기를 찾아보라.

3) 근원적인 깊은 상처 찾아보기

부정적 감정의 보다 깊은 뿌리는 흔히 어린 시절 부모에게 받은 말이나 상처 때문일 수 있다. 어린 시절(유아기, 학창 시절) 아팠던 감정의 상처가 혹 있다면 곰곰이 생각해 보라.

5. 부정적 감정 떠나 보내기

1) 부정적 감정 끌어안기

자기 안에 있는 부정적 감정을 충분히 느껴 보라. 몇 시간이고 며칠이고 내 안에 있는 부정적인 감정을 인정하고 느껴 보라. 50, 60이 된 어른인 나에게도 4-5살의 아픈 기억이 있음을 인정하고, 내 안에 있는 어린아이의 아픔을 충분히 안아 주라.

2) 떠나 보내기

부정적 감정을 충분히 느꼈다면, 이제 그 부정적 감정을 어디론가 떠나 보내고 작별 인사를 하라. 예컨대 부정적 감정과 작별하며 눈물짓고 울 수 있다(시원섭섭해서). 작별 편지를 써서 불태우든지 종이배를 만들어 냇가에 떠내려 보내라. 휴대폰 문자 메시지를 만든 후에 스팸 보관함이나 휴지통으로 보내 버려라. 산책을 하며 바람결에 날려 보내라. 기도하며 하나님께 자기 안에 있는 부정적인 감정을 솔직히 아뢰고 처리해 주시길 기다리라.

II. 듣기 싫은 말과 듣고 싶은 말 3가지 적어 보기

1. 지금까지 살아오면서 부모, 친구, 선배 등으로부터 들었던 말 중에 듣기 싫은 것, 진저리나고 소름 돋는 말(단어나 문장)을 3가지 적어 보라

[예] 뭐 이런 애가 우리 집에 있냐. 너 저리 좀 가 있어. 야! 집에서 나가, 꼴도 보기 싫다. 좀 조용히 해라. 쟤는 느려 터졌어. 에구 돌대가리. 쟤는 제 몸밖에 몰라. 애고, 저것도 자식이라고. 넌 그것밖에 못하니. 넌 도대체 왜 그러니. 그건 절대 안 돼. 아이구 이 웬수야.

2. 듣고 싶은 말 3가지 적기

[예] 그래 수고했다. 참 잘했구나. 아이구 내 아들(딸) 이리 오너라. 그랬구나, 너 그것 하고 싶었구나. 그래 한번 해 봐라. 넌 잘할 거야. 야, 제법인데. 사랑해. 미안하구나 정말. 그래 얼마나 힘들었니.

3. 듣고 싶은 말 3가지를 적어 책상 앞에 두고 읽거나, 휴대폰 초기 화면에 올려놓고 수시로 읽고 생각해 보라. 그러면 한결 긍정적인 감정을 갖게 될 것이다

III. 감정 일기 쓰기(20-30분)

1. 의의

영성 훈련으로 양심 성찰, 의식 성찰이 있다. 하루의 생활 중에 자기 양심과 의식이 어떻게 흘러갔는지를 일기를 쓰면서 성찰하는 것이다. 가계부를 쓰면 하루 돈의 흐름이 보이고, 일기를 쓰면 하루가 보이듯이, 감정 일기를 쓰면 자기 감정의 흐름을 인지할 수 있다.

2. 감정 일기 쓰기 실제

1) 하루 중 느꼈던 감정을 간략하게 적어 본다

단어도 좋고 문장도 좋다. 아니면 일기 예보처럼 날씨로 나타내도 좋고 주식 흐름처럼 그래프로 나타내도 좋다.

2) 핵심 감정 이름 붙이기

하루의 다양한 감정 중 가장 강력하게 영향을 준 1-2가지 감정에 이름을 붙여 보라. 이름을 붙여 보면 보다 확실한 감정의 실체가 보인다. 무엇이든 이름을 알면 반은 이긴 것이다. 병도 이름을 알면 처방이 나온다. 그러나 병명을 모르면 처방을 할 수가 없다. 아담도 동물에 이름을 붙여 주었다. 예수님도 귀신 들린 자 안에 있던 귀신에게 '군대 귀신'이라고 이름을 붙이셨다(누가복음 8:27-30). 그리고 쫓아내셨다. 이름이 밝혀지면 정체가 밝혀진 것이다. 조폭도 이름이 알려지기 전까지는 활개를 치나 자기 이름이 밝혀지면 숨고 만다. 마찬가지로 우리 안에 움직이는 다양한 감정 중에 핵심적인 감정에 이름을 붙여 보면 내 감정의 실체를 알게 된다. 감정의 실상을 알게 되면 반은 이긴 것이고 처리하기가 쉽다.

3) 나에게 이런 감정 있음 인정

자기 안에 있는 부정적인 감정에 이름을 붙여 보면 인정하기 힘든 일들이 있을 수 있다. 점잖고 멋진 나에게 이런 지저분한 감정이 있나 당황스러울 수도 있다. 때론 충격적일 수도 있다. 그러나 병명을 정확히 알고 인정해야 그다음 처방과 수술을 할 수 있다. 내 안에 상한 감정, 더러운 감정, 추악한 감정이 있음을 솔직히 인정하고 조용히 자기 감정을 응시하며 '그래! 나에게 이런 감정이 있구나' 인정해 보라.

4) 중요한 것, 감정 자체에는 윤리성이 없다

우리 안에 있는 다양한 감정은 그 자체로 죄는 아니다. 감정 자체는 윤리성이 없는 것이다. 문제는 그런 감정에 따라 태도가 결정되고 행동하는 것이 문제이다. 감정이 태도나 행동으로 구체화되면 죄가 될 수 있다. 가인이 분노를 느꼈을 때 하나님은 그것을 죄라 하지 않으셨다. 단지 그것을 다스리라 하셨다. 가인이 분노라는 감정을 느낀 것이 문제가 아니라 그 감정에 휘둘린 것이 문제이다. 따라서 자기 안에 있는 감정을 그대로 느껴 보고 이름을 붙이는 것은 매우 중요하다.

Appendix

5) 감정의 이름을 3-5번 조용히 불러 보라
   감정의 이름을 불러 보면 그 실상을 좀 더 잘 인식할 수 있다.

6) 왜 그런 감정이 생겼는지 원인을 생각해 보라
   자기 안에 생긴 부정적인 감정이 생겨난 원인을 생각해 보라. 원인은 외적 요인과 내적 요인이 있다. 험담, 남의 시비, 일이 풀리지 않아서, 날씨 탓, 열등감, 어릴 때 상처 등 다양할 것이다.

7) 있는 그대로 감정을 하나님께 올려 드려라
   '하나님! 제 마음이 이래요. 제 감정이 꿀꿀해요. 더러워요. 미치겠어요. 환상적이에요.' 기분이 나쁘면 나쁜 대로, 좋으면 좋은 대로, 감정에 충실하게 그 느낌을 하나님 앞에 올려 드려라. 양과 소를 번제로 올려 드릴 때, 찬양을 올려 드릴 때 기쁘게 받으시는 하나님은 우리의 감정을 있는 그대로 올려 드릴 때도 기꺼이 받아 주신다.

8) 감정을 올려 드린 후에, 하나님이 나에게 뭐라 하시는지 조용히 귀 기울여 들어 보라
   감정 기도를 드린 후 하나님이 들려 주실 음성에 귀 기울이고 하나님의 마음을 느껴 보라.

9) 우리를 용서하시는 하나님 말씀에 귀 기울여 보라
   좋아하는 시편이나 복음서 말씀을 읽고 묵상해 보라(시편 23, 42, 69,

감정 치유 기도

91, 121, 123, 126, 130, 131, 139편 등).

"혹은 마음 깊은 곳에서 우리나오는 찬송이나 복음성가를 충분히 부르며, 감정이 흘러가는 데까지 따라가 보라. 그러면 감정의 끝자락에서 하나님의 터치를 경험할 수 있을 것이다."

참고 도서

국내서

김윤희. 「구약의 조연들」. 서울: 생명의말씀사, 2004.

문국진. 「명화로 보는 인간의 고통」. 서울: 예담, 2005.

송남용. 「화내지 않고도 원하는 것을 얻어내는 내 감정 조절법」. 서울: 전나무숲, 2010.

신달자. 「나는 마흔에 생의 걸음마를 배웠다」. 서울: 민음사, 2008.

이경용. 「말씀묵상기도」. 서울: 스텝스톤, 2010.

이석우. 「명화로 만나는 성경은 새롭다」. 서울: 예영, 2005.

이훈구. 「감정심리학」. 서울: 이너북스, 2010.

번역서

고든 토마스. 「기드온의 스파이1」. 이병호 외 옮김. 서울: 예스위캔, 2010.

니콜 아브릴. 「얼굴의 역사」. 강주현 옮김. 서울: 작가정신, 2001.

닐 로즈. 「if의 심리학」. 허태균 옮김. 서울: 21세기북스, 2008.

로널드 S. 윌리스. 「한나의 기도」. 황의무 옮김. 서울: 살림, 2008.

로널드 T. 포터 에프론. 「욱하는 성질 죽이기」. 전승로 옮김. 서울: 다연, 2009.

로욜라 이냐시오. 「영신수련」. 정한채 옮김. 서울: 이냐시오영성연구소, 2010.

롤프 하우블. 「시기심」. 이미옥 옮김. 서울: 에코리브르, 2009.

마크 애터베리. 「삼손 신드롬」. 김주성 옮김. 서울: 이레서원, 2005.

에드 디너, 로버트 비스워스 디너. 「모나리자 미소의 법칙」. 오혜경 옮김. 서울: 21세기북스, 2010.

에릭 클랩튼. 「에릭 클랩튼」. 장호연 옮김. 서울: 가음산책, 2008.

예수의 테레사. 「영혼의 성」. 최민순 옮김. 서울: 바오로딸, 2001.

유진 피터슨. 「다윗, 현실에 뿌리박은 영성」. 이종태 옮김. 서울: IVP, 2000.

제임스 패커. 「기도」. 정옥배 옮김. 서울: IVP, 2008.

존 스타인벡. 「에덴의 동쪽」. 이성호 옮김. 서울: 범우사, 1993.

칼뱅. 「기독교강요」. 서울: 생명의말씀사, 2002.

칼뱅. 「성경주해 5, 시편Ⅳ」. 칼뱅성경주석출판위원회 옮김. 서울: 성서원, 2001.

피터 크레이기. 「시편(상)」. 손석태 옮김. 서울: 솔로몬, 2000.

필립 스위하트. 「감정은 하나님의 선물입니다」. 임혜진 옮김. 서울: IVP, 2008.

국외서

Colleen McCullough. *The Thorn Birds*. Sydney: Harper & Row, 1977.

기타

국민일보. 2010년 3월 23일.

국민일보 쿠키뉴스. 2009년 9월 15일.

이규태. "이규태 코너-씨받이 은행". 조선일보. 2003년 3월 2일.

중앙일보. 2010년 9월 9일.

한수산. "아침을 열며-너의 이름은 악마". 한국일보. 2006년 11월 6일.

yankeetimes.com 2009년 7월 18일.

Footnote

주(註)

1) 이훈구, 「감정심리학」 (서울: 이너북스, 2010), 24-25.

2) 고든 토마스, 「기드온의 스파이1」, 이병호 외 옮김 (서울: 예스위캔, 2010), 17-40.

3) 예수의 테레사, 「영혼의 성」, 최민순 옮김 (서울: 바오로딸, 2001), 28.

4) 필립 스위하트, 「감정은 하나님의 선물입니다」, 편집부 옮김 (서울: IVP, 2008), 18.

5) 이석우, 「명화로 만나는 성경은 새롭다」 (서울: 예영, 2005), 34-35.

6) 김윤희, 「구약의 조연들」 (서울: 생명의말씀사, 2004), 115.

7) 김윤희, 「구약의 조연들」, 112.

8) 니콜 아브릴, 「얼굴의 역사」, 강주현 옮김 (서울: 작가정신, 2001), 18.

9) 마크 애터베리, 「삼손 신드롬」, 김주성 옮김 (서울: 이레서원, 2005), 112.

10) 존 스타인벡, 「에덴의 동쪽」, 이성호 옮김 (서울: 범우사, 1993), 782.

11) 존 스타인벡, 「에덴의 동쪽」, 790.

12) 마크 애터베리, 「삼손 신드롬」, 115-116.

13) 송남용, 「화내지 않고도 원하는 것을 얻어내는 내 감정 조절법」 (서울: 전나무숲, 2010), 89.

14) 문국진, 「명화로 보는 인간의 고통」 (서울: 여담, 2005), 200-203.

15) 닐 로즈, 「If의 심리학」, 허태균 옮김 (서울: 21세기북스, 2008), 57.

16) 유진 피터슨, 「다윗: 현실에 뿌리박은 영성」, 이종태 옮김 (서울: IVP, 2000), 228.

17) 에릭 클랩튼, 「에릭 클랩튼」, 장호연 옮김 (서울: 마음산책, 2008), 322-323.

18) 로널드 T. 포터 에프론, 「욱하는 성질 죽이기」, 전승로 옮김 (서울: 다연, 2009), 189-190.

19) 롤프 하우블, 「시기심」, 이미옥 옮김, (서울: 에코리브르, 2009), 78.

20) 롤프 하우블, 「시기심」, 141.

21) 롤프 하우블, 「시기심」, 45.

22) 로널드 T. 포터 에프론, 「욱하는 성질 죽이기」, 195.

23) 이규태, "이규태 코너-씨받이 은행", 조선일보, 2003년 3월 2일.

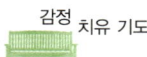
감정 치유 기도

24) 김윤희, 「구약의 조연들」, 192.

25) 중앙일보, 2010년 9월 9일.

26) Colleen McCullough, *The Thorn Birds* (Sydney: Harper &Row, 1977)", 서문.

27) 한수산, "아침을 열며-너의 이름은 악마", 한국일보, 2006년 11월 6일.

28) 이경용, 「말씀묵상기도」 (서울: 스텝스톤, 2010), 43-48.

29) 신달자, 「나는 마흔에 생의 걸음마를 배웠다」 (서울: 민음사, 2008), 87-39.

30) 국민일보, 2010년 3월 23일.

31) 로널드 S. 월리스, 「한나의 기도」, 황의무 옮김 (서울: 살림, 2008), 22.

32) 예수의 테레사, 「영혼의 성」, 90-91.

33) 에디 디너, 로버트 비스워스 디너, 「모나리자 미소의 법칙」, 오혜경 옮김 (서울: 21세기북스, 2010), 340.

34) 피터 크레이기, 「시편(상)」, 손석태 옮김 (서울: 솔로몬, 2000), 440.

35) 로욜라 이냐시오, 「영신수련」, 정한채 옮김 (서울: 이냐시오영성연구소, 2010), 46.

36) 피터 크레이기, 「시편(상)」, 438.

37) 국민일보 쿠키뉴스, 2009년 9월 15일.

38) 유진 피터슨, 「다윗: 현실에 뿌리박은 영성」, 216.

39) 로욜라 이냐시오, 「영신수련」, 54-55.

40) 칼뱅, 「기독교강요」 (서울: 생명의말씀사, 2002), III,iii,7.

41) 칼뱅, 「기독교강요」, III,iii,7.

42) yankeetimes.com, 2009년 7월 18일.

43) 제임스 패커, 「기도」, 정옥배 옮김 (서울: IVP, 2008), 227.

44) 칼뱅, 「성경주해 5」 시편IV, 칼뱅성경주석출판위원회 옮김 (서울: 성서원, 2001), 374.

45) 유진 피터슨, 「다윗: 현실에 뿌리박은 영성」, 83.